科学发展篇

牛彦君—主编

甘肃文化出版社

和谐甘肃读本丛书编委会

序

张余胜

和谐，是通贯五千年的中华文化基因，是起自华夏文明源头的价值追求。我国传统文化中“和”的理念由来已久，它推崇宇宙自然的和谐、人与自然的和谐、人与人的和谐以及人自身的和谐。主张“和而不同”，认为事物总是在千差万别中相依共存，和睦相处。“和”的思想作为中国古代哲学、政治理念的核心范畴之一，经过五千年历史长河的大浪淘沙，逐步演化成了中华民族追求的理想境界，积淀成了民族文化的精髓和价值目标，锻造了中国文化的基本精神。它数千年生生不息，历久而弥新，在中华文明发展史上一直发挥着维系社会稳定、促进社会进步、推动社会发展的重要作用。

和谐，是流淌于大漠戈壁的古老清泉，是回响于陇原山间水际的灵动乐符。甘肃作为中华文明十分重要的发祥地之一，有史以来发展进步的每一步都浸润着和谐的清风细雨。从旧石器时代的文化遗存到伏羲女娲的古老传说，从周先祖的崛起到横扫六合一统华夏的大秦帝国，从张骞凿空西域到丝路文明的兴盛，从魏晋南北朝的短暂纷乱一直到隋唐帝国的繁荣，河陇大地逐步发展成为中国政治经济文化发展水平在某个时段的翘楚，丝路两侧沃野千里，胡商蕃客穿行如织，史载其时“天下称富庶者无如陇右”。宋元以降，甘肃因国家政治经济中心东移南迁而成僻壤，加之兵燹迭起，天灾频仍，至近代已异常凋敝衰败，以致左公慨叹“陇中苦瘠甲于天下”。尽管如此，这片土地却用和谐的乳汁滋育了中华56个儿女之中的46个，它们之间数千年的融合繁衍与和睦共生，为中华民族多元一体格局的最终确立作出了不可磨灭的贡献。

60年沧海桑田，30载创新发展，新中国的建立和改革开放基本国策的确立，为古老的甘肃翻开了新的历史纪元，从新中国第一个油田——玉门油田的建设到现代完整工业体系的建立以及国家重要的能源、原材料基地地位的确立，从“两弹一星”撼动世界到神舟飞船遨游太空，从“一方水土养活不了一方人”到现代产业化农业的遍地开花，从追求温饱这一维持生命最基本的需求到精神文化生活水平的日新月异，驼铃古道正在闪现璀璨光芒，千里陇原正在焕发勃勃生机。

《和谐甘肃读本》丛书是甘肃建设和谐社会的见证之作。丛书分《勤政民本篇》、《法治保障篇》、《千秋名范篇》、《孝亲睦邻篇》、《仁爱慈助篇》、《诚信行世篇》、《多彩生活篇》、《惠民隆业篇》、《山川和美篇》、《科学发展篇》10个分册，近300万言。各分册主编多为资深记者，文章分别以记者的眼光如实记录了甘肃60年来，特别是改革开放以来在政治改革、经济建设、法制建设、生态环境保护、社会保障、文化建设以及传统优良道德恢复等方面取得的重大成就，生动展示了今日陇上生气勃勃、活力四射的面貌，和陇原人民焕然一新的精神风貌。它既是2600万甘肃人民在省委、省政府的领导下扎扎实实践行科学发展观的见证，也以丛书形式保存了一份鲜活的史料。丛书即将付梓之时，恰值新中国60周年华诞庆典之际，谨以此为献礼，祝愿祖国繁荣昌盛。

谨以为序。

二〇〇九年九月

目 录

崛起的姿态

裂变的力量

创新的舞步

铭记的梦想

目 录

和谐的心愿

崛起的姿态

一个世界级企业的崛起

牛彦君

在很多人的眼里，一个地处西部戈壁、沙漠边缘的企业是与“拥有世界影响”这一称誉无缘的，然而记者在金川集团公司采访期间，却强烈地感受到了这个企业的世界性：

——拥有的镍矿是世界著名的超大型多金属共生硫化铜镍矿床，镍金属储量在世界同类型矿床中居第三位。矿床之大，矿体之集中，可供利用金属之多，经济价值之高，国内外罕见；

——技术、工艺、装备走在了世界同类企业的前三名，未来发展后劲很足；

——年生产镍产品名列全球第五位，钴产品名列全球第二位；

——公司业务遍及全球30多个国家和地区，国际化经营格局初步形成。

有人说，这得益于守着一个“聚宝盆”。可金川人知道，金川集团公司的许多中外战略合作伙伴也知道，“金娃娃”的金色辉煌，绝非单纯依赖着得天独厚的资源优势那么简单。

上篇：解读“金川现象”之发展之魂

成为世界级的企业，金川人说，依靠的是他们的核心竞争力。那么，金川公司的核心竞争力到底表现在哪些方面呢？

一

我们先从一组组直线攀升的数据中，感受一下“金川速度”，聆听一下金川集团公司快速前进的步伐。

2006年，实现营业收入354亿元，是2001年的7.7倍；实现利税总额72亿元，其中利润40亿元，实现的利润占甘肃省规模以上工业企业实现利润的38.1%。

2002年，公司的年进出口贸易额仅为1亿美元，2006年猛增到19.78亿美元，占甘肃省进出口贸易总额的51.8%。

2000年初，金川集团公司新的领导班子组建。公司的决策者们清醒地认识到，公司虽是中国镍行业的龙头老大，许多经济技术指标居国内同行业领先水平，但是，放眼全球经济，置身国际市场，当时公司的镍产量仅占世界总产量的4%，只是世界镍生产企业中的“小弟弟”，公司真正的竞争对手在国外。

为此，公司领导班子决心把发展作为增强国际竞争力的第一要务，决心做好“五篇文章”——把镍的文章做深、铜的文章做大、钴的文章做强、稀有贵金属的文章做精、无机化工的文章做活，实现国际化经营。

于是，开启公司快速发展之门的第一把“金钥匙”就成了抓项目。时任金川集团公司董事长、总经理的李永军形象地比喻说，项目是发展的“牛鼻子”。

公司的项目建设是2000年从扩大铜的产量入手的。当初，由于公司自有铜原料严重不足，一些人对“做大铜文章”顾虑重重。但放眼世界的李永军经过科学论证，果断做出决策。

从2000年下半年开始，通过挖潜改造冶炼系统存量资产、新建2.4万吨铜电解车间等工程，仅用一年时间就完成了铜产量翻番的目标。此后，公司的项目建设步入全新的阶段。

投资1.6亿元的选矿6000吨/日扩能工程，仅一个多月时间就实现了达产达标；投资4.3亿元的3号镍电解车间的投产，使公司形成了13万吨镍/年的生产能力；投资4.8亿元的三期20万吨铜电解工程的投产，标志着金川集团公司已形成40万吨铜的生产能力……

目前，公司单项投资最大的项目——富氧顶吹镍熔炼工程进展顺利。记者在现场了解到，此项工程设计镍原料年处理能力为100万吨，该项目建成后，将使公司的镍精矿年处理能力达到170万吨。

项目，像一把利器，帮助金川人开始了一场迎头赶上、突出重围、实现超越的反击战。

短短几年，金川公司不仅成为国内镍生产量最大的企业，同时开发了硝酸钴、硫酸钴和氯化钴等钴盐系列产品，产品质量均达到国际先进水平。公司成了国内钴产量最大、生产技术最先进、产品品种最多的生产企业，同时也是中国最大的亚硫酸钠生产基地、中国北方最大的铜生产企业。

二

“我们拥有世界级的资源，就应该建成一个世界级的企业。”这是李永军经常鼓励员工的话。要建成世界级的企业，金川人凭什么有这个底气和气魄?

他们依靠的是科技进步。今天，金川人所拥有的自主知识产权数不胜数。

与甘肃省天华化工机械及自动化研究设计院合作开发的精矿干燥系统打破了国外对此项技术的垄断，使我国的铜冶炼技术跃居世界先进行列。

2005年投产的53万吨硫酸系统是国内烟气制酸行业最大、工艺最先进的单系列生产装置，它拥有多项世界之最，全系统采用专利技术在同行业最多，干洗塔被加拿大清洁生产专家称为“世界一流，堪称艺术品”。

在金川集团公司诞生的我国第一条年产500吨羰基镍生产线，更使金川人扬眉吐气。羰化冶金技术是国家“十五”重点攻关项目之一，金川集团公司在国外公司不转让、不合作、不交流和技术封锁的情况下，仅凭一个概念、一个方程式，通过自主研发，全面掌握了羰化冶金这一国际先进技术，从而结束了我国对羰基产品依赖进口、受制于人的被动局面。目前围绕该项目已申请了60余项专利。

作为主要研发人员，羰基镍试验车间主任肖冬明只是个具有大专学历的人，而且学术背景是学仪表的，与羰基镍扯不上关系，但现在，他成了这方面的知名专家。肖冬明告诉记者，他只是没有让机遇与自己擦肩而过。

在省委、省政府的全力支持下，依托金川集团公司所组建的国家镍钴新材料工程技术研究中心，成为甘肃省第一个、也是国内少数几个依托企业组建的国家级工程技术研究中心，标志着金川集团公司的技术开发已纳入国家科技创新体系。

2006年，金川集团公司跻身中国首批创新型试点企业。

“借脑”是金川集团公司成功的秘诀之一。2000年以来，公司先后与中南大学、昆明理工大学、兰州大学、南京大学等7所大学建立了长期的企校合作关系，在博士点和博士后工作站建设、人才培养、人才支持、科研情报、设施共享等方面全面开展合作。

2005年以来，公司又与兰州大学、南京大学、中南大学分别建立了金属化合物、金属化学和新材料与压力加工联合实验室。2006年“兰州大学—金川集团金属化合物联合实验室”模式被国家教育部评为高校—大型企业科技创新十大经典案例之一。

金川集团公司对科技人员的奖励也有“大手笔”。“十五”期间，对重点建设项目、重大技术改造和科研成果的奖励累计达2830万元，2006年科技进步奖励金额则达到435万元。

肖冬明告诉记者，他最近一次获得的科技奖励是8万元。他说，像他这样的科技人员在公司很多。

三

在公司矿物工程研究所，记者注意到一台先进的矿物分析检验仪。操作员赵毕文对记者说：“别小看了这个小家伙，它可是公司最贵的试验仪器了。放进矿物，可以放大10万倍，以前，只能在显微镜下看到放大500倍的矿物。”

“这个器材在国内还是第一台呢！”赵毕文说。

在运矿车生产车间，一台精致的焊接机器人引人注目。这个花了600多万元的“进口货”，只需操作员在小小的智能型试教器上“捣鼓”两下，“他”就开始自由工作了。

“这比起以往人焊接，既免除了火花四溅等危险，又提高了6倍的效率。”年轻的女焊工王梅自豪地说，“在省内，我使用的是第一台。”

在金川集团公司，像这样的国内第一台、省内第一台的仪器还有很多。

先进的生产工具，像一个个符号，标示着企业对科技含量的极端重视。

2003年以来，公司每年投入8000万元，联合相关科研机构和高等院校开展科技攻关，“十一五”期间，公司每年用于技术开发的投入将不低于营业收入的3%。按金川集团公司2006年营业收入354亿元算，公司每年用于技术开发的投入将不少于10亿元。

目前，公司共有各类技术人员7200人，其中中高级职称占60%。每万人拥有的专业技术人员数量达到2100多人，是甘肃省平均水平的8倍。

庞大而优秀的金川科研人才队伍，在广阔的科研舞台上，创造出了令金川人骄傲、中国人自豪、外国人刮目相看的丰硕成果。有8个项目获得国家科技进步一等奖，5个项目获国家科技进步二等奖，4个项目获国家科技进步三等奖，获省部级科技进步奖的项目多达200多个。“十五”期间，获得重大成果76项，13项成果获得省部级以上奖励，60%已应用于生产。

如今的金川集团公司已由工厂制组建成为一家有限责任公司，引进宝钢、太钢等合作伙伴，实现了产权多元化。

如果说从东部沿海崛起一个世界级的企业，大家一口气就可以说出很多优势来。但从西部崛起，在李永军看来，并非劣势，而是蕴含着巨大的比较优势，这里有能源优势、发展优势和产业优势，再注入技术和管理优势，金川公司的西部崛起之路虽不平坦，却也顺理成章。

中篇：解读“金川现象”之和谐之道

敬而亲之。

近年来，金川公司以自己的行动赢得了同仁们的尊敬，锻造了企业强大的凝聚力。在时任金川公司董事长、总经理李永军的办公室，记者看到了一封封来自国内外同行的信——

“近年来，您使金川发生的巨变，以及您为金川集团公司所打造的坚实的技术和商业基础，都给我及我的同事们留下了非常深刻的印象。”这是澳大利亚必和必拓公司不锈钢材料部总裁克里斯·波音顿先生由衷的赞誉。

美国OMG公司、瑞士嘉能可公司等国外知名企业负责人来公司考察后认为，金川公司是一个具有良好成长性、负责任的企业，是一座现代化的有色冶金工厂，他们都表达了愿与公司合作的愿望。

“这是一个受人尊敬的企业！”上海宝钢、江西铜业、西南铝业、云南铜业等国内著名企业的领导均给予金川公司很高的评价。

一

曾几何时，一个个人才从金川流失，考上博士的职工一去不回。但现在金川公司对人才已经有了深深的吸引力。

“回到公司有种说不出的亲切感、归属感，回家的感觉真好。”在厦门一家高新企业拿着20万元年薪的曹笃盟博士一听到企业的召唤，头也不回地“飞”来了。他考博之前，已在公司工作了6年。他对记者说：“我与公司的血缘割不断，对公司的未来非常看好，我觉得这里有施展自己能力的平台。最具吸引力的是公司的发展与自己的职业人生规划是一致的。”现在担任公司镍钴新产品公司副经理的曹笃盟虽然待遇较一年前低了一些，但他对未来充满信心：“工资虽然相对低一点，但在金川工作、生活都很充实，金川以后还会更有活力！”

一位在昆明已买了房子的博士后，了解到金川公司的发展与远景后，毅然从大学辞职来到金川，并在前一段时间成功说服妻子，与他一同前来。

一位国企总经理，放着好端端的老总不做，在金川公司“埋头”做起了工程师。他说，是为着金川公司这个能够发挥技术人员能力的舞台来的。

公司科技人才智慧和才能的发挥，离不开用人机制的不断创新。

2003年以来，公司按照专业种类和岗位价值建立了新职位体系，将原来的初、中、高三个职称等级划分为七个职位等级，扩展了员工的纵向职业发展通路。同时，又将每一个职位划分为五个级别，建立了员工的横向职业发展通路，使各类人员的职业发展空间更加广阔，形成了有利于专业技术人员走专业化发展路子的机制。

良好的创业条件增强了公司的吸引力。目前，已有150名硕士和博士研究生加盟公司的技术创新队伍，其中11名具有丰富实践经验并取得科研成果的博士、博士后已被公司任命为中层管理人员。

二

有两个小故事可以解读金川公司对合作伙伴的吸引力：

在与省内一家设计院合作时，由于对方设计不合理，导致故障频发，公司没有简单地谴责别人，而是动员全公司科技力量帮助这家设计院渡过了难关。后来，这家设计院主动提出将产权调整为50%。而在这之前该院占产权的70%，金川公司占产权的30%。

省外的一家设计院设计的一套机组，在国内找不到"第一个吃螃蟹的人"，大家都在谋求进口机组。金川公司本着振兴国产装备制造业的想法，主动与这家设计院联系。金川人的真诚感动了他们。后来，他们联合开发的具有世界先进水平的四条国产联动机组，首次实现了大极板铜电解过程四条联动机组的全部国产化。

——许多参与金川课题的专家学者深有感触地说，是金川具有世界水平的科技力量和鼓励创新、宽容失败的胸怀吸引了他们。金川是科技人员创业的沃土，是培育专家的摇篮。几十年来，从事金川课题的研究已成就了数十位院士、数百名著名专家、学者。

2006年4月11日，金川公司在兰州金川科技园举行仪式，聘请游效曾院士为国家镍钴新材料工程研究中心金属科学首席科学家。李永军说："游效曾院士一生将配位化学作为研究的主要领域，对金川的发展将有很强的支撑作用。公司将以此为契机，为外部合作者提供更好的工作条件，让他们静下心来从事研究工作，使他们在金川实现人生价值。"

在科研攻关过程中，公司对参与合作的外部科技人员除给予科研经费支持和生活补贴外，还评选出那些为公司做出突出贡献的成员为公司荣誉职工，并给予一定的物质奖励。先后有中国有色工程设计研究总院、北京矿冶研究院等协作单位的近20位同志获此荣誉。

三

金川公司强大的凝聚力离不开党的建设和符合时代要求的企业文化。

作为甘肃省大型国有骨干企业，金川公司党委按照省委、省政府“保证抓党建”的要求，坚持全心全意依靠职工群众，充分发挥党组织的政治核心作用，提升企业的凝聚力。

2006年，金川公司党委荣获“全国先进基层党组织”称号。

随着现代企业制度的建立和完善，金川公司党委明确和规范了党组织参与企业重大问题决策的范围和程序，建立了党组织与股东会、董事会、监事会和经营管理层沟通协调机制。在企业改革中，金川公司党委建立健全了党政领导班子主要工作制度，形成了领导班子主要成员之间既相互支持又相互监督制衡的工作关系。

“党员看旗帜，群众学党员；树起旗帜引好路，抓好党员带群众。”这是金川公司党委在实践中总结出的一条经验。目前，金川公司生产一线的班组长中，党员人数比例达到85%以上，每年评选的各类先进人物中80%以上是共产党员，广大党员已成为金川公司的重要人力资源。

凡是到金川公司参观、考察过的人都有一个鲜明的感受：金川公司职工身上总是洋溢着一种勤奋敬业、积极进取的精神，这种精神源于金川公司的企业文化。重视企业文化建设，把企业文化作为企业发展战略的重要内容，实现文化制胜，是金川公司决策层的高明之处。

在企业改革发展过程中，金川公司培育和形成了具有金川特色、符合时代要求的企业文化，主要包括五个方面的内容：一是“变革思维、创新行动”的思想观念，这是金川公司认识世界、改造世界的认识论和方法论；二是“艰苦奋斗、敢争第一”的金川精神，这是金川公司近半个世纪以来生生不息、薪火相传的精神支撑，是金川人不断创造崭新业绩的力量源泉；三是“出资者满意、员工幸福”的经营理念，这是金川公司主动适应现代企业制度和市场经济的要求、站在做大做强的战略高度对企业进行的全新定位，是金川公司的理想追求；四是“团结互助、和谐共事”的员工关系，这是以人为本思想和构建和谐社会理念在金川公司的具体实践；五是“爱公司、爱岗位、爱学习”的企业风尚，这是爱国主义、集体主义、社会主义在金川公司的具体体现，是建设学习型组织的必然要求。

经过多年的实践和丰富，这一企业文化已成为金川公司开拓前进的精神旗帜，成为金川公司全体职工的共同价值取向和行为准则，成为金川公司激励职工奋发向上的原动力，同时极大地增强了金川公司的凝聚力和向心力。

下篇：解读“金川现象”之关爱之举

关爱民生，是一个负责任的大企业的自觉行动。

在我们身边，记者看到的是一个为职工、为社会谋福祉的金川公司。

省第十次党代会以来，金川公司始终坚持经济、政治和社会“三个责任”的有机统一，在为社会创造物质财富的同时，在遵守商业道德、安全生产、环境保护、重视职工健康、保障职工合法权益、推动地方经济社会发展、关心社会建设和公益事业等方面做了大量的有成效的工作，赢得了各方高度赞誉。

一

2002年以来，公司坚持以人为本，坚持改革发展成果由广大职工分享的原则，努力实践“出资者满意、员工幸福”的宗旨，企业的凝聚力、向心力和吸引力大大增强。

有一件至今听起来有点不可思议的事：在企业改革最困难的时候，公司没有让一个员工下岗，而是采取了轮岗的办法，让人人有岗可上。

公司先后5次为广大职工调升工资，人均工资从2001年的近2万元，增加到2006年的3.5万元。

入围“感动甘肃·2006十大陇人骄子”候选人的李基仁是一名普通工人，他现在的工资是月薪4000多元，是1991年的十多倍。这个豪爽的汉子说：“厂里有五年规划，家里也要有五年规划。”现在，他正盘算着买一部什么样的小汽车，他说：“媳妇正琢磨着考驾照呢。”

金川公司在全国大型国有企业中率先实行了全员带薪年休假一个月的制度。职工们说，休假一个月，他们基本上是“飞来飞去，天南海北”。

近年来，公司投资1亿多元，大力改善职工居住环境，这一举措备受职工及家属欢迎。2006年，住房公积金单位缴存比例由5%上调为9%。2007年，公司又将缴存的比例提高到12%。

另一项民生之举是，建立了每年200万元的职工大病医疗救助基金；出资近400万元用于困难职工家庭生活补助和子女就学资助。

李乃春是一名叉车司机，2005年被查出患乳腺癌，已到中晚期，从金昌市转院到上海。8个月花掉了17万多元。她说，当时并没发愁，因为有公司的大病救助和医保报销。

“经济这块压不倒，心态就好。公司也没把咱当负担。”她笑着说，“今年4月4日，是我做手术的两周年纪念日，没想到班组还给我过了个‘两岁生日’。”

记者看到，职工排班室、休息室鲜花盛开，金鱼漫游。一打听，才知公司投入2000多万元，改善了一线职工的生产、休息环境。

二

公司的辐射力还体现在带动地方经济上。

据金川区政协的一份调研报告显示，金川公司驻地附近的农民家庭的主要收入，依靠的是农民工到公司务工以及销售农副产品等。每年在公司务工的人员有近万人。

前些年，金川公司实行的是“大包大揽”的福利政策，职工消费品一般从外地购进。近年来，公司逐渐变“实物消费”为“货币消费”，将职工福利以货币形式兑现。这样一来，就有近3万个家庭、近10万人直接消费当地的农副产品。按一家人每年消费2000元计算，就能为当地农民增加6000万元的收入。

加大农民培训，提高农民素质，一直是金川公司“反哺农业”的重点。公司提出，利用自己的师资和技术优势，为永昌县培训富余劳动力，切实提高永昌县农民的职业技能水平。

时任金昌市委书记的李建华说，仅此一项潜在的支出就在600万元左右。

公司的技能培训为农民外出寻找新天地提供了实实在在的帮助，使他们成为农村青年学习的模范，创业的先锋。受训农民陈大鹏说：“2004年我参加了金川公司为我们免费举办的摩托车维修技能培训班，毕业后我就开了个店，每月能挣一二千元，为家里减轻了负担。”

接受培训的学员，绝大多数已走向外地的工作岗位。如河西堡学员刘克俭，现在长庆油田工作，月工资已达2000元；红山窑学员张佳，在无锡电子厂工作，月工资已达1600元。

2007年3月，金川公司向金昌市无偿捐助资金2000万元，其中，1000万元主要用于老城区改造，500万元用于新农村建设，500万元用于水利工程建设。这是2002年以来，金川公司第四次向金昌市无偿捐助资金，累计金额高达8800多万元。

三

2007年2月17日，是农历大年三十，一大早，胡锦涛总书记再次来到定西市青岚山乡大坪村。胡锦涛一行入农户、问年景、看水窖、察粮仓，详细了解了大坪村的发展和群众生活情况。他说："时隔八年，再次来到大坪，看到大坪各方面有了很大的变化，新房盖起来了，家里的存粮多了，年货也置办得多了，说明大坪人的生活正在一天天好起来，我感到特别的高兴。"

大坪村发生的巨变，凝结着大坪人民为改变家乡落后面貌艰苦奋斗的精神，凝结着金川公司的真心帮扶，凝结着金川公司的工人大哥同大坪村的农民兄弟结成的炽热真情。

大坪村位于定西市安定区，距离金川公司500公里。2700余亩贫瘠的土地分布在一沟三面坡上，沟壑纵横，交通闭塞，干旱缺水，是一个典型的靠天吃饭、在贫困线上徘徊的自然村落。

在全省农村帮扶脱贫攻坚战中，省上确定金川公司定点帮扶大坪村。按照省委、省政府"帮扶村农民不脱贫致富，帮扶工作不脱钩"的指示精神，河西的金川公司与河东的大坪村结为亲戚，大坪村的历史从这一天开始被改写！

公司派人到现场进行考察论证，专门成立了帮扶小组，确定了帮扶大坪村的中长期规划。先后捐助资金和钢材、水泥、木材、管线、门窗等物资共计250多万元，建成了一批符合当地实际、能产生经济效益的水利工程、日光温室、标准化圈舍、洋芋交易市场以及村综合办公楼等适用项目；援建了大坪村医疗卫生室，配备了医疗器材，对大坪村医务人员进行了免费专业培训；完成了大坪村村址前广场1000多平方米地面的硬化和2200平方米的绿化；为村小学捐助了140套桌椅和微机等教学用品。

4年多来，在公司的倾力扶持下，大坪村发生了翻天覆地的变化。大坪村的马铃薯、畜草、劳务、蔬菜等产业得到了很大的发展，农民人均纯收入从帮扶前2002年的1735元增加到今年的3000元。

老党员李福说，2003年，公司资助1万多元，帮助他建起了占地半亩的日光温室。当年他试种菜瓜一举成功，到年底，他种植的反季节蔬菜的收入达到6000元。

农民冉雄一说，他家在金川公司和区、乡两级党委、政府及部门的帮助下，养起了小尾寒羊，建起了日光温室和150平方米的生态新家，年收入万元以上，小日子过得红红火火。现在他吃水再也不用从山沟里肩挑背驮，做饭再也不受烟熏火燎，还置办起了时尚的新家具和新潮的家用电器，过上了具有现代气息的田园生活。

在金川公司的真帮实带下，大坪村走上了一条“种草、养畜、节能、肥田、增收”的可持续发展之路，这个过去全省农业学大寨的老典型又焕发出了新活力。

金川公司建成兰州金川科技园后，又为所在地捐资100多万元，用于道路建设和对农村富余劳动力的培训。

可以说，金川公司已形成这样的传统，企业建到哪里，就在哪里为地方办实事，为社会尽责任。

主编点评：

竞争力、凝聚力、辐射力，这是记者在金川公司采访期间，感受最强烈的三个词。透过这三个词，可以概括出金川公司近几年来所发生的变化，更可以描绘出金川公司在我省“工业强省”战略中所取得的成果与经验。这些成果和经验，已经汇聚成为“金川现象”。

甘肃“工业强省”“强”在哪里？“强”在一批优势企业有提升甘肃经济的市场竞争力，“强”在能够对全省经济发展和提高增长质量具有带动力，“强”在节约资源、加快转型，有对外商投资进入甘肃的吸引力，“强”在提高员工收入乃至扩大就业、增加群众收入的提升力。

金川公司的发展，就是对“工业强省”战略“强”在哪里的最好的回答。这或许还可以给我省其他工业企业许多有益的启示。

会当凌绝顶

彭旭烽　李科华

2008年，长庆油田公司年产油气当量历史性地突破2500万吨，油气年净增长量接近500万吨，相当于新建了一个中型油田。

2008年7月，中国石油集团公司在延安召开领导干部会议。会上明确提出：到2015年，长庆油田年产油气当量实现5000万吨，并把这一目标纳入了中石油发展规划。正是在这次会议上，中国石油集团公司总经理、党组书记蒋洁敏指出：“长庆油田是中国石油新时期艰苦奋斗、攻坚克难、为油奉献的榜样。”

地处陕甘宁革命老区，在“低渗透”上崛起，有着强劲后发优势的长庆油田，在中国石油保障国家能源安全战略布局中，已凸显出至关重要的地位。随即，一场自上而下、主题为“3000万吨在握，5000万吨在望，我们准备好了吗?”的大讨论，在2009年国内最大规模油气会战的火热实践中蓬勃展开。

2008年11月上旬，国务院有关领导就加快长庆油气发展作出重要批示：长庆油田建成年产5000万吨油气生产基地，是关系国家能源安全战略的大事，要全面贯彻落实科学发展观，全力推进。

天降大任于长庆。一个由集团公司直接推动并上升到国家能源安全战略层面的重要能源基地的建设，正在以前所未有的力度加快布局，加速推进。

2008年11月中旬，长庆油田公司拿出5天时间，集中公司中层领导在西安召开务虚会。围绕“能否实现5000万吨、如何实现5000万吨”，把近年来油气快速发展形成的建设模式、管理成果上升到理论高度，进行了理性的总结、交流、研讨，寻找和求证通往5000万吨的“路线图”。

2008年是长庆进军5000万吨的新起点。鄂尔多斯盆地内，近800部钻机，数十万人参加了一场新时期国内最大规模的石油大会战。全年仅钻成的油气井就达8000余口，钻井进尺突破2000万米，新建油、气生产能力分别达到400万吨、45亿立方米，工作量较历史上最多的2007年增长了一倍。此时的长庆，更像加速奔跑的“跨栏”运动员，锁定3000万吨冲刺，向着5000万吨迈进。

5000万吨：我国重要的油气生产基地

我国经济发展对石油的需求已远远超过国内石油产量的增长，石油短缺将成为制约经济发展的“瓶颈”。2007年，全国生产原油1.86亿吨，进口原油1.6亿吨，原油消费总量达到3.46亿吨，国内自给勉强超过50%。目前，全国陆上年产油气上千万吨的油气田仅有5个，今年，长庆以2520万吨的能力居中国石油第二位、全国第三位。一旦长庆建成5000万吨油气田，便相当于大庆油田辉煌时期的石油产量。长庆实现5000万吨，将给国家经济社会发展提供强有力的支撑。

长庆油田计划2015年实现这一目标，这就意味着从2008年开始，按每年300多亿元投资计算，8年累计投资将超过2400亿元，超过了三峡工程总投资，相当于两个“西气东输”工程的投资规模。巨额投资必将进一步拉动和辐射当地及周边经济快速发展。

长庆油田由一个名不见经传的小油田快速发展成全国屈指可数的大油气田，是30多年厚积薄发的结果。长庆实现第一个1000万吨，用了33年；实现第二个1000万吨只用了4年；2009年，实现年产3000万吨已胜券在握。就是说，长庆实现第三个1000万吨，所用的时间仅为2年。按照长庆5000万吨发展规划，从2008年起，每年以500万吨左右油气当量的净增长加速发展，相当于每年新增一个中型油田。

五大优势：坚定上产5000万吨信心

新世纪以来，长庆油田在“三个重新认识”思想指导下，获得快速发展：年产油气当量2003年突破1000万吨；2007年跨越2000万吨，在世界罕见的“三低”油气藏上，建成年产超千万吨级大油田、200亿立方米大气区；今年，油气当量达到了2520万吨，成为中石油油气储量产量增长的领跑者。

从2000万吨到3000万吨，再到5000万吨，未来8年时间，长庆要建成我国重要的油气生产基地，这项投资超过2400亿元的宏大工程，无疑在中国乃至世界上都将产生深远影响，也格外牵动各方面的关注。长庆是否具备这个实力，长庆的后发优势从何而来?

在2008年初冬长达5天的务虚会上，长庆的决策层和管理者们讨论最集中的话题，就是“长庆是否具备上5000万吨的实力，长庆的优势在哪里，如何实现5000万吨”。

油田公司总经理、党委副书记冉新权说，这次会议系统总结长庆“大油田管理，大规模建设”中勘探开发、改革发展、管理创新方面最新的理论探索和实践成果，将这些问题上升到理论高度给予重新认识。进一步靠实储量、产量目标，解决了“长庆能否实现5000万吨”的认识问题和“怎样实现5000万吨”的方法问题。党委书记、副总经理曲广学说，长庆油田快速发展，归根结底是思想认识的结果。长庆未来持续发展，关键在解放思想，出路在解放思想，动力还在解放思想。

经过多年探索、实践、创新的积累，持续保持强劲发展实力的长庆油田，已形成了资源、技术、队伍、文化和政策优势，坚定了长庆人挺进5000万吨的信心和决心。

政策优势。国内石油、天然气快速发展，不仅可以缓解经济发展对石油的巨大压力，还对改善国家能源消费结构、应对气候变化、净化大中城市空气有着至关重要的战略作用。国家领导人对长庆发展成为我国重要油气生产基地作出重要指示，要求科学发展、加快推进，这使长庆迎来了前所未有的发展新机遇。中国石油为支持长庆发展，出台了一系列政策和措施。长庆大规模投资建设必将造福地方，赢得陕、甘、宁、内蒙古四省（区）的欢迎，并作为地方工业强省和能源基地将给予支持合作。

资源优势。据国家油气资源评价表明，长庆所在的鄂尔多斯盆地拥有石油资源量86亿吨、天然气资源量10万亿立方米，被誉为我国油气资源的“聚宝盆”。目前，长庆在盆地累计探明石油储量18亿吨，天然气探明和基本探明储量2.68万亿立方米，油气探明程度分别只有30%和19.6%，有着巨大资源潜力，在油气储量产量持续快速增长方面有很大空间。

技术优势。38年艰苦探索、发展实践，长庆已掌握了勘探开发“三低”油气田的核心技术、关键技术、主体技术、配套技术；形成了国内一流的开发低渗、特低渗油气田的科研攻关能力，能够适应“超低渗”油气藏勘探开发需要。其中诸多关键技术、核心技术和具有自主知识产权的技术，在世界上领先，成为上产5000万吨的有力支撑。

队伍优势。从20世纪70年代初“跑步上陇东”，参加陕甘宁石油会战开始，长庆石油人在高原大漠数十年如一日，克服恶劣自然环境，攻克了低渗透。艰苦创业、埋头苦干的精神薪火相传。持续快速发展的长庆，已成长起一支忠诚企业、甘于奉献、开拓创新的管理人员队伍；培育了一支敬业爱岗、攻坚克难、锐意创新的技术人员队伍；磨炼出了一支吃苦耐劳、敢于拼搏、能打硬仗的员工队伍。5000万吨艰苦征程，他们是中流砥柱。

文化优势。在一望无际的戈壁沙漠，在连绵起伏的黄土高原，在37万平方公里的鄂尔多斯盆地，石油人长年坚守在这里，守望石油，奉献能源。长庆油田38年形成的以大庆精神、铁人精神为内涵的石油文化，以延安精神为核心的老区文化，以“一切行动听指挥”为特征的解放军文化，培养和造就了长庆人“能吃苦、讲奉献、守纪律、重执行”的价值观，树立了“我为祖国献石油”的崇高信念，这些成了长庆征战5000万吨的力量源泉。

攻坚克难：验证长庆科学发展能力

以成功开发世界罕见“三低”油气田而著称的长庆油田，在新征程中，仍面临着无法替代也不可能绕过的诸多“难题”：地下“超低渗”、地面黄土塬、大沙漠的现实不可能改变；实现5000万吨还要把用工总量控制在7万人左右。长庆面临的困难和挑战是空前的。

据长庆油田超低渗开发项目部的一位专家介绍：渗透率小于0.5毫达西的超低渗油藏，由于比低渗、特低渗油藏压力更低，岩性更加致密，其开发难度远大于低渗、特低渗油气田。随着多年来的快速发展，长庆相对易开发的油气储量基本上都被动用。迄今为止长庆已探明的18亿吨石油储量中，超低渗就占到6.1亿吨，也就是说，在未来快速上产中，超低渗是主力接替区，如何高效开发，这是长庆最大的难题。

为了打开“超低渗”这个“禁区”，长庆早在新世纪以来就介入前期开发试验和技术攻关，实现了能把油从坚硬地层中“拿”出来的突破，但如果将超低渗作为长庆上产5000万吨的主力接替区，还面临着提高单井产量和降低成本等一系列前所未有的挑战。

长庆开发的油、气田分布在“老、少、穷”地区，自然环境艰苦。数万口油、气井分布在37万平方公里的荒原大漠、深山沟壑，生产的油井平均单井产量不到3吨，苏里格气田单井产气只有1万立方米，仅为国内高产气井的百分之一。就是在这样艰难的低渗、特低渗的条件下，新世纪以来，长庆原油产量每年以百万吨以上幅度净增长。艰苦的地表环境、复杂的地质条件，使长庆的每一滴油都来之不易，都饱含着长庆人上下求索、攻坚克难、甘于寂寞、守望石油的执着追求。

通往5000万吨的新征程，还会遇到很多新的困难和挑战，长庆人必须直面挑战，攻坚克难，一步一个脚印走出新天地。

路线图：如何实现5000万吨

如何在5000万吨征程中攻坚克难，把优势转换为产量？

冉新权总经理说，长庆人在发展大油田、建设大气田实践中，解放思想，强力推进“大油田管理，大规模建设”，已经找到了进军5000万吨的“路线图”，这就是：用勘探开发一体化拉动油气储量快速增长；用苏里格气田和超低渗透油藏成功开发模式，驱动“三低”油气田高效开发、持续上产；用标准化和市场化实现油气田大规模低成本建设；依靠创新管理机制和发展体制支撑大油田管理。

——勘探开发一体化带来新一轮增长高峰。

2008年，长庆着眼于落实探明储量、寻找富集区、控制储量规模，全面推行勘探开发一体化模式。勘探在点上突破，评价全方位跟进，开发整体部署，使新发现的油气储量能够迅速提高生产能力。部署在姬塬地区的池46井，在钻探时发现了新油藏，评价、开发工作随即在周边部署展开，不到半年就落实了5000万吨的储量，最少可建60万吨产能。今年实施勘探开发的华庆地区，通过评价井、开发井同步大面积部署，落实储量超过1亿吨。勘探向评价、开发延伸，评价和开发带动扩大勘探成果，从而发现了油气新层系，拓展了新领域。苏里格气田实施勘探开发一体化，连续两年新增天然气基本探明储量超过5000亿立方米。今年，由于勘探开发一体化的实施，长庆已发现油气三级储量达10亿吨，储量增长居中国石油第一位。

——超低渗油气规模开发拉动油气产量高速增长。

长庆实现5000万吨油气发展目标，石油产能建设60%以上（规划2000万吨）将集中在超低渗区域，天然气产能80%以上（326亿立方米）在苏里格建设。突破苏里格气田和超低渗油藏，就意味着解决了油气大规模上产问题。苏里格气田从2006年规模有效开发，到2008年底日产能力达到2000万立方米以上；超低渗油藏开发从2008年3月启动，不到一年就在陕北的姬塬、志靖—安塞和陇东的华庆、合水区域新钻井超过2000口，投产油井1500多口，平均单井产油近3吨，建成200万吨产能。2009年，这一区域年产原油将上升到220万吨以上。成功开发大面积分布的隐蔽性岩性油气藏，使长庆掌握了实现5000万吨的主动权。

——标准化、市场化体系提速大规模建设。

"标准化"就是以标准化设计与模块化建设为核心，用一套符合长庆地下油气开发和地面建设需求的标准化设计文件，统一油气田开发工艺、流程，统一井站建设，使油气田建设按照"组装"、"复制"的模式，降低投资成本和提高建设效率。标准化首先缩短了建设周期，最关键的是提高了工程质量。一个月建成一座集气站，三个月建成一座联合站，一年建成一座大型天然气处理厂，这就是长庆转变发展方式创造的奇迹。

"市场化"是推进油气建设大提速的又一制胜法宝，使长庆以"四两拨千斤"的力道，集中数倍于自身的优势资源，迅速快捷地组织大规模油气会战。2008年，长庆将产建市场从地面土建延伸到试油、压裂、钻井等高端技术工程领域，运用市场机制聚集了近800部钻机、500多个试油（气）机组、250多家施工队伍，20多万人展开了一场静悄悄的石油会战。钻井8000多口，钻井进尺突破2000万米，完成了100余座油、气井站，建成3条大口径输油管线，开工建设的原油储备库规模就达到180万吨。

——创建大油田管理模式，推进集约化低成本发展。

长庆把创建适应大油田管理的新机制、新模式，作为当务之急。2009年2月，公司重组整合后，在持续推进油气主营业务与专业技术服务力量整合的同时，从公司管理层面到操作层面，建立了覆盖油气田生产、建设、经营的作业程序和管理流程，以加快转变发展方式来提升公司管理效率。

为了加速实现5000万吨目标，长庆借助市场力量来完成对单项工程和制约发展进度的钻前工程。陇东油区的钻前工程交给地方政府实施，总体效率较以前提高了50%；姬白原油长输管道实施材料、施工总承包，加快了建设进度；10月，长庆又与长城、川庆、渤海等3个钻探公司签订战略合作协议，靠实了油、气田快速开发的钻井力量。在长庆，管理方式已向着市场配置资源的方向转变。

实现超低渗油气田有效开发，决定了长庆加快发展必须走低成本之路。建设数字化油气田成为长庆的战略选择。也正是因为数字化的神奇魅力，年产120万吨的西峰油田，人员由过去的2000多人降到800人，员工也由传统的"蓝领"变成了"白领"。苏里格气田的数字管理，使气田1370多口气井的生产数据管理，都在生产指挥中心的数字化管理平台上轻松实现。随着"大规模建设"的提速，以网络传输、自动控制、远程监控等高科技手段为核心的数字化，正在把长庆千里油气区的数万口油、气井，上千座站、库，数千公里长输管道的诸多生产、管理要素，集中在鼠标的控制下，使油气田的开发管理由过去的“守株待兔”变成了现在的“精确制导”。

固本强基：为5000万吨保驾护航

位于陇东油区大山深处的木二转，是长庆人非常熟悉的一个普通转油小站，“马琴工作法”就在这里诞生，并被推广到全油田。木二转的站长马琴将自主管理理念融入日常工作，探索总结出的以“爱心激发自信，诚心凝聚团队，用心快乐工作，精心安全操作，恒心提升管理”的基层井站自主管理方法，便是长庆油田以员工个人名字命名的“马琴管理法”。享誉安塞油田的郭秀玲站，是长庆油田首次用员工个人名字命名的井站。北京奥运火炬手刘玲玲所在的“刘玲玲女子焊工班”的故事，在油田广为流传。

马琴工作法、郭秀玲站、刘玲玲女子焊工班，是长庆基层建设工作的缩影。正是这些基层岗位上员工的不断探索、创新、创造，才加速了长庆油田的发展。

长庆实现5000万吨发展目标，具体到实际工作中，就是通过员工把责任落实到岗位上，把任务落实到单井上。依靠员工在数万口油、气井上用心工作，才能将公司发展战略落到实处。正是基层的重要地位和基层建设的重要性，决定了长庆油田把基层建设作为固本强基的战略来实施。从2007年开始实施长庆文化理念试点实践以来，本着对员工人性、尊严及个人价值的尊重，通过培育和凝聚员工的责任心、主动性和创造性，已初步形成员工的凝聚力、内动力和执行力。长庆油田如今又瞄准发展大目标，推进基层自主管理，依靠基层建设形成的队伍独立作战能力，促进内部管理，开源节流，降低成本，提高基层应对和化解危机的能力，将不断实现长庆与员工的共同成长、和谐发展。

主编点评：

会当凌绝顶，一览众山小。长庆油田公司志存高远：年产油气当量锁定3000万吨，向着5000万吨迈进。长庆，正作好了加速奔跑的一切准备，并画出了一条“路线图”。这一切来源于企业的信心，信心来源于实力。长庆的后发优势表现在政策、资源、技术、队伍、文化等优势上。

几十年以来，在一望无际的戈壁沙漠，在连绵起伏的黄土高原，在广袤的鄂尔多斯盆地，长庆人形成的以大庆精神、铁人精神为内涵的石油文化，以延安精神为核心的老区文化，以“一切行动听指挥”为特征的解放军文化，培养和造就了长庆人“能吃苦、讲奉献、守纪律、重执行”的价值观，树立了“我为祖国献石油”的崇高信念，这些成了长庆征战5000万吨的力量源泉。这就是企业的核心文化。能积累多少核心文化，企业就能跨多少次栏。

跨越正当时

李科华　史文光　柳忠宏

从环江河畔到董志塬边，从革命老区华池的山山岭岭到历史古镇五指原的沟沟岔岔，2万平方公里的土地上钻机轰鸣，围绕着“2009年上产300万吨，2015年达到800万吨”的宏伟蓝图，在2008年，一场注定将载入史册的石油生产大会战在陇东油田全面打响！

说它将载入史册，是因为这场大会战是陇东油田再上新高度、再启新长征的起点。通过会战，陇东油田2008年原油产量达到272.8万吨，实现工业产值126.5亿元，又一次创造了新的记录；产能建设首次突破100万吨，达到114万吨，相当于一年建成了一个百万吨油田；超低渗油藏钻井进尺突破100万米，达到119万米，建设产能35万吨，开辟了原油生产新的增长点……2008年，因此也成了陇东油田实现新跨越、再次腾飞的元年！

而创造这一连串奇迹的主角就是负责陇东油田开发建设的长庆油田公司采油二厂。

回顾采油二厂38年的发展历程，从1971年到1993年，上产到年产100万吨，用了22年；从1994年到2004年，上产到年产200万吨，仅用了10年；从2004年到2009年，采油二厂计划挺进300万吨，而所用时间将缩短为5年。数字的变化，是采油二厂快速发展的律动。37年来，采油二厂广大干部员工高唱“我为祖国献石油”的铿锵之歌，用赤胆和忠诚肩负使命，用信念和执着履行承诺，用智慧和汗水拼搏奋进，用无私和奉献谱写辉煌，一次次把陇东油田推向大发展、快发展的新高度。

技术引领：科学发展成为主旋律

2008年，采油二厂迎来了前所未有的发展机遇。

在中石油与甘肃省合作发展战略框架协议推动下，规模开发陇东超低渗油藏项目全面启动；

省委书记陆浩在有关情况汇报会上要求，全力支持陇东油田勘探开发，为长庆创造良好的发展环境；

庆阳市市委书记张智全，市委副书记、市长周强多次到生产现场办公，要求全市按照“环境最佳、服务最优、速度最快、效率最高”的原则，支持油田开发建设；

长庆油田总经理冉新权多次到陇东调研，要求采油二厂在长庆大发展中当好主力军、排头兵……

采油二厂紧抓发展机遇，适时提出了2009年原油产量达到300万吨，2015年达到800万吨的宏伟目标。

围绕这一目标，采油二厂确立了“技术引领，科学发展”的主导思想。明确了“发展侏罗系、主攻三叠系、解放超低渗、建设大油田”的发展方向。通过深入实施“五大工程”：把降递减工程作为加快发展的“头号工程”，把瓶颈技术攻关工程作为加快发展的关键，把增储上产工程作为加快发展的核心，把超低渗油藏开发工程作为加快发展的支撑，把人才梯队建设工程作为加快发展的保障。努力做好老油田持续稳产，加快规模化开发低渗透油藏，全力打好新一轮大发展的攻坚战，开始陇东油田新的“长征”。

一年来，按照长庆油田公司“大油田管理、大规模建设”的要求，采油二厂首先从地质认识上转变观念，不断加强区域地质研究。做到“超前一步，认准一块、储备一块、研究一块”，积极寻找油气富集区，为战略决策打牢根基。通过勘探开发一体化，超低渗油藏开发取得突破性进展。合水、华池三叠系油藏大面积连片，发展前景广阔；马岭—镇北、华池—白豹、合水—塔尔湾三大区域勘探评价工作获得新的发现，预测储量达1.5亿吨以上，为规模建产奠定了基础。

其次，从技术创新上转变。针对“老油田稳产和超低渗储层提高单井产量”这两个制约油田发展的核心技术问题，坚持按照“成熟技术规模推广，关键技术集中攻关，前沿技术超前储备”的工作方法，持续深化“油藏分类分级管理”和“一井一法一工艺”，不断探索研究支撑老油田持续稳产上产的新技术措施和超低渗油田开发管理模式，为稳产上产“快马加鞭”。

再次，从规划设计上转变。突破短期惯性思维模式，站在更高更远的角度制定发展方案。在建设理念、管理方式、建设模式等方面不断创新，形成了以

“标准化设计、模块化建设、数字化管理、市场化运作”为核心的“超低渗模式”，为超低渗油田大规模开发建设找准了方向。

三个转变的实现最终要靠人的转变，而人的转变关键在于用人机制的创新。

针对陇东油田快速发展的需要，采油二厂建立健全了一整套人才培训、选拔、激励机制。为了充分调动技术人员的积极性，发挥技术人员在油田开发中的主导作用，采油二厂制定出台了《技术（技能）人才奖励实施办法》等9项激励政策；在作业区和两所设立技术主管岗位，在各作业区（大队）和井区（队）设置助理技师、技师、高级技师等专职岗位，变人才成长“h”型为“H”型，使技术人才的培养、选拔和任用更加规范、科学、合理，从根本上解决了技术人员不安心钻研技术的问题。2008年，全厂新增技术主管14人，课题长20人，表彰奖励第六届优秀中青年技术干部15名，表彰命名一、二、三级专业学术、技术带头人71名，新聘高级技师16名、技师45名、助理技师16名，人才“双线”晋升格局进一步得到完善，有效激发了技术人员的积极性和内动力。技术人员的比例由5.83人/百井上升到7.92人/百井。

思想观念的转变，技术创新的支撑，技术人员潜能的发挥，稳固了发展根基，使陇东油田开发形势高潮迭起。2008年，全厂综合递减率由2007年的10.8%下降到了目前的9.8%，老油田综合递减率由11.9%降到了10.5%，创造了油田稳产历史上的最好水平。2008年，陇东油田钻塔林立、钻机轰鸣，200余部钻机，4万多名石油大军，形成了前所未有的大发展、快发展的大会战场面。全年钻井1000余口，是2007年的两倍，增加产能150万吨。采油二厂步入了大发展的新时期。

基层建设：固本培源助推大发展

“基础不牢，地动山摇”，实现科学发展、和谐发展，队伍是根本，重心在基层。基层队伍建设是大发展的基础；大发展需要一支素质过硬、吃苦耐劳、敢于拼搏、能打硬仗的员工队伍。

2008年，采油二厂立足基层、服务基层、建设基层、发展基层，夯实发展基础，全厂形成了“团队坚强有力，工作高效快捷，生活丰富多彩，人人心情舒畅”的良好氛围。

——持续加强支部建设。年初制定下发《党支部“六个一”创建工作实施办法》、《党支部“六个一”达标晋等实施办法》，对基层党支部实行自上而下的动态化目标考核；组织完成党建研究课题42项，荣获集团公司先进党支部1个，集团公司优秀党务工作者1名。通过基层党支部和党员先锋模范作用的充分发挥，进一步密切了党群、干群关系，从而调动一切积极因素，共同推进大发展。

——不断提高基层执行力。以“五型”班组创建为载体，从班站制度标准、工作流程的规范和梳理入手，引导岗位员工开展班站“标准化设计”。丰富内容，创新载体，自主策划“五型”班组创建。创建活动的扎实开展，有效提升了班站整体管理水平。2008年，全厂有7个班站获得了油田公司优秀“五型”班站的荣誉。

——提升队伍整体素质。按照“全员参与、突出岗位、人人过关”的思想，积极开展“岗位大练兵、素质大提升”主题培训活动，全面提升员工技能。同时，加大激励力度，鼓励各类人才成长。对音乐、文学、摄影、书画等方面有特长的员工，命名为“采油二厂特长人才”；在2008年第十一届技术比武大会上，对产生的9名技术状元、24名技术标兵、55名技术能手及技术比武先进集体进行了重奖，营造了知识崇高、先进光荣的“比、学、赶、帮、超”氛围。

——构建以人为本的和谐环境。努力建设稳定基层、和谐基层、活力基层的氛围，改善员工工作、生活条件，营造“快乐工作”环境。依靠基层凝聚力量，激发干劲、鼓舞士气，实现员工与企业共同发展。帮助员工解除后顾之忧，先后向166名困难员工子女发放助学金32万元，向大病住院员工发放救助资金55万余元；建立了厂领导与困难员工帮扶对子24对；针对一线员工子女就学困难的情况，厂部继续投资120万元，与长庆总校联袂，统一安排寄宿就学，解决了一线员工子女上学难问题。与此同时，着力改善一线员工生活条件，邀请兰州军区医务专家对全厂6000多名一线员工进行全面的身体检查，为全厂22个基层单位的女工开展“送健康”巡回讲座；投资150万元，为127个井区员工小家分别配备了电饼铛、和面机等厨房生活设施；投资380万元为22个井区安装了饮用水净化装置；投资70万元为新增单井点配备电视及接收装置400余套；延伸网络覆盖面，目前，全厂井区网络覆盖率达到了80%。

采油二厂还把企业文化作为管理手段，通过企业文化凝聚了基层建设各层面的力量，激活了各级组织的活力和广大员工的潜力。全厂每年都要为一线员工送图书、配电视、建网吧、过生日，尽最大努力为员工创造舒适的工作、生活环境，减少员工的寂寞与孤单。无微不至的人文关怀成就了一支“金”字牌的奉献团队。全厂员工以站为家，在站上修水窖，种大棚菜；在井场栽瓜种豆，让鲜嫩的蔬菜装点日子，让向日葵开放青春。在自然环境、人文环境、储层环境较为恶劣的情况下，员工始终能坚守荒原、奉献岗位、保持昂扬向上的精神风貌。强大丰厚的企业文化已经成为助推陇东油田和谐发展的动力源泉。

解放超低渗：发展大油田实现新跨越

长庆发展的潜力在陇东，长庆发展的优势在陇东。按照长庆规划，陇东油区2012年实现500万吨，2015年达到800万吨。每年产能建设在150万吨以上，新增原油产量70万吨。陇东大发展的潜力何在？答案是唯一的，只有开发超低渗油藏，培育原油接续区，才是陇东油田实现大发展、可持续发展的重要保证。“解放超低渗，发展大油田”因此成为采二人攻坚克难、增储上产的最强音。

超低渗油藏开发同当年开发西峰油田一样，没有可供借鉴的经验。采二人发扬艰苦创业的精神，白手起家，从零开始，摸着石头过河，借市场“无形之手”，聚发展之力，借力市场配置资源激活生产要素，借力改革开放成果为我所用，让发展驶上众马拉车的快车道。

没有钻机，就在《华商报》、《三秦都市报》等媒体作广告招钻机；派人上陕北、赴内蒙古，在华北、大港等油田找钻机。没有施工队伍，通过公开招标，优选施工队伍，建立了具有竞争力和吸引力的工程服务价格体系，配套了快捷的“一井一付”结算方式等优惠政策，打出市场“组合拳”，培育和发展了主体平等、公平竞争、互利双赢、优胜劣汰的市场化运作体系。5个多月时间，使150余家社会施工队伍、80余部钻机涌向超低渗透油藏开发，一场新时期以来陇东油田最大规模的石油大会战全面铺开。截至12月底，超低渗透油藏开发用短短7个多月的时间，完成钻井近500口，累计进尺达到了114万米。

超低渗油藏的开发过程，也是采二人不断解放思想、不断深化超低渗油藏认识的过程。超低渗透油藏岩性更致密、地面环境更复杂，如果引入低渗透油田地面建设工艺模式开发建设超低渗透油田，万吨产能投资将比低渗透油田地面投资增加200多万。

如何降低成本、经济高效地开发超低渗油藏是采二人必须面对的难题。采二人把解放思想转化为创造性的实践，借鉴老油气田开发中已形成的现有模式，突破传统思维，着力在整体化、规模化和勘探开发一体化等方面积极探索；着力在开发技术、开发政策等方面寻求突破；着力在建设理念、管理方式、建设模式等方面创新，形成了“超低渗模式”。在地面工程建设上，优化简化地面工艺，全面推进标准化设计、模块化建设、数字化管理，实施了以“丛式井组、二级布站、井站共建、多站合建、数字化管理”为主要内容的建设模式。不但降低了成本，节约了大量土地资源，而且提高了管理效率。在井下钻采配套方面，通过实施“四小”模式，即钻井使用小套管，采油使用小管杆、小泵、小抽油机，每口井节约直接费用11.6万元。

据估算，建成百万吨产能，仅实施丛式布井一项技术，可节约土地500亩以上，而且减少征地和搬家费1244万元。特别是实行数字化管理，实现了现场电子巡井、数据自动采集，井组无人值守，险情自动报警；提高了管理水平，减少了岗位操作人员。

陇东超低渗油藏开发在不到一年时间里取得了突破性进展，形成的一系列新的技术、新的管理和运行模式，将使陇东地区超低渗有望建成年产400万吨的大油田，对上产800万吨工程将起到重要的推动作用。

环保优先：快发展更要“好”字当头

省委书记陆浩在陇东油田调研时强调指出：陇东油田的发展要实现油田的经济效益、地方的社会效益、庆阳的环境效益同步增长。

长庆油田公司总经理冉新权在检查陇东油田产能建设时要求：油田、地方、企地共同发展。

按照有关要求，采油二厂认真践行“奉献能源，创造和谐”的企业宗旨，加快生态环境保护，实现了又好又快发展。

合水地区森林覆盖率高达70%，石油储量约为2.24亿吨，占陇东林区、水资源保护区储量的89.6%。如何安全动用林区、水源保护区储量，建设合水百万吨油田，成为采油二厂在开发建设之初必须首先解决的难题。

2008年，以位于子午岭平定川林场边缘地带的平定川油田为突破口，根据林缘区的生态要求和地理环境，采油二厂采用丛式布井、井站合建等技术，优化地面井站部署，降低了对林区生态影响。针对林区生态环境特点和严格的防火管理要求，加大环保及防火建设投入。借鉴西峰油田数字化管理经验，超前配套建设完善数字管理系统，加强对生产现场的全过程监控，加强建设过程的作业控制与管理，以全过程的无污染作业，以立体化的防火安全管理，实现了林缘区油田的安全开发，形成了“林缘区生态开发模式”。

林缘区生态开发模式的形成，使油田解决了既要发展又要保护好环境这道难题。不但推动了林区基础设施建设的改善，促进了林业产业的发展，也增强了油田开发安全管理，实现了资源开发与林业建设的和谐发展。

企地一家人：共建和谐大油田

2008年，甘肃省委、省政府与中国石油共同提出，把长庆油田陇东油区建设成全国“和谐典范，模范油区”。以此为指针，庆阳市与采油二厂以“科学发展、构建和谐”为主导思想，以“把庆阳建设成西部油城、甘肃重要的能源化工基地”为目标，按照“发展主导，利益协调，互利双赢”的原则，建立战略合作、利益共享、面向未来、共同发展的新型企地关系，形成了“庆阳长庆一家人，共同建设大油田”的新格局，实现了企地“共建、共赢、共享”。

庆阳市委、市政府以“有利于减轻油田负担、有利于庆阳发展、有利于群众得到更多实惠”为原则，积极营造支持油田、服务油田的“软”环境，制定出台了《支持长庆油田开发实施意见》等一系列政策措施，消除不利于油田发展的观念、体制和政策障碍，实行“一条龙”、“零障碍”和“低成本、高效益”服务。

在超低渗油藏开发中，庆阳市先后两次组织召开全市干部大会，专题安排部署支持油田加快产能建设大计；市委、市政府要求全市各级部门要为油田发展“培土、浇水、捉虫子”，打击“剖根、剥皮、捋叶子”行为。市、县（区）各级政府、组织经常到油田单位上门服务。全市形成了全民动员、全员支持、上下同心、支持油田开发的良好局面。

作为超低渗油田开发主战场的华池县，按照“程序从简、速度从快、服务从优、规费从低”的原则，采取“一门受理、联合审批、限时办结”的工作方式，对土地、环保、林业、水务等所有手续在一个窗口办理。实行集中办公，一条龙服务，形成了“一站式”服务模式，有效地降低了油田开发成本，减轻了企业负担。

地方各级政府组织的大力支持，使困扰多年的油田生产环境得到了根本性的改变。2008年，庆阳市一举关闭了8家涉油公司，回收封堵了非法占井470口，取缔了101处非法收油窝点，对56处输油管道违章占压建筑全部进行了清理。解决了几十年来未曾解决的重大历史遗留问题，为油田开发建设提供了有力保证。全年涉油案件以及各类矛盾纠纷较上年同比下降了57%。

围绕加快陇东油区石油资源开发和庆阳老区经济社会发展，企地互相支持，密切配合，开创了共同携手、共建共荣、和谐发展的新局面。2008年9月18日至21日，张智全书记、周强市长与油田公司总经理冉新权一同到超低渗现场调研，翻山越岭，行程600多公里，共同谋划加快800万吨发展的措施，形成了企地携手加快陇东油田开发的意见。企地高层领导在长达三天的时间里共商发展大计，在长庆油田38年的发展史中是前所未有的，体现了企地领导共建陇东大油田的信心和决心。

陇东是长庆的根。把陇东油田做大做强，支持庆阳经济发展，回报老区人民，是长庆人的心愿，也是长庆人的责任。采油二厂不断增强企业公民意识，积极主动融入到庆阳经济社会建设中，自觉履行国有企业经济、政治、社会责任，以开放、融合、负责的态度参与和谐社会建设，由“输血”帮扶向“造血”带动转变，由单纯资金帮扶向企地共建转变，不遗余力支持庆阳老区经济社会发展。2008年，通过开展“连心桥”、“一帮一”、“爱心助学直通车”、“金秋助学”等活动，积极为改善当地学校的教学条件尽义务、献爱心。先后向庆阳市七县一区16所学校捐赠210余万元。“5·12”地震后，及时向甘肃省青少年发展基金会捐款10万元，向两当县太阳小学捐建抗震活动板房；在前期组织向汶川和陇南等地震灾区捐款170万元的基础上，员工又自发向庆阳市灾后重建捐款200多万元，帮助受灾群众重建家园。

回望2008，汗水和荣光交织，奋斗与超越同在；展望2009，挑战与机遇并存，激情和梦想齐飞。

2009年，陇东油田原油田产量将跨越300万吨，加速向800万吨挺进。大发展的号角已经吹响，奋进的战鼓已经擂响，采二人又踏上了新的历史征程。

主编点评:

辉煌是用汗水浇灌铸就的。充满勇气和奉献精神的采二人用行动和创造的惊人业绩，证明了采油二厂是一个能攻坚善克难的战斗堡垒，是甘肃工业强省的主力军。长风破浪会有时，直挂云帆济沧海。愿采油二厂这艘巨轮乘风破浪，在陇东这片热土上谱写新华章，再铸新辉煌!

戈壁崛起西部钢城

李近远　王汉杰

沧海桑田，日月更迭，在茫茫戈壁上，崛起了西北最大的现代化钢铁联合企业——酒钢。从1958年建厂，酒钢走过了艰辛，历经了磨难，诠释了希望，见证了奋斗，迎来了辉煌。

开拓者坚定的脚步声，唤醒了大山里蕴藏千万年的宝藏。戈壁风霜，不改酒钢人白手起家、为国奉献的壮志豪情。

戈壁滩上，创业者们曾流血流汗；风云突变，何去何从多曲折彷徨。艰难中奋起，坚定中前行，支持中奋进。历经磨难的酒钢人，不屈不挠、奋发图强，终于实现了几代人为之奋斗的梦想。“艰苦创业，坚韧不拔，勇于献身，开拓前进”的铁山精神，成为酒钢人五十年历程最贴切的写照。

忆往昔岁月峥嵘，酒钢人书写了自己半个世纪沉甸甸的历史；看今朝繁花似锦，历经产品结构、产业结构、产权结构调整，酒钢年产铁、钢、材超700万吨，销售收入超过300亿元，连年进入中国企业500强。形成了跨地区、跨行业、跨所有制的一业为主、多业经营的发展格局，跻身全国特大型钢铁企业行列，成为甘肃省的骨干企业和利税大户。

展望前途一片光明，“十一五”末，酒钢钢铁主业将形成千万吨级的综合生产能力，其中不锈钢100万吨；实现销售收入500亿元，非钢产业将得到进一步发展。产品结构调整、产品升级、资源开发和环境保护等方面的“六大战略”正在全面推进。

艰难困苦千秋业，顶天立地酒钢人。走过不平凡的五十年，酒钢，将在省委、省政府的正确领导和工业强省战略的推动下，坚持科学发展观，以铸就“百年基业”为目标，稳步迈向更加美好的未来。

西部戈壁“钢铁元帅升帐”

建国之初，共和国缺铁少钢。当时的地质工作者，将寻找大铁矿作为了重要任务。

1955年10月，已在祁连山找矿逾月的西北地质局645队“秦士伟小组”，在讨赖河畔的一个大山湾里，发现了大片条带状的铁矿石。因为意外地见到了一丛白桦树，该铁矿被命名为“桦树沟矿”。此后，西北地质局组建镜铁山地质队，又发现了黑沟矿及周围矿点，铁矿石储量超过5亿吨。

祁连山发现大铁矿的消息不胫而走。很快，在甘肃河西走廊建设钢厂进入国家的议事日程。1958年1月，冶金部部长助理徐驰在嘉峪关实地踏勘，将要建设的这座钢铁企业的厂区位置确定在了嘉峪关城楼东5公里处。这里当时属于酒泉县境内，故定名为“酒泉钢铁厂”。

当年3月，冶金部上报国务院，正式提出了《关于建设西北酒泉钢铁厂的报告》，并将建设任务交给了鞍山冶金建筑总公司。6月3日，国务院正式批准冶金部的报告，同意按年产钢锭200万吨的规模建设。随后，各路建设大军从全国各地来到戈壁荒滩上。建设酒钢的大批物资，从全国各地源源不断地运送过来。

8月1日，酒钢在酒泉县“祁连剧院”举行组建仪式。酒钢经理赵北克宣布：“酒泉钢铁公司成立”。甘肃省委书记焦善民宣布，成立地级酒泉市，任命赵北克为酒泉市委第一书记和酒泉市长。

12月15日，酒钢开工奠基仪式在一号高炉工地举行，1万多名职工参加了庆典，这标志着酒钢建设的全面开始。时任甘肃省委第一书记的张仲良挥笔在高炉奠基石上写下“钢铁元帅升帐了，一切就带动起来了”。

12月16日，《甘肃日报》在头版头条以《我国又一新的重要钢铁基地，酒泉钢铁联合企业全面开工》为题，报道了酒钢全面开工的新闻，发表了《祝酒钢开工》的社论。

镜铁山矿的发现、酒钢的开工，使甘肃版图上出现了两座地级城市，先是酒泉市的设立，后是嘉峪关市的兴起。

党中央的关怀与支持

酒钢五十年的建设，得到了毛泽东、邓小平、江泽民、胡锦涛等共和国几代领导人的深切关怀。

毛泽东主席曾特别关注酒钢的建设。他在听取国家计委汇报“三五”计划时说，酒泉的钢铁厂要搞。他在一份报告上批示说：“攀枝花、酒钢建设不起来，我睡不好觉！”

1966年3月23日至24日，中共中央总书记邓小平到酒钢视察。随行的有国务院副总理李富春、薄一波，西北局第一书记刘澜涛，国家建委主任谷牧，国家计委副主任余秋里，冶金部部长吕东等。1位政治局常委、2位副总理、18位省部级领导同时到酒钢，级别之高、领导人之多，在酒钢历史上少有。在酒钢期间，邓小平等中央领导听取了酒钢建设情况的汇报，研究、决定了酒钢建设的方针、规模和进度，形成了工作纪要。

1992年8月10日，时任中共中央总书记、国家主席、中央军委主席的江泽民来到酒钢视察。视察期间，他多次赞扬酒钢的生产建设和酒钢职工艰苦创业精神。江泽民说：“你们在这里建成这样一个钢铁基地很不容易。”他勉励酒钢领导，要在现有基础上加快发展速度，为西北地区的经济发展作出新贡献。

1999年9月13日，时任中共中央政治局常委、国家副主席、中央书记处书记的胡锦涛来到酒钢视察。胡锦涛观看了酒钢建设的展览，看望了第一线钢铁工人，听取了酒钢领导的工作汇报。

胡锦涛说，酒钢建设41年来，广大职工发扬艰苦奋斗、自力更生的创业精神，并且与改革开放时代的特征结合起来，使酒钢的建设发展取得了很大的成绩。

胡锦涛说，酒钢的发展比我原来预料的要快，比我想象的要好。酒钢是整个西北的一颗明珠，是西北最大的钢铁联合企业；酒钢还要继续发展，特别是进入21世纪后，要把酒钢建设得更好，要继续把艰苦奋斗、自力更生的精神同改革开放的时代特征结合起来，保证酒钢在面向新世纪的发展中取得更大成绩。

老一辈无产阶级革命家朱德，中央其他领导同志吴邦国、温家宝、李长春、周永康、乔石、朱镕基、李瑞环、尉健行、曾庆红、吴官正等也先后到酒钢视察或听取汇报。

建设历程中的巨大磨难

酒钢自1958年开工，其建设历程始终与国家政治经济的发展变化息息相关。建设前期停停建建，经历了巨大的磨难。

1960年，酒钢建设正如火如荼。到年底，一号高炉结构、电厂基础、镜铁山矿露天采矿山体大爆破、部分井巷掘进等相继完成。然而，随着国家经济陷入困境，投资明显不足。粮食和蔬菜供应更成为大问题，5万多名建设者开始勒紧裤带，甚至连骆驼草、榆树叶等都被用来充饥，当时，患浮肿病者占到了职工总数的15%以上。

3年建成酒钢的原定计划不可能实现了。1961年初，中共中央西北局召开兰州会议，决定之一就是暂缓酒钢建设，疏散职工、移地就食。已经集结的5万多人中，建设主力基本撤回鞍山，其余人员被疏散到新疆、江西等地。1500多名留守职工在樊天佑的带领下，继续坚守戈壁滩。1962年5月，中央决定酒钢下马。

酒钢恢复建设，始于1964年7月。此时，国民经济已经好转，毛泽东主席过问了酒钢建设。

为了落实毛主席的指示，是年7月，国家相关部门负责人会同甘肃省领导一起来到酒钢，在现场召开会议，决定恢复酒钢建设，计划投资20亿，2年准备，8年建成。会议重新确定了酒钢的建设规模，酒钢更名为“三九公司”。

酒钢建设队伍开始了新一轮集结，当年底建设人员就达到3000。1965年2月，中共中央西北局作出决定，要求西北各省、自治区组织有关协作部门，全力支持酒钢建设。1966年底，酒钢职工人数达到3.3万人。

就在酒钢重建刚刚起步时，“文革”的狂飙开始席卷戈壁，一批干部受到揪斗，建设基本停滞。

1969年，中苏关系紧张，因为酒钢到外蒙边界的距离仅200多公里，酒钢在三线建设中的地位开始动摇，转炉、轧机等大型设备被迁往内地的舞钢、本钢和四川长城特钢厂。接着，冶金部变更了酒钢的建设规模，确定年产商品铁100万吨，取消了钢和材的建设计划。

1970年，粟裕将军受周恩来总理的委托突访酒钢，6月下旬，著名的“全国抬酒钢”会议召开。会后，全国25个省、市、自治区的325个单位，先后加入到支援酒钢建设的行列。

这一年，酒钢建设盛况空前。9月30日凌晨1时40分，一号高炉炼出第一炉铁水。至此，承载着酒钢数万人理想和希望的一号高炉终于出铁了！

出铁后的酒钢，虽然有了产品，却落入建设规模小、产品品种单一、产量徘徊不前、高炉配套缓慢的窘境。迫于当时的形势，酒钢采取先建高炉，简易出铁，再配套铁前工序的方法，这背离了炼铁生产规律，酒钢也为此付出了沉重代价，陷入了连年亏损的低谷。

一号高炉投产后的10多年间，酒钢一直有铁无钢。1975年1月，冶金部会同甘肃省向国家计委提出了加速酒钢建设的报告，拟定酒钢分两期进行建设，这个报告得到了国家计委的批准。然而，1979年4月，工程再次停工。

抓住机遇实现企业发展的大转机

1978年，中国共产党十一届三中全会召开，中国社会发展出现了重要转折，酒钢也迎来了新的发展机遇。

在韩显沛等领导的多方努力下，1980年8月，甘肃省、冶金部向国务院提出《关于联合筹资挖掘酒钢潜力，发挥优势支援西北边疆建设的报告》。这个报告要求国家投资1.8亿元，以完成酒钢的配套建设。

1982年2月，国家正式下发文件，函告冶金部、甘肃省，同意酒钢进行配套建设，批准炼钢连铸工程立项。这份非同寻常的文件，凝结了酒钢人二十余载的梦想、心血和汗水，这意味着酒钢开始了向钢铁联合企业转轨。

1983年2月，酒钢炼钢连铸工程进入全面建设。与此同时，酒钢的管理体制和领导成员也发生了重大变化。8月，中共甘肃省委决定，嘉峪关市与酒钢公司机构分设。至此，结束了延续12年多的酒钢与嘉峪关市政企合一的体制。

1984年5月，甘肃省和冶金部现场办公会议召开。在短短的时间里，100多人上矿山、下车间，帮助酒钢解决了多年积累下来的困难和问题，这不仅在甘肃省没有过，在全国冶金系统也没有先例，酒钢从此步入了良性发展的轨道。

1984年年初，炼钢工程陆续开工。经过910天的紧张施工，在1985年12月24日，酒钢炼钢工程终于建成投产。当晚，当第一炉钢水从转炉中倾入钢包时，人们欢呼雀跃、泪光涟涟。为了这一天，酒钢人整整奋斗了27年！

酒钢出钢，也是中国钢铁工业的大事。第二天的《人民日报》，在头版头条报道了酒钢炼钢投产的消息。新华社、中央电视台、中央人民广播电台和《甘肃日报》等各大新闻媒体，也都报道了酒钢出钢的消息。

1985年，酒钢实现利润1000万元，这标志着酒钢彻底甩掉了“全国冶金企业亏损大户”的帽子，企业经营由此发生了质变。

物质生产的发展离不开精神力量的支撑。1985年8月，酒钢党委总结并命名了自己的企业精神——铁山精神：艰苦创业，坚韧不拔，勇于献身，开拓前进。十六个字的“铁山精神”，是对酒钢人27年来艰苦创业、不懈奋斗、发展祖国钢铁工业精神的高度概括，是对酒钢人不懈追求和百折不挠的精神境界的高度概括。

1986年，酒钢经理王汝林进京，担任冶金部副部长，齐茂忠继任酒钢经理。

1988年11月4日，酒钢举行高速线材工程竣工投产仪式。这条生产线的建成投产，标志着酒钢真正形成了铁、钢、材完整配套的综合生产能力，实现了向钢铁联合企业的转变。

在实现了从铁到钢、从钢到材的全面配套后，酒钢高层开始思考新的发展之路。1988年1月，冶金部批准酒钢一号高炉易地大修项目，二号高炉正式建设。之后，酒钢的中板工程列入到建设规划。

在酒钢发展一切顺利的时候，一场难以预料的灾难却悄然降临。1990年3月12日清晨7时57分，酒钢一号高炉发生了意外坍塌事故，当班职工有19人不幸罹难，酒钢遭遇了一场冶金史上的空前灾难。在国家和甘肃省的大力支持下，6个半月后，一座崭新的1513立方米高炉耸立在了酒钢炼铁厂一号高炉原址。

全力拓展空间　实现跨越式发展

1992年10月，冶金工业部决定，酒钢为首批推向市场的试点企业。刚刚步入市场经济的酒钢，真切地感受到了经营压力。

三号烧结机、中板工程等工程的投资几乎全部来自银行贷款，酒钢每年要支付高达近3亿元的利息。国有企业长期以来所形成的冗员和“企业办社会”的弊端凸显。酒钢的问题似乎更为突出：企业员工人数多达4.7万人，而赖以生存的基础仅为微薄的100万吨钢产量。全国冶金企业大面积亏损。刚刚走向市场经济的酒钢，面临着再度亏损的威胁。

思路决定出路。在决策层的部署下，决定酒钢前途命运的深化改革和建设发展步入了快车道。与以前截然不同的是，这一次决定酒钢命运的是酒钢人自己。

1994年，酒钢作为唯一发起人和集团核心企业，发起并组建了“酒泉钢铁（集团）公司”。集团集工业、贸易、金融、科研、交通运输、生活服务为一体，拥有固定资产原值26.69亿元，净值18.46亿元，形成年产铁、钢、材100万吨、80万吨和50万吨规模。

1995年5月，马鸿烈担任酒钢经理，加大了改革力度。

新的改革是从学习开始的。1995年10月，酒钢举行首期处级干部研讨班，专题学习邯钢的“模拟市场，成本否决，联利计酬”经验。同时，派出大批人员前往邯钢和宝钢，现场学习邯钢的模拟市场和宝钢的现代化管理，极大地开阔了酒钢人的视野，促进了酒钢人观念的转变。

1997年，钢材市场价格持续走低，冶金行业效益普遍下滑，资金紧张，多数企业经营举步维艰。此时，酒钢提出以“效益决定分配”的原则，对长期以来沿用的旧工资制度进行改革，分配真正拉开了档次，收入开始呈梯次结构，并且开始向高管理、高技术、高效益岗位倾斜。

在分配制度改革的同时，酒钢开始破除过去“统招统分”的单一用工体制，建立了多元用工新机制。在干部人事制度上，酒钢把“党管干部”的原则与建立现代企业制度、法人治理结构紧密结合，形成干部选拔和聘用透明、规范，使用和考核严格、公开，责权利基本到位，进出有序的具有酒钢特色的干部人事管理体系。

对部分非钢铁产业采取了剥离、改制、调整、重组等方式，使其离开主体，走向市场，分流职工达1.7万人。在精干主体的同时，继续撤并机构，重新调整管理职能。经过改革，职工总人数由最高时的4.57万人精简到2.8万人，其中，生产主线不足2万人。

酒钢减员人数虽多，但采取的是“柔性减员”，人性化决策体现了酒钢领导人的责任感。早在1998年，酒钢在“尽可能减少下岗，不造成社会震荡”的原则下，通过提前退休、内部退养、岗位置换、休长假和息工转岗等方式，多渠道分流冗员。

在精干主体、调整机构和精简岗位人员的同时，继续推进住房、医疗改革，取消水电、煤气内部补贴，实行市场价格收费……改革内容涉及之多，改革力度之大，在酒钢历史上是空前的。

进行股份制改造，建立现代企业制度是企业改革的根本之举。1999年4月17日，酒钢作为主要发起人，以钢铁主业中的炼铁、炼钢和高速线材厂的资产投资入股，设立酒钢（集团）宏兴钢铁股份有限公司。2000年12月20日，“酒钢宏兴”（600307）股票在上海证券交易所上市发行。

这一时期，酒钢主动向国外先进企业学习，考察了德国巴登钢厂，举行了韩国浦项管理经验研讨。在这种学习中，企业的组织结构实现了从原来的“金字塔结构”向“扁平式结构”转变，管理上推行了扁平化管理和集中一贯制。

“十五”期间到目前，酒钢全力拓展未来生存空间，抢抓机遇，实现了跨越式发展。酒钢累计投资170亿元进行大规模的项目建设，通过不锈钢、碳钢热轧薄板项目和异地钢铁公司的建设，基本实现了企业的规模扩张、技术更新、结构调整和产品升级。

项目全部建成后，酒钢的钢材品种将新增碳钢冷、热轧薄板及镀锌、彩涂板卷，不锈钢冷、热轧板卷。板带比由此前的50%提高到75%以上，成为我国西北最大的优质板材生产基地。

在此期间，炉卷轧机工程、黑沟矿区建设工程、宏晟电热发电机组工程、高速线材改造工程、二轧高速线棒材改造工程、转炉大型化改造工程、不锈钢冷轧板带工程、南非铬矿工程、200万吨碳钢热轧薄板工程、4号焦炉及干熄焦工程、翼城钢铁公司和榆中钢铁公司建设工程等重大建设项目，大部分已建成投产。

“十五”初期，酒钢决定发展不锈钢产业。不锈钢系统包括南非铬铁生产、不锈钢炼钢、热轧和冷轧工序，目前，酒钢成为继上海宝钢和山西太钢之后，国内第三家拥有从炼钢到轧钢完整的不锈钢生产系统的企业。

碳钢薄板的建设为酒钢产品换代升级打下了坚实基础。总投资53亿元的碳钢薄板项目，可形成年产连铸坯204.08万吨、200万吨热轧板卷的生产能力，生产钢种有碳素结构钢、低合金钢、优质碳素结构钢。

围绕不锈钢项目和200万吨碳钢薄板项目，酒钢公司投入巨资加大了资源、电力、运输、信息化等配套建设力度，为百年酒钢奠定了坚实基础。

以不锈钢、碳钢薄板坯连铸连轧等工程为标志的一批重点建设项目的实施，使钢铁主业装备水平和技术经济指标明显提高，逐步实现了产品结构由线棒向板带的优化调整，企业整体竞争力实现质的飞跃。

酒钢在中国企业500强中的排位由2005年的第183位，跃升至2006年的第176位，粗钢产量升至第15位。根据全球钢铁企业粗钢产量排名，酒钢在全球同行业的名次为45位。90种产品已达到国家先进水平，部分产品达到国际先进水平。高强度建筑用钢材产品打入三峡水电站、小浪底水电站、青藏铁路、北京奥运主场馆等国家重点建设工程，集团公司实施的新产品开发、质量管理和品牌信誉战略取得重大突破。

酒钢是个资源性企业，迈入新世纪以后，酒钢的资源概念已从矿产扩展到阳光、温差、纬度等自然要素上。为避免未来可能出现的“矿竭企衰”命运，酒钢利用河西走廊充足的阳光及独特的地理资源，正在钢铁之外打造着新型产业，力争使新产业成为未来的接续产业之一。依据目前正在建设的国内最大的酿酒葡萄园标准，酒钢开始建设年产5万吨的紫轩葡萄酒业。酒钢还积极利用阳光资源，发展绿色种植、养殖业，开展工业旅游。目前，这一产业已经初具规模。

主编点评：

酒钢的五十年可谓不平凡。项目上马又下马，停产再建设，几经磨难，几万名建设者奋战在茫茫戈壁，在风云突变的时代，见证了历史，诠释了希望，最终迎来了辉煌。

酒钢一路走来，实现了从有厂无铁、有铁无钢、有钢无酒到有酒有钢的转变。这一转变的背后的支撑力量是“铁山精神”：艰苦创业，坚韧不拔，勇于献身，开拓前进。“铁山精神”十六个字，是对酒钢人艰苦创业、不懈奋斗、发展祖国钢铁工业精神的高度概括，代表了酒钢人的追求和境界。

在新时期，酒钢抓住了机遇，实现了生产的大转机，为百年酒钢奠定了坚实基础。其多元化的经营战略为资源型企业找到了一条避免未来可能出现的“矿竭企衰”命运的路径。酒钢的经验，无论是改革开放前的还是在改革开放后的，都值得很多企业认真研究总结。

“拳头”的力量

尚德琪　马德甲

2002年4月，由华亭矿区三家煤炭企业重组的华亭煤业集团公司，在人们的期待中正式亮相。

但连当初看好“重组”的人都没有想到，期待中的好消息会来得如此之快。2003年，集团公司原煤产量攀至1200万吨，销售收入突破10亿元，利润实现6621万元，税收完成1.58亿元，职工年收入达到1.61万元，五大经济指标和组建前的2001年相比全部“翻番”，提前两年实现了集团公司提出的第一步战略目标。

从2004年起，华亭煤业集团开始实施被命名为“225”的第二步战略目标：到2006年，原煤产量将达到2000万吨，产值突破20亿元，利税实现5亿元。

2004年上半年，又有一组让人惊喜的数字出炉：集团公司生产原煤704万吨，同比增长24%；商品煤销量达到740万吨，同比增长41%；销售收入实现6.6亿元，同比增长47%；上缴税金近1亿元，同比增长56%；利润突破7000万元，超过去年全年水平。

曾多年沉寂的华亭矿区，为什么一个个好消息会接踵而来？

捏紧拳头：“华亭煤业”恢复华亭矿区元气

华亭矿区原有三家煤炭企业——华亭矿区管委会、华亭矿务局、平凉地区华煤集团（包括华亭县煤矿）。一方面，受国有企业条块分割管理体制的约束，矿区资源没有得到合理配置；另一方面，企业之间各自为阵，压价倾销，无序竞争。三家企业谁都想闯出去打市场，但谁都在家门口“很受伤”。

酝酿了多年的联合重组方案，在2001年的时候再一次提起。在三家企业自愿联合的基础上，经过充分协调，省委、省政府果断决策，组建华亭煤业集团公司。

2002年4月24日，集团公司挂牌运营。

华亭矿区各企业紧密联合，形成了一只拳头，在全国煤炭市场鲜亮登场，一系列大刀阔斧的改革随之拉开序幕。

为消除原来各企业之间的不良竞争，集团公司迅速成立了销售运输公司，统一产品价格，统一市场调配，华亭矿区煤炭销售从此进入黄金季节。矿区煤炭销量以年均200万吨的速度增长，吨煤价格以年均10元的速度上升。

仅此一项，两年多来就为企业增效5亿多元。目前，华亭煤业集团的销售半径辐射大半个中国，“华亭煤业”品牌走红煤炭市场。

同时，企业以最快速度推进主辅分离。

2002年6月，集中砚北、华亭、陈家沟三个矿的资产作为唯一主发起人，组建了甘肃华亭煤电股份公司，作为集团公司的子公司，走上生产经营型兼资本运营型之路。之后，东峡矿和铁路专用线也入组股份公司，集团公司持股比例达到95.77%，为做强主业奠定了坚实基础。稍后，又成立了非煤产业总公司，对辅业及企业办社会部分实行专业化管理。曾被认为是企业包袱的辅业，开始给企业增加利润。

按照现代企业制度的要求，集团公司一口气制定了50多种基本管理制度。在制度的约束下，企业各个环节进入科学有序的可控状态，日常运作步入秩序化轨道。同时，积极推进三项制度改革，出台了管理人员选任考核办法、岗位绩效工资框架方案、劳动用工管理办法、富余人员安置方案等一系列规范化文件。竞聘任职、末位淘汰、竞争上岗、岗变薪变等用人用工及分配制度全面推开，在制度的激励下，人的能动性、积极性被充分调动起来了。

为从源头上消除采购过程中的腐败现象，集团公司对重大建筑工程、大型设备、大宗物资采购一律实行公开招标，实施“阳光作业”。两年多来，共招标30多次，采购总金额达2亿多元，比市场调查最低价节约资金3000万元。

华亭煤业集团公司的成立，使华亭矿区多年来悬而未决的老大难问题迎刃而解，成为省委、省政府深化国有企业改革的成功范例。华亭煤业集团公司也因此荣获全国煤炭工业优秀企业、全省优秀企业、省级文明单位荣誉称号，并成为诚信纳税大户。

集团公司董事长兼总经理何元纲说，华亭矿区之所以很快恢复元气，根本原因在于“企业重组”顺应了煤炭行业规模化、集约化经营的发展趋势。

项目建设："华亭煤业"竞争实力迅速提升

华亭矿区原有大大小小十几个矿井。集团公司组建前，除在建的年产300万吨的砚北矿和年产200多万吨的华亭煤矿外，其余各矿均是年产几十万吨、几万吨的中小矿井，开采水平高低不一，技术装备良莠不齐。

集团公司成立后，在整合管理"线路"的同时，集中资金力量对矿井进行扩能改造，挖掘矿井生产潜力。他们邀请国内5家知名设计研究院的专家，对矿区煤炭资源进行全面普查和重新配置，确定了"6+1"总体开发规划，即建成6个120万吨以上矿井、1个1000万吨矿井，将集团打造成一个2000万吨级的煤业航母。从2002年开始实施的这一方案，将持续到2005年，总投资突破13亿元。

集团公司成立后，华亭煤矿与砚北煤矿生产能力快速提升。砚北煤矿年生产能力原来只有90多万吨，2003年产煤突破300万吨大关，首次达到设计生产能力，进入全国高产高效煤矿行列。华亭煤矿年产也从原来的200多万吨提升到了400多万吨，成为集团公司骨干矿井之一。

2003年，两矿双双荣获"全国文明煤矿"。到2006年，两矿生产能力将达到1000万吨，成为华煤集团倾心打造的千万吨级矿井。

由原马蹄沟矿和杨家沟矿合而为一实行"一矿两井"管理的马蹄沟矿技改工程也随即上马。两矿原来年产不足百万吨，2004年产量达到180万吨。

陈家沟矿原设计能力45万吨，通过运输系统改造和采煤方式改进，2004年生产能力达到140万吨。

东峡煤矿一期改建工程完成后，2003年产量达到创记录的73万吨，二期工程完成后，产量可提升到120万吨。

由三个不足10万吨的小矿、弱矿、贫矿重组的山寨煤矿也因改扩建工程柳暗花明，2003年产量达到43万吨，2005年上半年改扩建工程投产后，将成为年产150万吨的现代化高产高效矿井。

2003年3月，集团公司兼并了原崇信县两家国有煤矿——新窑煤矿、新柏煤矿后，在第一时间，分别投资1.4亿元和1.2亿元对两矿进行大规模技术改造，新柏矿技改工程已于2006年6月投产，新窑矿技改工程将于2006年10月底投产，2007年两矿年产都将达到120万吨。

一系列技改扩建项目，给华亭矿区装上了新动力，华亭矿区从此进入历史上发展最快、效益最好的时期，一跃成为当地经济新的增长点。

2003年，矿区产煤突破1000万吨大关，企业进入全国煤炭行业产量20强，工业增加值增长率位居全省第一。目前，集团公司已具备年1500万吨生产能力，成为国家发改委确定的全国13个重点煤炭基地之一。

以人为本："华亭煤业"聚合矿区职工力量

煤炭行业属于灾害严重的危险行业，安全生产是煤矿管理的永恒的主题。集团公司组建前，由于经济效益不佳，各矿安全生产投入普遍欠账，大多矿井技术装备仍停留在传统工艺上。

集团组建后，企业加大先进装备和技术的研发推广力度，两年内投资1000多万元，完成科研项目近百项；投资6600多万元，实施安全技措工程。综采放顶煤技术和煤巷高强度锚网锚喷支护技术达到国际先进水平，软岩巷道高强度锚网支护技术达到国内先进水平。一系列信息网络技术进入采煤流水线，安全监测系统得到广泛应用，安全生产基础设施趋于完善。预计到2005年底，全部8个煤矿的装备和技术水平总体上可达到国内先进水平，实现采掘机械化、运输皮带化、支护锚网化、安全检测自动化、生产调度电视化、信息网络化。

井下在变，井上也在变。矿区绿化、硬化、美化、亮化工程渐次推开，一条条坑坑洼洼的土路变成了平展展的柏油马路，一片片杂草丛生的空地变成了绿茵茵的草坪，各生产区办公楼、工业广场、浴池、食堂旧貌换新颜；梅苑、杨井、华矿等生活小区处处显现着现代文明气息。

集团公司重组前，拖欠职工工资、拖欠退休职工养老金、拖欠职工医疗费现象十分普遍，相当一部分职工家庭生活因此陷入困境。集团公司成立后，立即着手筹资，很快还清了历史遗留老账，2000多万元拖欠资金全部兑现到位；1500多名下岗职工通过企业实现再就业，愿意上岗的下岗职工基本安置完毕。经过持续不断的帮扶，矿区原有的1326户困难职工家庭已下降到100多户，特困户的生活也得到基本保障。

2002年，集团公司成立当年，350多户职工乔迁新居；2003年，集团又投资8000多万元，开工新建8栋住宅楼和3栋单身职工公寓；2004年，计划新建的9栋住宅楼也相继开工，一排排破旧老土的平房正在被一栋栋新颖漂亮的住宅楼所取代。

集团先后投资600多万元，解决了马蹄沟煤矿职工吃水难问题，硬化了安口至马蹄沟煤矿的道路，整修了山寨煤矿的道路，购置8辆大轿车开通多路通勤车……

一年一度的职工运动会、每逢重大节日的文艺演出增强了华煤人的向心力和凝聚力，歌咏比赛、书画展览展示了华煤集团的精神风貌和企业风采。

人是企业最活跃的因素。集团公司党委书记李人志说：人气顺了，心齐了，劲头足了，精神状态好了。这不仅是企业发展的巨大力量，也是企业发展的显著标志。职工们说，企业重组使华亭矿区焕发了生机，我们也切实享受到了重组带来的实惠。

一个千万吨级的现代化大型煤炭企业，在华亭矿区快速崛起。一个两千万吨级的西部“煤业航母”，正踏着新一轮国企改革的节奏款款驶来。

主编点评：

合力对一个集团有多重要？华煤给出了答案。原来华亭矿区各企业之间各自为阵，压价倾销，无序竞争，结果是大家都“受伤”。现在形成了一只拳头，结果是历史上积重难返的问题迎刃而解，在全国煤炭市场鲜亮登场，好消息接踵而来。

一分一合，彰显智慧。华煤的成功或许让某些为类似问题困绕的企业能找到一个突破口。

见证戈壁荒漠的辉煌

梁 钢

国电靖远发电有限公司（由靖远电厂一期改制而成）位于甘肃省白银市平川区，毗邻黄河、紧依煤田，是联接陕、甘、宁、青四省（区）的电网枢纽和重要电源基地。靖电一期工程现装设有4台220兆瓦国产燃煤发电机组，二期工程（4×300兆瓦机组）已独立运营，三期工程规划2台600兆瓦机组正在开展项目准备和申报工作。作为西北重要的电网枢纽和电源基地之一，截止2008年10月底，该公司实现连续安全生产2536天，累计发电量达800多亿千瓦时，创工业总产值100多亿元，为促进甘肃省经济建设和社会发展做出了不菲的贡献。

岁月飞逝，光阴荏苒。让我们把思绪和目光回溯到20个世纪70年代末。

1978年，改革开放的号角在中华大地吹响。焕发了新的活力的千里陇原，在汹涌而来的改革开放大潮中，迸发出一声声急切的呼唤：缺电！缺电！这令人心焦的呼喊声，震撼着每个人的心扉。此前的20多年，甘肃再没有兴建过任何一座电厂，紧缺的电力资源，让多少轰鸣的机器戛然而止，让多少沸腾的厂房失去了应有的喧闹。

于是，一个重大的决策伴着改革开放的春风应运而生。依托靖远煤田丰富的资源优势，在白银平川的戈壁荒漠上建设一座大型的坑口发电厂，自此，这片写满荒凉和寂寞的戈壁，在那一刻被赋予了新的内容。

1977年8月，“靖远电厂筹建处”批准成立；1978年9月5日，靖远电厂一期工程初步设计规划通过审查，项目规划容量为80~100万千瓦，并留有继续扩建余地。也正是从那一刻起，大漠风沙开始见证一段激情如火的岁月，奔流不息的黄河开始聆听一曲开拓奋进的壮歌。

30年前，甘肃电力的老一辈拓荒者，在这个荒芜的戈壁滩上开始了一座大型火力发电站的规划与设计，为戈壁荒漠的辉煌描绘出一个宏伟的蓝图；30年后，戈壁荒漠已不再是昔日的荒凉，一个西北最大的现代化火力发电基地赫然屹立，开始为祖国大江南北源源不断地输送光明和动力。

30年的历程，对于靖电这个诞生在改革开放时期并屹立在西部戈壁上的大型火电企业而言，有着太多、太丰厚的内涵。

让我们共同见证，在改革开放的30年来，戈壁平川这片热土发生的深刻变化；让我们共同体味，在改革开放春风沐浴下，国电靖远发电有限公司的变迁之路。

拓荒之路：从荒芜人烟到现代化电厂拔地而起

旱平川，腾格里与毛乌苏沙漠边缘的一片热土。早年是一片戈壁荒漠，飞沙走石，荒无人烟。当地有几句俗语："地上不长草，风吹石头跑，一年一场风，从春刮到冬。"

当改革开放的春风吹过这片戈壁热土时，这里的一切开始了悄然变化，留下了一批批拓荒者的艰辛足迹。

1978年9月，随着靖远电厂一期工程初步设计规划的通过，长达8年艰苦卓绝的勘测、设计、优化、审查等前期工作展开了。在荒无人烟的戈壁滩上"通路、通水、通电、通讯和场地平整"，"四通一平" 的艰辛拓荒，为靖电项目的建设奠定了坚实基础。1985年4月，靖远电厂正式挂牌成立，同时作为国家"七五"、"八五"重点项目和甘肃省重点建设项目，甘肃省政府批准成立了"靖远电厂建设指挥部"。项目总指挥由时任甘肃省副省长的张吾乐同志担任，时任甘肃省副省长阎海旺等14人组成项目指挥部，工程全面进入项目建设准备阶段。

1986年8月15日，旱平川漫长的沉寂和荒凉终于被隆隆的机器轰鸣声打破，甘肃电力工业局靖远电厂在这里破土动工，甘肃省第一台20万千瓦大型火力发电机组开始了建设，一场与戈壁风沙和荒凉搏击的战斗打响了。这是对新时期甘肃现代化建设种种期盼的回应，靖电人把心中的梦想和希望放飞在8月碧蓝的天空。伴着旱平川飞扬的沙尘，靖电人在戈壁滩上开始书写一部崭新的历史。

激情燃烧在每一个建设者的心中，责任担负在每一个建设者的肩上。沉寂的戈壁在沸腾，炽热的骄阳在惊叹，肆虐的风沙在退缩。混凝土浇筑的不仅仅是一座座厂房的构架，更是一座丰碑，一座前所未有、足以让荒瘠的土地震颤的丰碑。

由于条件艰苦，建设者们经常头顶烈日，在飞扬的尘土中，将钢筋水泥插入这片充满希望的土地。铺铁路、打地基、建厂房、运设备、装机组，靖电"拓荒者"们战风沙、斗酷暑、耐严寒，仅仅在三年多的时间里，建设者硬是在这不毛之地让靖远电厂伟岸的身躯拔地而起。历史从1989年10月9日这一天翻开了崭新的一页。这一天，一号机组投产发电，它标志着靖电人从此结束了甘肃没有大容量火力发电机组的历史，实现了甘肃火电的新跨越。

按照一年建设投产一台的目标，至1992年11月，靖电四台机组全面投产发电，一期工程全部竣工，为甘肃省电力发展史树立了一个里程碑。至此，一曲回荡在千里陇原的建设交响乐，进入了更为辉煌的第二乐章。

靖电人拓荒建设的脚步并没有就此止步。1993年11月，靖远电厂二期工程正式动工建设，掀起了靖电建设的第二轮热潮。1996年11月和1997年9月，两台300兆瓦机组相继并网发电，开启了甘肃电力300兆瓦机组的先河。至此，靖电总装机达到140万千瓦，成为西北最大的火力发电厂。

就在二期工程投产运行6年后，随着我国电力行业体制改革的不断深入，靖电公司在生产经营体制上也发生了重大变革。2002年1月16日，靖远电厂二期工程在由靖电人建设、运营和维护了近10年后移交独立组织运营。

技改之路：从"欠产"到"达产"再到"超产"

在那个激情满怀的岁月中，也有着让靖电人无法忘怀的沉重回忆。

1992年四台机组全部投产后，谁都没有想到，原本令所有的甘肃电力人充满希望的大型电厂，却隐藏着许多不为人知的症结。锅炉及其辅机在设计和选型方面存在很多问题，现场粉尘弥漫，锅炉炉膛严重结焦，机组达不到铭牌出力，负荷只能维持在160兆瓦左右运行，机组运行极不稳定，经常发生故障停机等情况，安全文明生产陷入极度被动局面。

或许是一种使命的感召，或许是一种勇气的驱使，从那个时侯起，靖电人心头就萦绕着一个挥之不去的梦——向设备"宣战"，实现机组铭牌出力。没有任何前人的经验可以借鉴，没有现成的理论可供参考，靖电人作出了自己的抉择，义无反顾地走上了一条充满艰辛和布满荆棘的技术改造之路。

这条路靖电人不停歇地走了八年，它是一条用智慧和汗水铺就的路，更是一条告别落后生产方式、走向新生、走向现代化生产的路，是一条自主研发、自主创新的拼搏之路。经过靖电技术攻关组和有关专家多年艰苦的技术攻关、反复试验和研究，靖电人提出了新的"炉内双区燃烧"的技术思想，为解决锅炉效率和炉膛结焦等诸多问题提供了技术支持。1997年5月20日，怀着对成功的渴望，靖电人迎来了四号机组锅炉岛的达产改造，拉开了靖电“科技兴企”的序幕。汗水打湿了脚下焦灼的戈壁，一场以“科技兴企”为主题的战斗在彻夜通明的厂房里正式打响。

历时180天的四号机组达产改造后点火试运行，经过全面调试，证明改造工程主要目标完全成功。靖电人自主开发的这套燃烧理论和技术的先进性和独特性得到了充分验证。主燃区乃至全炉膛干净无渣，机组出力由16万千瓦提高到20万千瓦，锅炉效率从88.8%提高到92.38%，其他经济指标均取得了优化。

以此为起点，靖电人本着一台更比一台好的目标，一年改造一台机组，到2000年10月，靖电一期四台机组全部改造成功。经过改造，机组总增出力16万千瓦，相当于新增建了一座中型电厂，而同比建设成本节约4亿元。

至此，靖电人终于实现了机组由“欠产”到“达产”的梦想。谁也无法准确地估算出这一场战斗究竟耗去了靖电人多少汗水，谁也无法计算出这场战斗让靖电人付出了怎样的牺牲，但历史会永远铭刻这8年的艰辛，记录下这近3000个日夜的辛劳。

既然是追求，脚步就不会停歇。2003年，靖电又确立了机组“超产”的目标，着手研究20万机组的扩容改造。作为国家重点技术改造项目的靖电20万千瓦机组汽轮机通流改造工程，自2004年5月开始，拉开了靖电第二轮大型技术改造的序幕。

通过采取技术引进指导和自主实施改造的方式，靖电每年实施一台机组的汽轮机通流部分改造，并配套实施了发电机增容改造、主变压器扩容改造等一系列技术改造。2004年7月13日，烁烁闪动的一号机组负荷光字牌显示出“200MW”的字样，这不是一个简单的负荷参数，而是又一次新的跨越，又一次新的升腾，它意味着一号机组增容改造全面告捷，又一次凝聚着靖电人汗水和智慧的拼搏与技术创新取得了丰硕的成果。

此后历时四年，靖电每年改造一台，一台比一台改造效果好，取得了整体工程的全面成功。2007年9月11日，一个让靖电人刻骨铭心的日子，一个让靖电人热泪盈眶的日子——二号机组增容改造获得成功，这为靖电四台机组的增容改造整体工程划上了一个圆满的句号。增容改造后四台机组出力增加了8~10万千瓦，供电煤耗平均下降了17.51克/千瓦时，工程效益十分明显。这标志着靖电历经十年之久，经过两轮大型技改后，实现了从“欠产”到“达产”再到“超产”的跨越式发展。

依靠“自主创新、科技兴企”战略，通过一系列技术改造，靖电机组平均煤耗也一跃踏上了国电集团乃至全国同类型机组领先水平，四台机组比投产初期出力提高了35%以上，累计净增容量约24万千瓦，供电煤耗累计下降了90克/千瓦时，每年可增发电量约12.5亿千瓦时，为企业创造了可观的经济效益。

在实现机组达产和增容改造的同时，靖电实施“绿色发电”战略，先后实施两台机组的锅炉烟气脱硫除尘改造，每年可减排二氧化硫约2900吨，烟尘1000吨，为靖电“节能减排”工作再添浓重一笔。

多年来，靖电人一刻也没有放松治理设备的脚步，一刻也没有停息实施科学攻关和技术改造的步伐。艰苦卓绝的技术改造之路，是靖电所走过的发展壮大之路的一个缩影。

进取之路：从双达标到一流火力发电厂再到全国文明单位

投产初期，由于机组达不到铭牌出力，导致经济技术指标与同类机组相比，存在较大的差距。设备的跑、冒、滴、漏现象非常突出，对安全文明生产形成了严重的威胁。现场环境恶劣，文明生产状况极为严峻。那时，在生产现场，映入你眼帘的是堆积如山的炉渣、弥漫飞扬的粉尘。

面对现状，靖电人毅然提出了“安全文明双达标、创建一流火力发电厂”的创建目标。一流意味着领先，意味着超越。为了这个目标，靖电人秉承艰苦奋斗、勇于挑战的优良传统，结合现代企业制度，在不断加大设备技术改造力度的同时，先后在现场治理、文明整治、管理创新、建立健全现代企业制度、人才队伍建设、企业文化建设等诸多方面，严格按照全国一流火力发电企业标准进行整改，以此来提升企业整体实力。

那些日子，靖电人团结一心、顽强拼搏，在如火如荼的生产现场为着一流的目标，不知流过多少汗水，付出过多少辛酸。1998年以来，靖电每年相继开展经营规划年、管理年和效益年活动。1999年，实现减亏1000万元；2000年，靖电首次实现扭亏为盈，初步走出亏损困境。

有谁能想到，曾经连安全文明生产双达标都不敢奢望的靖电人，十年磨一剑，终于在2002年3月获得甘肃省电力公司“双文明单位标兵”和“一流火力发电厂”的殊荣，同年6月又跨入了“全国一流火力发电厂”行列。十年后，手捧一流企业的荣誉，对于靖电人来说，他们得到的岂止是一种荣誉？那是一种不屈的精神，是靖电人用十年的汗水和泪水浇铸的一座伟岸的丰碑……

实施两轮大型技改，使设备可靠性逐步提高。2004年靖电又对照国内同类型机组先进标准，深入开展“对标管理”，寻找自身差距，认真对标整改。通过扎实有效的对标管理和整改、提升，使发电可控成本的绝对值得到有效降低，资产负债率得到明显改善，企业管理水平显著提高，机组经济运行指标不断优化。2004年8月18日，靖电实现连续安全生产1000天，为企业夯实安全基础写下了浓墨重彩的一笔。

实现安全生产1000天后，靖电人并没有满足，也没有骄傲，而是更加强化本质安全型企业的创建，深入开展“安全性评价”、实施设备点检管理、推行“零缺陷”、“零事故”等一系列安全管理举措，不断完善安全生产管理机制，机组可靠性、利用率和经济性得到了显著增强。如今，靖电把安全生产作为企业的根本所在，从多年的实践中把安全工作从缜密的制度、精细的流程、系统的措施与严格的控制中简化、凝练出来，总结形成了“四零保安全”的安全恒等式。

通过一系列有效的管理措施，靖电安全生产和管理水平不断提升，安全生产纪录不断得到刷新。截至2008年10月底，靖电实现机组跨年度连续安全运行2536天，创历史最长安全周期，这一成绩让所有靖电人为之欢欣鼓舞。

在坚持物质文明建设的同时，靖电大力开展精神文明创建工作。靖电党委每年选准一个突破口，一年一个主题，在全公司组织开展一系列文明创建活动。靖电人创造性地组织实施了职工文明习惯养成教育工程、环境面貌细化工程、精神文明考核工程等“七项文明整治工程”。这一系列整治工程的先后实施，解决了一系列困扰企业的焦点、难点问题。以文明窗口创建为载体，靖电人开展了九项系列文明创建活动。公司每年确立100万元的精神文明建设专项资金，用于精神文明创建工作的专项奖惩，坚持每月考评，每季兑现奖惩。公司党政工团各级组织、各个层面坚持开展多种形式的群众性精神文明建设活动，每年组织举办小区广场文化节、全民健身、文艺表演等多种文化体育活动，不断提升员工素质和精神文明建设水平。

通过一系列创建活动的有效实施，靖电迎来了丰厚的回报。1996年10月，靖电获得“省级文明单位”称号；1999年9月又被中央文明委授予“全国精神文明建设先进单位”；2005年10月，靖电人又迎来了企业最耀眼的荣誉——荣获首批“全国文明单位”殊荣，精神文明建设成绩斐然。

超越之路：从粗放管理到贯标认证再到精细化管理

追求，意味着不断地实现自我超越。靖电就是这样永不停息地追求着企业卓越管理整体素质的不断提升。

在企业生产管理刚刚进入正轨的时期，受到计划经济体制和管理理念的制约，靖电管理还处在一种“粗放管理”的时代。随着企业不断的改革和发展，双达标、创一流、创建文明单位和现代企业制度的逐步建立，靖电的管理逐步得到了有效提升。

1998年10月，靖电率先实行全能值班员制度。机组运行管理模式由原来的机、炉、电分散管理变为单元制集中管理，开创了全国同类型机组内管理机制改革的先河。1999年5月，靖电人又把工厂制的管理改制为全新的具备现代企业制度的法人实体，在甘肃电力系统率先完成了公司化改组。这一管理模式的改变又使靖电走向了建立一个真正意义上的现代化企业的征程。2000年全能值班员制度全面推行，实行一岗一薪的分配制度。新机制的实施，突破了单一的专业限制，再造了一支具有多专业技能素质的综合人才队伍。伴随着电力体制改革的逐步推进，靖电又相继开展了“管理年”和“管理效益年”活动，并始终将“安全固基”、“科技兴企”、“管理强企”作为公司发展战略的基本原则，不断提升企业管理水平。为全面规范企业管理体系，与国际标准接轨，2002年初靖电以“规范内部管理，建立现代企业制度”为目标，开始策划实施质量、环境、职业健康安全一体化管理体系的贯标和认证工作。“三大标准同步策划、同时落实相关措施、开展贯标认证工作”，全面修编企业管理标准体系，历时9个月时间，编写完成了《质量、环境、职业健康安全一体化管理手册》。完成了技术标准56个、管理标准108个、工作标准429个、规章制度108个。在管理标准的编写中运用了“P—D—C—A循环”的方法，明确了管理流程，形成“逐级负责、逐级监督、逐级控制”的权责管理。经过试运行，对运行中遇到的问题和没有涉及到的方面不断进行整改，使管理手册和程序文件更加符合实际。2003年9月，靖电顺利通过了“三标”体系的认证，使企业管理实现了规范化、科学化、特色化，成为当时西北地区唯一一家通过“三标”体系认证的发电企业。

在一次次成功和喜悦面前，靖电人从没有停止前进的步伐。在划转中国国电集团公司后，2005年初，靖电又全面启动了“星级发电企业”创建活动，提出了“一增长、两降低、三提高”的创建措施，细化落实了“经济效益增长、发电成本降低、管理费用降低、管理水平提高、经济技术指标提高、人员素质提高”的要求。通过不断创新管理机制，提高预决算管理水平，加强机组经济技术对标管理，注重机组经济指标的不断优化，搭建信息化管理平台，使企业经营状况明显改善。2006年7月，靖电成为国电集团首批“四星级发电企业”。2006年，靖电进一步深化细化企业管理，全面推行精细化管理体系，实施了“目标精、计划细，指标精、控制细，成本精、预算细，管理精、责任细，人才精、培训细，文化精、绩效细”的“六精六细”精细化管理。“六精六细”涉及到企业管理的不同层面、不同领域，构成了系统的精细化管理运作体系。以“六精六细”为核心，制定出台了《靖电公司推行“精细化管理”实施方案》，强调生产管理、技术对标、星级创建、预算管理、设备检修、绩效考评、员工培训等25个方面精细化管理的重点任务和措施。同时，针对生产经营重点工作，明确了7个方面的200多项具体举措，使得精细化管理落实到生产管理的每一个细节，真正做到“管理精细、高效低耗”，在靖电掀起了一场“精细管理”的风暴。

通过一系列“强化管理、提高效益”的举措，有力促进了靖电经济效益向集约型增长方式的转变，使企业各项经济指标逐步优化，经济效益显著增加。如今，靖电机组各项经济技术指标已达到全国同类型机组领先水平，荣获“全国火电200MW机组竞赛”一等奖2次、二等奖2次、三等奖3次。自划转国电集团以来，靖电连续五年荣获“国电一级奖状”，成为国电集团管理规范、效益显著的为数不多的企业之一。

在不断追求卓越的执着的奋进中，靖电人树立了西北地区良好的“国电品牌”形象，真正成为国电集团西北地区的“标杆”。

一步一个脚印，一步一次跨越，靖电人就是在这种坚实的步履和自我超越中实现和浇铸着自己的辉煌。

传承之路：从“三能品格”到文化品牌再到文化管理

曾几何时，戈壁滩以拒绝任何生命的形式，向人们宣告它的威严和冷酷。但在靖电创业者的拼搏中，这一切却成了锻造一种精神的载体。它锻造出靖电人敢于战胜一切困难的执着和勇气，锻造出靖电人无私奉献、吃苦耐劳的品格。

靖电达产改造、增容改造、脱硫工程等一系列技术改造项目的实施，不仅提升了机组的安全可靠性，更重要的是经过一系列的实践，真正锻造出了一支高素质的技术队伍。他们不仅为一个企业的发展注入了不竭的动力，更为一个企业注入了自强不息、自主创新的品格和灵魂。这样的品格，在新世纪的今天，显得尤其可贵。

多年的风雨历练中，靖电人形成了独具特色的“能吃苦、能战斗、能超越”的“三能品格”，这是靖电人特有的品格特质，是在戈壁荒漠中经过岁月历练和实践检验的品格特质。因为“三能品格”，靖电在过去获得了巨大成绩与荣誉；更是因为“三能品格”，靖电在未来才能承担更多责任与使命，实现更加宏伟的愿景。如今，“三能品格”已经成为靖电人的价值理念和精神信条，为靖电跨入文化管理阶段奠定了坚实的思想基础，并在跨入新世纪的征程中注入了新的涵义。

一个欣欣向荣的企业，必然有魅力四射的文化。靖电以“能吃苦、能战斗、能超越”的“三能品格”为核心，提炼、培育、形成了富有特色的靖电“三能”文化体系，包含了正品（立身之品）、明道（发展之道）、善法（经营之法）、优规（行为之规）四个体系，明确了企业愿景、使命、核心价值观、企业精神，确立了以“一根、三则、三源”为支柱的企业经营法则和以“德行合一”为特征的员工行为规范、礼仪准则，共同构成了一个完整的文化体系。

“三能”文化体系为靖电发展明晰了核心理念，搭建了文化管理的崭新平台。能吃苦、能战斗、能超越的“三能品格”、“责任为本、绩效至上”的核心价值观和“以电兴业、强企报国”的企业精神，这些核心理念成为领跑靖电实现卓越管理的企业之魂，成为靖电凝聚人心、形成合力的强大精神动力，也成为靖电引导员工行为、指导企业发展的行动指南。

发展的企业孕育了高品质的文化，其团结、凝聚、辐射和引导作用逐步显现，并融入广大干部职工的生产、工作和生活之中，日益成为企业形象的外在展示，成为员工凝聚力、向心力、创造力的标志，初步树立了靖电的“文化品牌”形象。

通过实施一系列卓有成效的“文化强企”战略举措，靖电用“三能”文化引领企业不断提升管理、卓越发展，并逐步显现出“倍增”效应。员工不断汲取文化的力量和创新的思维，使“文化领跑”的管理效应日益彰显。公司连续三年获“全国企业文化建设先进单位”。“三能”文化先后获“2006年影响中国——企业文化建设优秀案例奖”、全国电力行业企业文化优秀成果“特等奖”等多项大奖。

创造之路：从戈壁荒漠到花园式工厂再到员工幸福生活

靖电建设初期，茫茫戈壁滩的恶劣自然环境成为对靖电人最严酷的挑战。每年一到春天和秋天，肆虐的沙尘暴经常刮得人睁不开眼、看不清路。有一次，呼啸的大风一夜间竟把施工工地的围墙刮倒了一大半。当时，有不少刚毕业的学生分配到靖电报到后，受不了这种严酷的环境都纷纷离去。

贫瘠的土地、干燥的气候、肆虐的风沙并没有吓倒勇于拼搏的靖电人。面对恶劣的自然环境，靖电人下定决心大力开展环境治理，与自然环境抗争。靖电人矢志不渝，决心改变戈壁滩的生态环境。对美好生活的追求和向往，使靖电人在工程建设的同时，坚持着“建设一处、绿化一处、美化一处”。

经过大面积的挖地筛沙，靖电人将戈壁上的沙土深挖一米，然后从很远处拉来适宜植物生长的土壤，换土保墒，用滴滴汗水和靖电人的坚定信心来培育和浇灌每一寸绿色。每年开展全民义务植树活动，一到春季就全体动员积极投身到种草植树的工作中。日复一日，年复一年，通过投入大量人力和资金，确保了“年年有投资、年年新面貌”。

二十多年来，靖电人用勤劳的双手历经艰辛、克服困难，终于在戈壁荒滩上建成了一座花园式工厂。建成了多功能草坪、绿荫、花园、行道树、花木林、草坪等绿化带，完成绿化总投资1600多万元，累计种植各种树木花卉18.5万株，草坪面积6万平方米，绿篱1.9万米，绿化面积达34万平方米，占可绿化面积的98%以上，绿化覆盖率达45.6%。

同时，靖电通过不断改善职工生产、生活环境，努力实现着企业的和谐健康发展。过去粉尘飞扬的锅炉房，如今成为干净、整洁、明亮的靖电一景；过去闷热、潮湿的值班室，一个个都装上了空调；过去阴暗、嘈杂的机组运行集控室，经过DCS系统的全面改造和全新装修，变成了安静、敞亮、清新、漂亮的舒适空间；连职工自己家装修都舍不得的木地板和高档瓷砖，也进入了运行人员的值班室，值班室被装扮得跟“星级宾馆”一样；电冰箱、微波炉成了每个班组通常的“家用电器”……

今天，当人们步入靖电生产和生活区的时候，怎么也无法将眼前的一切与当初荒凉萧疏的戈壁滩联系起来。靖电人用艰苦的努力，浇灌出的不仅仅是一座戈壁绿洲，更是一座属于每一个靖电人的温馨和谐的家园。昔日是不毛之地，如今，靖电厂区、生活区绿树成荫，鸟语花香。环境整洁，树木被修剪得棱角分明、造型别致；草坪整齐美观，各类花卉竞相绽放，如同进入了一座美丽的花园。而今的靖电已成为“三季有花、四季常青”的花园式工厂典范。肆虐的风沙在退缩，茂密的树林已经将风沙阻隔在这绿色屏障之外，宽阔的草坪、种类繁多的花卉让靖电成为戈壁上的一片绿洲。靖电先后获得“国家重点育林单位”、“全国绿化造林四百佳企业”、甘肃省“造林绿化先进单位”、“省级文明小区建设示范点”、白银市首批“绿色企业”等诸多殊荣。

如果说环境的绿化、美化是靖电美的外在体现，那么追求高尚的精神生活、营造先进的文化氛围和员工的幸福生活则是靖电美的内在升华。多年来，靖电累计投入资金1800万元，先后修建了职工俱乐部、职工多功能活动中心、水上公园、大型室内游泳馆、音乐喷泉、休闲文化广场等文化体育活动场所12个，成立了文学艺术联合会、体育协会、集邮协会、信鸽协会等七家业余社团组织，每年举办书、影、诗、画展、文艺汇演及排球、篮球、足球等多项比赛，组织开展职工田径运动会和全民健身运动会，每年举办一届靖电文化节。这些丰富多彩的文化活动，不仅营造了浓浓的企业文化氛围，也让靖电人的生活变得更加多姿多彩！

只有创造者才能品味到生活的醇酒。这怒放的鲜花，碧绿的草坪，不仅仅是一个企业与环境建设共同发展的成果，更凸现出企业前瞻的视野和胸怀，显现着靖电人的另一种境界。这一排排整齐漂亮的社区住房，现代气息十足的娱乐健身设施，在营造一份温馨和谐的同时，也在塑造着企业员工的精神和体魄；这琳琅满目、丰富多彩的文体活动为曾经寂寞的戈壁增添了多少盎然的生机啊！

在今昔鲜明的对比中，折射出了靖电人艰苦卓绝的奋斗历程，呈现了靖电人不遗余力地坚持环境治理带来的翻天覆地的变化。

如今，在改革开放春风沐浴下，昔日的戈壁荒漠，已成为一个现代化的能源基地，成为一片戈壁绿洲、一座花园式工厂。煤炭、电力等大型能源企业成为地方经济腾飞的有力翅膀，使这里到处洋溢着一片盎然的生机与活力。

如今，在改革开放春风沐浴下，昔日的旱平川，已成为甘肃省重要的工业基地。西北最大火力发电基地在这里赫然屹立，总装机容量达到200万千瓦（国电靖远80万千瓦、靖远二电120万千瓦），靖电成了甘肃电力工业的骄子和地方经济的支柱，为甘肃经济和社会发展做出了巨大贡献。

我们有理由相信靖电的未来，在人们的期待中，靖电人将会用更加昂奋的姿态为甘肃经济社会发展做出更大的贡献。不久的将来，这方热土上随着靖电两台600兆瓦机组扩建工程的建成，一座超大型火力发电企业将真正成为祖国西北一颗耀眼的明珠。靖电将逐步跨入全国大型企业行列，成为全面走向现代化的能源骄子，将为这片古老的土地续写新的神奇。

主编点评：

从戈壁上描绘出一幅宏伟画卷到项目批准和建设准备就绪的艰辛历程，从奠基时拍下的第一锹土到竣工投产的隆隆轰鸣，从大打设备整治翻身仗的举步维艰到安全基础逐步夯实的精益生产，从如火如荼的“双达标”到更高更强的“创一流”、“四星级发电企业”，从计划经济体制下单纯的“工厂制”组织管理到驾驭现代企业制度在“多元化”经济中的运营，从传统管理模式到“三标一体化”管理体系、精细化管理，从“省级文明单位”到首批“全国文明单位”，靖电走出了一条有深深时代气息的企业发展之路。

30年的历程，靖电人在茫茫戈壁上谱写了一部浑厚激越的时代交响曲，这部雄浑的交响乐还必将穿越历史的新时空，续写新的、更加辉煌的乐章。

陇原新动力

周丹波

春风习习，吹绿了泾河两岸，吹绿了正宁县周家乡惠家塬。

这片山塬下，是沉睡了千百年的大煤田。在华能甘肃能源开发有限公司宁正煤田核桃峪矿井工地上，挖掘机、装载机、推土机轰鸣不绝，运输车辆穿梭往来，到处是一派繁忙的景象。

2007年12月19日，葛洲坝集团第二工程公司、中国建筑土木工程公司等来自全国各地的建设大军汇集到这寂静的山塬，拉开了核桃峪矿井建设的“四通一平”工程。经过施工队伍连续几个月的建设，核桃峪矿井主井、副井场地平整工程顺利推进，惠家塬村对面的小山已被挖掘机整齐地削掉一半，形成了开阔平坦的煤矿主井场地，供电线路基本完工，为矿井施工做好了准备……

就在陇东能源基地建设的“重头戏”——宁正煤田项目加紧进行之时，一个令人振奋的好消息传来：华能集团为华能甘肃公司追加注册资本金14.75亿元，这意味着甘肃公司成为华能集团所属区域公司中注册资本金最高的产业公司。

在国际金融危机加剧、资金紧张的情况下，华能集团全力支持在甘肃的投入，加大甘肃能源项目开发的投资，地企合作走向纵深。记者从华能甘肃公司获悉，成立半年多时间，公司已相继投入45亿元，加快甘肃煤炭、电力、铁路及相关产业一体化项目建设步伐，备受瞩目的陇东能源基地正在崛起。

引强入甘，让资源优势转化为经济优势

2008年3月15日，甘肃省政府与中国华能集团公司在北京签订加强能源领域战略合作框架协议，议定未来华能集团在甘投资600亿元，共同推进甘肃能源资源开发利用步伐，增强甘肃经济发展的后劲。

省委副书记、省长徐守盛表示，甘肃省委、省政府将一如既往为华能集团在甘发展提供优质服务，营造良好环境，努力实现地企双赢、和谐发展。

以电为核心，煤为基础，电煤路港运一体化发展的华能集团，是具有国际竞争力的国有大型综合能源企业集团。此前，华能集团在电力、煤炭等能源领域与甘肃已有多项合作。

华能集团雄心勃勃把目光投向煤炭资源丰富的我省陇东地区。作为我国重要的能源基地，地处鄂尔多斯盆地西南缘的陇东地区预测煤炭资源储量1363.4亿吨，占我省预测煤炭资源储量的96%，排在全国前列。

华能集团的这一大手笔正当其时。随着甘肃煤炭供需关系的变化，开发陇东煤炭资源已迫在眉睫。随着全省经济的快速发展，煤炭已由原来的自求平衡省份变为净调入省份。缺煤短电，已成为制约甘肃经济社会快速健康发展的“瓶颈”。据有关部门分析，预计到2010年，全省煤炭需求将达到5500万吨，其中省内供应3000万吨，省外调入2500万吨以上，对外依存度高达46%。而根据《甘肃省全面建设小康社会规划》，我省国内生产总值的增长速度将保持在10%左右，能源需求总量将逐步增加。打破煤炭短缺“瓶颈”制约，把资源优势转变为经济优势，是当务之急。

省委、省政府高度重视能源资源的开发利用。随着引能源开发巨擘华能入甘，华能集团巨额开发资金的注入，甘肃能源开发史上的最大项目启动，陇东能源基地建设拉开大幕，陇原经济发展有了新动力。

陇东能源基地建设紧锣密鼓。2008年8月9日，铁道部、甘肃省与华能集团公司签署会议纪要，三方将共同建设天平铁路；8月27日，华能集团与省国土资源厅签署《甘肃省庆阳市正宁南煤田南矿区采矿权出让协议》，华能集团正式接手正宁南煤田开发；8月28日，华能甘肃能源开发公司揭牌成立，在甘肃的煤、电、路、化一体化项目全面铺开；10月24日，华能集团与省国资委、平凉市国资委签订《关于华亭煤业集团公司股权转让协议》，华能成功收购华亭煤业40%股权；12月4日，华能甘肃公司参股的天平铁路开工建设，投资54亿元的天平铁路是我省境内首条由企业参股建设的铁路，构筑陇东地区煤炭资源输送大通道……

能源开发的征程中，高效与诚信同行。2008年9月1日，在正宁南煤田南矿区采矿权出让协议签署的5个工作日内，华能甘肃公司如约向省国土资源厅支付采矿权出让总价款47.5亿元的50%，即23.75亿元。10月31日，华能甘肃公司如约向省国资委和平凉市国资委支付华亭煤业首批股权转让资金5.38亿元。此时，距华能甘肃公司揭牌仅两个多月，华能在甘肃省的投资总额已达29亿多元。

省上有关部门和庆阳市优化投资环境，提高办事效率，全力支持华能项目建设。为加快推进项目前期进度，华能甘肃公司提出“事不过夜”的工作原则，陇东能源基地项目快速推进。

科学发展，地企合作向共赢

2008年12月16日—18日，兰州。由中投咨询公司组织的专家会聚此间，仔细论证和审查《甘肃省宁正煤田矿区总体规划》，分析技术难题、环保措施，提出建议。

2009年2月13日，武汉。华能甘肃公司煤炭专家委员会在这里成立，由国内煤炭设计建设领域的8名知名专家学者组成的“智囊团”，将为华能甘肃公司科学合理开发陇东煤炭资源出谋划策，这是华能甘肃公司为高起点、高水平开发陇东煤炭资源启动的“借脑”行动……

“能源产业开发投资数额大、建设周期长。科学决策、科学规划，才能科学发展，建设好陇东能源基地。”华能甘肃能源开发有限公司总经理王力军如是说。

为此，华能甘肃公司以煤为基础，以电为核心，煤炭、电力、铁路、煤化工一体化发展，协调推进，以延长产业链，提高资源的附加值，实现科学利用矿产资源。为提高庆阳煤炭资源的就地转化率，启动正宁电厂、环县电厂等一批坑口电厂；分步扩建和新建平凉、天水等地电厂、西峰热电联产项目，实施“陇电东送”、“陇电入川”工程。同步推进煤化工的前期工作，启动长庆桥煤化工园区120万吨甲醇、80万吨合成氨项目的论证工作。华能甘肃公司还以资产收购、重组等方式参与甘南、陇南等地的水电资源开发建设。抓住国家建设酒泉千万千瓦级风电基地的契机，推进酒泉风电项目进度。建设天平铁路及其南北延伸工程，形成煤炭产、运、销一体化发展格局。

与陇东能源基地建设同行的，是华能集团的“三色”企业宗旨，即为中国特色社会主义服务的红色公司，注重科技、保护环境的绿色公司，坚持与时俱进、学习创新、面向世界的蓝色公司。王力军告诉记者，陇东自然环境脆弱、水资源贫乏，在发展经济的同时必须十分注重环境的保护工作，重视节水节地，保护耕地，建设资源节约型、环境友好型工程。

为避免项目建设与庆阳生态环境和群众生产生活争水，实现能源开发与水资源的科学合理配置，华能甘肃公司将宁正煤田核桃峪矿井和新庄矿井同步设计开发，选煤厂、装车站、矸石场等公用系统统一配置，实现节约用水、节约使用土地。制定《庆阳南部煤田及环县项目开发区水资源利用规划》，确定投资12亿元，建设地表蓄水供水工程10项，配套煤炭和火电等项目开发建设。同时，煤矿配套电厂均以水定产，全部采取空冷机组，节水70%以上，废水全部回收再利用。

记者获悉，华能甘肃公司在对所有新建项目采用先进的节能、节水和环保技术，做好节能减排设计的同时，还将实施平凉电厂供热改造项目，规划控股建设西峰、白银等省内中等城市的热电联产项目，拆除城区原有的高耗能、污染重的小锅炉，通过集中供热，实现热力资源综合利用。

陇东能源基地建设春潮涌动。2008年全国“两会”期间，甘肃代表建议国家把鄂尔多斯盆地甘肃陇东能源基地纳入国家能源规划，加快推进能源、交通、煤化工等项目建设步伐，实现资源在更大范围内的优化配置。

从2008年至2020年，投资2000多亿元，用13年的时间，建成年产煤炭1.2亿吨，火电装机3000万千瓦，实现“陇电东送”2000万千瓦时，煤炭外送5000万吨，把陇东能源基地建设成为以煤炭、电力、煤化工三大产业为支撑的国家亿吨级大型煤炭基地、千万千瓦火电基地、煤化工基地和循环经济示范区。这是陇东能源基地建设的总体目标。

风正一帆悬。由能源短缺向能源大省，甘肃正大步迈进、跨越，庆阳老区将迎来更加灿烂的明天……

主编点评：

引强入甘，是我省工业强省战略的题中应有之意。华能公司捷足先登，快速推进陇东能源基地项目，地企合作走向纵深，资源优势也将转变为经济优势，也必将会为陇东的经济社会发展注入新的活力。甘肃需要这样的合作，更需要努力营造有利于引强入甘、企业快速发展的制度环境、“低费赋、高回报”的投资环境和“小政府、大服务”的社会服务环境。

民营企业的帆影

张　鹤

像一条条小河，从四面八方汇聚成一股巨大的洪流。

像一阵阵春潮，滚滚奔涌，激活每一个渴望创业的细胞。

改革开放30年，我省非公有制经济总量不断壮大，实力日益增强，社会贡献日益突出……在陇原经济崛起的进程中，非公有制经济实体无处不在，成为当下最具活力的经济增长点，成为我省经济社会又好又快发展中一个不可或缺的构成部分。

“知本经济”触角愈伸愈长

沐浴着改革开放的春风，我省非公有制经济在30年的时空跨度里，从无到有，从小到大，成长为支撑地方经济快速发展的“生力军”。有数字佐证：非公经济对我省GDP的贡献率已达30%以上，非公经济作为推动我省经济社会发展的重要力量已是不争的事实。

其中，民营科技企业成为我省非公有制经济最大的亮点。

据统计，我省高科技非公有制企业已达400多家，在多个领域中无处不在，涉及纳米技术、生物医药、电子电器、精细化工、环保技术等高端工业领域，部分高新技术已居于国际先进水平，一批企业还位列行业主导地位。

长城科技公司是20世纪90年代初由两位年轻的科研工作者“下海”创办的，最初资金还不足1万元，高科技带来的“知本经济”却使他们如鱼得水，很快开发出了具有自主知识产权的电器开关和电子元器件，如今已发展成为我省赫赫有名的骨干企业。一些非公企业敢于涉足科学前沿技术，着眼未来尖端产品，探索出了一条极具前景的新路子。兰州大得利生物化学制药有限公司研制生产出的独具特色的“大得利”系列药品，很快占领市场，也让许多“国字号”同行深为佩服。

尤为可喜的是，甘肃大圣生物科技股份有限公司开发出的生物产品，创造了数项甘肃第一：第一家通过国家微生物肥料认证，第一家通过国家饲料添加剂认证，第一家通过中国绿色食品生产资料认证，第一家获得中国民营科技创新奖，第一家获得中国技术市场金桥奖等等，并在美国成功上市，使我省企业在美国上市的梦想终于变成了现实。

“农”字号企业享尽天时地利

农业属性是我省非公经济最大的特点。

我省各地资源丰富，为非公经济发展提供了广阔天地。甘南、临夏的草场畜牧，天水、白银的金属矿藏，庆阳的杏子，陇南的茶叶和药材，在这些资源地周围形成了一个以非公有制经济为主体的链条，有些非公经济甚至成为当地政府财政收入的主要来源。

临洮县将洮河沿岸滩涂开辟为农副产品加工企业的主战场，与当地特色优势项目结合起来发展非公经济，建成了一批龙头企业。这些“短、平、快”的产业项目不仅成就了一大批非公企业，而且使当地群众也走上了富裕之路。现在，临洮县农民人均纯收入的80%是从这些家门口企业获得的。

我省是一个以农业为主的省份，许多非公企业一出生就姓了“农”。秦安的桃子闻名遐迩，他们把千家万户的小生产与千变万化的大市场联接起来，发挥规模效应，将新鲜味美的果品远销到省内外。以郑川为主的果品经销有限公司，以兴国18户绒线企业为主的绒线集团公司，以叶堡为主的粉条经销公司等非公企业，分布在各个乡镇，并已经成为秦安区域经济发展的龙头。

一方水土养一方人。围绕区域资源构筑的农村非公经济群，占尽了“地利”和“人和”。据统计，在全省非公有制企业中，农村企业数量占全省非公企业总户数的71%，所占比例最大。它们依托资源，相辅相成，合为一体，构建了以区域资源为核心的非公有制经济形式，在推动地方经济的发展中发挥着积极的重要的作用。

优化服务环境为非公经济腾飞助力

吕长峰还清楚地记得，在携资进入甘肃的那一天起，他始终能够感到无论是省上，还是市县，对他这位“外来户”给予的特别关照。从注册公司到办理证照，一路“绿灯”，并按政策规定，他还享受了许多优惠条件。

“政策暖了我的心，不努力发展对不起当地领导和优惠政策。”吕长峰坦言。

省委、省政府坚持把发展非公有制经济作为经济工作的重点，成立了由多家成员单位组成的甘肃非公有制经济工作领导小组，并先后出台了《关于鼓励支持和引导个体私营等非公有制经济发展的实施意见》等一系列重大政策性文件。包括工商、税务、公安、商贸等单位在内的24个职能部门，进一步转变职能，增强服务意识，积极搭建平台，制定出了切实可行的实施细则，为非公经济发展腾飞助力。

时下，我省正在以空前力度营造更加有利于非公经济发展的良好环境。

融资难是非公有制经济遇到的普遍难题。我省对症下药，采取有力措施打通“瓶颈”。不久前，省政府金融办举办全省拟上市重点培育企业融资洽谈峰会，许多拟上市非公企业与国内外投资机构互动交流，组织大规模投融资产品推介和项目洽谈，为探索投融资路径提供了有效的解决方案。省经委则会同各大商业银行，连续几年举办“全省中小企业及非公有制经济银企洽谈会”，在一定程度上缓解了成长中的非公有制企业的贷款难问题。

为进一步拓宽直接融资渠道，加快中小企业上市融资的步伐，充分利用资本市场实现中小企业及非公有制经济规范快速发展，从2009年开始，省政府联袂中国证监会、深圳证券交易所举办“上市企业系列培训班”，建立了分主板（中小板）和创业板两个平台、96户企业组成的上市后备资源数据库。这些企业遍布全省14个市州，我省中小型非公企业登上深交所中小企业板块上市融资的进程明显加快。

中小企业信用担保体系也得到了快速发展。据统计，2009年上半年，全省担保机构注册资本金共计8.58亿元，比上年新增1.15亿元，累计担保金额近40亿元，为全省2550户中小企业提供了贷款担保，这其中绝大部分都是非公企业。

在优化服务环境方面，我省的力度同样很大。各级政府继续实行政务公开、首问责任制和限时办结制，进一步公开办事程序，减少审批环节，尽可能为非公有制企业实行“一条龙”、“一站式”服务，提高服务质量和效率，为非公经济发展营造宽松和谐的环境。

扬帆破浪，百舸争流。随着各项政策措施的进一步落实、扶持力度的进一步加大、发展环境的进一步优化，我省非公经济必将迎来又一个发展的春天！

主编点评：

国有大型企业的崛起，意在强国；中小型企业的崛起，则能富民。在金融危机的当下，更凸显了这层意义。就业是民生之本，中小型企业尤其是民营企业发展了，就业率也就高了，社会才更稳定，人们才更安居乐业。所以这是一股无处不在的力量。

裂变的力量

“共和国长子”变身

陈晓军　郑学友

老孟在兰州石化的工龄已有30余年了。有一段时间，大家总会很自然地问他：“噢，你是兰炼的，还是兰化的?”尽管兰炼、兰化已经合二为一了，但“两兰”的概念在人们心中的印记太深了。准确地说，老孟的单位现在是中石油兰州石化公司。企业的名字不是原来的了，企业的影响力也今非昔比了。2007年，兰州石化公司实现原油加工1050万吨，首次挺进千万吨级炼油“俱乐部”，是原“两兰”1978年的5倍多；生产化工主产品树脂106万吨，是1978年“两兰”的31倍多；公司主营业务年收入超过550亿元，实现了历史性的突破，是1978年“两兰”的30倍。

兰炼、兰化，“两兰”——“五兰”——“三兰”——“两兰”——“一兰”等一系列重组的过程，成为我省国有企业适应改革开放步伐的经典例证。老孟说，“共和国长子”变身的目的只有一个，那就是跟上市场前进的步伐，增强企业在国际市场上的综合竞争力。

作为“共和国长子”的“两兰”

兰炼、兰化是“一五”期间，新中国第一批炼油化工企业，素有“共和国长子”之称。

经过几十年在国内外石化市场上的博弈，“两兰”均找到了属于自己的位置。在20世纪90年代，兰炼发展成为当时国内最大的润滑油基地，国内3大催化剂生产基地之一和两大石油添加剂生产基地之一；在20世纪90年代，原油一次性加工能力达到年产550万吨，能生产加工成品油、润滑油、石油催化剂等365种石化产品和350余种机械仪表产品，其生产的“飞天”润滑油打破了“中国名牌”在甘肃“零的突破”。而有“中国石化工业摇篮”之称的兰化，是新中国第一个石油化工基地。兰化的建成投产结束了中国不能生产合成橡胶、西北不能生产化肥的历史，在中国第一次以石油烃为原料生产出合格的乙烯。到20世纪90年代，兰化已发展到年产30万吨合成氨、16万吨乙烯、52万吨尿素的生产能力，生产化肥、合成树脂、合成橡胶等110多种化工原料。

兰炼、兰化的过去，为共和国的石化事业立下了不朽功勋，填补了国内数不清的空白，培育了数以万计的石化人才，被人们亲切地特称为“两兰”。

艰难的重组，是为了找到企业生存与发展的落脚点

企业需要与市场接轨，更需要与业内企业在技术、管理、经营、投资等方面竞争。优秀的企业是在市场竞争中磨砺出来的。改革开放以后，在计划经济环境里成长的中国石化企业走出国门后，才发现与国际石化行业精英企业相比，在技术创新、经营管理、市场概念、企业规模等方面已被远远地甩在后面了。

不改革，不创新，不跟上国际同行业发展的步伐，结果就是落后和被淘汰。为加快国有企业改革步伐，增加石化行业的综合竞争实力，国家整合了石油化工领域，重组了中石油、中石化两大集团，兰炼、兰化一同归在中石油麾下。中石油集团为扩大其在国际石油化工领域的份额，挺进国际市场，对其内部企业与资源进行了重组，以其核心资源与技术新组建的中石油天然气股份有限公司在海外上市。

作为中石油的核心企业，兰炼、兰化开始了频繁合并重组、更名的历程。1999年，根据中石油集团的持续重组战略，兰炼将其核心技术、设备分离开来，新成立了兰州炼化公司；兰化也如法炮制，新组建了兰州石化公司。同时，中石油兰州石化分公司也成立了，加上“剩余的”兰炼、兰化部分，于是出现了“五兰”并存的现象。很快，新成立的兰州炼化公司、兰州石化公司、中石油兰州石化分公司一同合并重组，成立了西部区域最大的炼油化工联合企业——中石油天然气股份有限公司兰州石化分公司。因此，兰州又出现了由中石油兰州石化分公司和兰炼、兰化共存的“三兰”局面。

新组建的兰州石化分公司依靠中石油的支持，投资近百亿元开始了300万吨重催装置、500万吨常减压装置、24万吨乙烯改造项目和6000吨超稳分子筛装置“四大工程”的建设，使兰州石化分公司的原油加工能力由年产750万吨增加到1250万吨，成为国内为数不多的千万吨级炼油企业。该公司又于2005年上马70万吨的大乙烯工程，进一步增强了在国际市场上的综合竞争能力。

而与核心技术设备分离后的兰炼、兰化经营却十分艰难，只剩下30%的资金和70%的人员，一夜之间变为弱势企业。这两个企业面对困难，不懈努力，重新规划了发展方向，改变了经营方式、服务内容，主动向社会和市场提供各类服务；同时将科研力量向石化产品的下游开拓，提高了产品的附加值。经过几年的奋斗，兰炼、兰化均于2004年底走出了亏损的“低谷”。

随着市场的推动，兰炼、兰化在经营内容、投资项目方面越来越相似，相互攀比和重复建设现象比比皆是：你有大炼油装置，我就搞一个小常减压装置；你有塑料生产线，我也上塑料装置，双方一时争得不可开交。

二者虽是弱势企业，但都有自己的“比较优势”，尤其在技术创新方面各有所长，均有独到之处。但同业同地内部相互竞争，不仅优势难以充分发挥，一些很有前景的项目和大量的资源因内部相争而白白耗损。鉴于此，中石油集团实施“两兰”整体合并方案，企图通过两个老企业内部资源的优化组合，从根本上解决这道难题。2005年5月，兰炼、兰化资产整体重组，合并为兰州石油化工公司。新成立的兰州石油化工公司与中石油兰州石化分公司并称为“两兰”。

兰炼、兰化的两个技术中心再次整合，成立了中国石油兰州石油化工公司技术中心，科技资源得到了充分利用，实现了炼油、化工技术领域里的优势互补。由技术中心自主研发应用于“神舟六号”载人航天飞船的特种橡胶、“特大功率烟气轮机”、特种树脂成为兰州石油化工公司在国际市场上三张不可替代的名片。

分分合合，构成“共和国长子”二次创业史

尽管“两兰”并存的局面使企业都得到了长足的发展，内部摩擦少了，但从兰州石油化工基地板块整体来说，还存在一些与科学发展观不相适应的状况：发展建设统筹规划不足，资源配置、系统配套、产品销售、安全环保等方面不够协调等。为此，中石油集团2007年又将兰州石化分公司和兰州石油化工公司再次进行重组整合，组成了中石油兰州石化分公司，开始了一体化运作。

此次“两兰”再度重组整合，就是要集中发挥两个公司在生产、经营、科技、管理以及后勤保障等各方面的优势，形成整体合力，提高主营业务发展能力和综合实力，实现资源、效益和效率的最大化，实现整体协调发展，对事关企业长远发展和涉及员工切身利益的产业布局、市场定位、社区建设、后勤服务等，能够进行统一谋划和统一管理。

新重组的兰州石化公司充分发挥了技术、资金、资源集中的优势，重点突出核心技术自主创新的资金投入，碳四抽提、乳聚丁苯橡胶等多项新技术取得重要突破，实现了科研成果向现实生产力的转化；在炼油催化裂化催化剂、化工加氢催化剂、丙烯酸催化剂、炼厂烟汽轮机的研制开发等方面达到了国内领先和国际先进水平。

在管理方面，企业坚持以人为本，加强民主管理，健全完善统一的制度体系，简化管理程序，弱化权利作用，强化监督职能，切实提高管理效能，建立和完善组织绩效评估体系，形成了"上岗靠竞争，收入靠贡献"的薪酬激励机制，有效地调动了员工的积极性、主动性和创造性，企业的发展潜力得到进一步挖掘。

作为西部最大的炼油化工生产企业，目前兰州石化公司总资产规模已达到300亿元，拥有年70万吨乙烯、100万吨以上聚烯烃产品和千万吨原油加工生产能力，炼油催化剂、炼厂烟汽轮机等产品产量居国内首位。2008年前8个月，兰州石化公司主营业务实现销售收入446亿元，化工业务实现利润27亿元，位居中国石油炼化企业之首。

兰州石化公司的50年，前20年是可歌可泣的艰苦奋斗史，后30年则是踏着改革开放节拍进行二次创业的辉煌发展史。

主编点评：

兰炼、兰化经历了"两兰"——"五兰"——"三兰"——"两兰"——"一兰"等一系列重组的过程。变身是为了适应。企业只有适应改革开放的步伐，跟上市场前进的脚步，才能增强在国际市场上的综合竞争力。变身是为了发展。变，是事物发展的本质，只有抓住事物发展的规律，掌握事物发展的进程，才能更好地推动事物发展，促进事物的转化。所以说，世界上唯独不变的是变，变，是绝对的，不变是相对的。如果认识不到这一点，企业就会失去抗风险的能力、生存的能力、发展的能力。

解读“星火现象”

孙海峰　陈　华

有一家濒临破产的西部老企业，在短短5年间重获新生，生产规模、经济效益年年翻番，创造出了“神话般”的增长奇迹。这就是坐落在天水市东部的天水星火机床有限责任公司。如此巨大的变化被国内同行业称为“星火现象”。

上篇：走出重围

解读“星火现象”，还要从他们最困难的时期说起。原星火机床厂副厂长杨万仓回忆说：“1999年我们已累计亏损4200多万元，濒临倒闭破产。企业到了买不起煤、用不起电、发不出工资的地步。债主们经常把我的办公室围得水泄不通。甚至连厂房的窗户玻璃破了，我们也没钱换，只能用报纸糊。”

想当年，“星火”是国内装备制造行业的骨干企业，是国内机床行业的“十八罗汉”之一，论技术力量，不比谁差，可市场就是不买账。1999年，全厂产值只有2000万元，人均产值还不到1万元。一年里有一半的时间，职工拿不到工资。

星火到底怎么了？这是当年星火所有职工都在问的问题。

“问题的症结在于，当全国小型机床市场需求已经饱和的时候，我们依然墨守成规，不敢想、更不敢开发新产品。平庸的产品使我们走进了市场的死角。”公司董事长李维谦说。

拒绝平庸，走创新之路，用新产品与市场较量一番。这个想法在星火人中形成了共识。技术革新是在勒紧裤腰带的情况下进行的。当时，在职工已两个多月没拿到一分钱工资的时候，企业决策层决意走技术革新之路。他们用牙缝里挤出来的一点钱，购买了设备，装备了一套CAD绘图软件，建成了局域网。技术投入很快显现效益。就是这套软件，使企业的设计周期从8个月到2年，缩短到2至8周。

转机到了。1999年冬，听说广州一家企业要修一台轧辊磨床，消息传来，星火人十分兴奋。这天已是大年三十，企业领导带着数学模型风尘仆仆地赶到广州，他们的到来使广州企业家感到惊奇。星火人真诚的精神和恳切的态度，打动了客户。这年5月，在轧辊磨床修理广州招标会上，星火厂以严谨的方案和合适的价格，战胜了众多投标者，拿到了修理轧辊磨床的合同。

对于星火人来说，修理这一台轧辊磨床有着更深的意义。李维谦说："当时，在全国重型机械制造行业普遍滑坡的情况下，有一家机床厂效益却很好。通过研究我们发现，这是因为他们能生产大型轧辊磨床。当时，国内一般的机床企业，还不能生产轧辊磨床，高精密度的大型轧辊磨床均依靠进口。于是，我们萌生出制造精密机床的念头。"

对于星火厂来说，修理本身就是了解这种陌生机械的过程。为了了解这种机械的原理，星火将所有技术人员集合在一起，夜以继日，攻克一道道难关，终于摸清了轧辊磨床的技术奥妙，为以后自己生产轧辊磨床打下了坚实的基础。

创新，像一把利器，帮助星火人开始了一场面对市场、突出重围的绝地反击战。

此后，星火人先后走访了全国数十家企业，修理了7台不同国家生产的轧辊磨床。经过了5年无数次的工艺试验，李维谦发明了"精确可调渐开式液压节流装置"、"复试浅腔打供给动静压精密旋转副"两项专利技术，有效地解决了大型磨床的超低速运动"爬行"问题，以及国产磨头旋转精度与旋转刚度不能同高的矛盾。

在新技术的支持下，星火人开发出了售价仅为进口机床的三分之一左右、完全可以替代进口产品的高精度轧辊磨床。开发了大型数控端面磨床，填补了亚洲空白，有效地替代了进口，并以此为基型开发出54种新产品。

创新，像一把金钥匙，为星火人打开了广阔的市场之门。近3年来，星火公司研发的新产品是过去30年的总和。2005年实现的销售收入是1999年的16.7倍。

今天的星火机床厂已经重组为星火机床有限责任公司，可以生产数控车床、精密车床、数控轧辊磨床、轧辊磨床、普通车床、重型车床、立式车床、轧辊车床、自动低压铸造机等9大类、27个系列，品种规格可重构组合。产品覆盖全国各地，销往美国、德国、法国、日本等40多个国家和地区。

中篇：拒绝平庸

从一台机床只卖五六万元，到现在一台机床最高可卖600余万元；从只卖机床，到卖技术、卖品牌；从只能生产普通机床，到生产出大型数控机床；从只能生产机床，到生产出具有国内领先水平的大型精密磨床。照理说，星火人已经可以满足他们今天取得的成绩了。但事实并非如此。

星火人说："假如我们只满足于今天取得的成绩，那么注定会成为一个平庸的企业，迟早会被市场淘汰。"

学习与创新，是星火人在同行业中保持领跑地位的两大法宝。

一件小事足以说明星火人对待学习的态度。今年3月，一名榆次液压件厂的推销员到公司推销产品。对星火人来说，液压件还是一个比较陌生的领域，这位推销员立即被公司"扣"了下来，为全体职工讲解液压件的工作原理。公司副总经理蒋保权说："机械制造行业有许多相同的地方，我们请这位推销员讲解液压件，实际上是为我们今后发展液压类机床产品打一个基础。"

在公司装配车间，有一台星火人引以为豪的数控机床，它的数控系统是德国西门子公司的产品，刀架来自瑞士，减速箱由法国生产，星火人自己制造的只有机床床身。这也是创新的成果吗？针对这个问题，李维谦说："这台机床的心脏——控制程序，是我们自己编制的，这才是这台数控机床真正的核心。就是这种机床，进口价格起码要1000万元，而我们的售价仅为进口产品的二分之一。对我们来说，学习并不意味着简单地嫁接先进经验和技术，更重要的是将这些先进的东西，经过消化整理，再辅之以我们自己的技术，因地制宜地加以运用。"将全世界最优秀的产品、技术和经验整合起来，通过创新形成公司自有的核心技术，这种做法，在星火有一个形象的名字——集合创新。

"过去就是这么干的，现在也只能这样干。"这句话曾经是不少老国有企业职工的口头禅。但在今天，这句话已在"星火"内部禁用。职工们说，一切皆有可能。在他们眼里，一切陈规都是可以被打破重组的。

在机床行业，小型设备只能生产小型机床，已经成为一条定规，但在星火人看来，只要组织得当，小型设备生产中型机床，中型设备生产大型机床，大型设备生产重型、超重型机床，用普通设备生产精密、数控机床完全可以实现。今天，在星火公司，他们已经做到了。原因就在于星火人通过不断地学习，"看透了"复杂的机床。职工何兰芳说："我们生产机床的工具就像一个'药匣子'，所有机床的床身是有一定规格的，不同的只是内部零件，当我们用重型设备生产大型机床时，只要在原有设备上安装适合生产大型机床零件的加工工具就可以了。"这种经验，被星火人总结为"组合创新"。

为了与市场赛跑，星火人在不断学习中总结出了"高、大、精、专、非"五字研发方针，开发高技术、高附加值，大型、精密、专业机床，非金属切割机床，使星火的产品结构发生了战略性转变。这已成为星火人不落后于市场的主要手段。为适应市场需求，星火人正在开发普通机床与数控机床兼容技术，并给这项技术命名为"数普机床"。据悉，这项技术已申报国家专利。

在市场中学习，在市场中创新，在市场中寻求新的发展空间，是星火保持强劲增长的诀窍。今天，由生存走向决定发展的星火公司越来越清醒地认识到，只有将学习与创新相结合，拒绝平庸，才能保证企业获得最新的技术与经营理念，从而防止"星火现象"昙花一现。

下篇：行者无疆

"行者无疆"是本书的书名。星火借用过来，并赋予其全新的概念。在某种程度上，这四个字代表了星火人不断超越自我，勇于创新的精神以及企业可持续发展的理念。

"留得青山在，不怕没柴烧"，一个大家都明白的道理。这句话曾经使星火人深切地感受到了人才的重要性。

公司副总经理蒋保权说："公司最困难的时候，大家都说'留得青山在，不怕没柴烧'，这里的'青山'指的就是我们企业的人才，但是企业的困难是有目共睹的，怎样才能留住'青山'？对于我们是一个难题。"为了留住人才，星火公司提出一个别出心裁的口号："培训就是福利。"他们把技术人员送到北大、清华、兰大、西安外国语学院等高等院校参加培训；有些技术骨干甚至被送到国外深造或培训。仅1999年，他们就送出130多人参加学习培训。

人才梯队建设，为星火日后重新崛起打下了坚实的基础。同时也成为星火的企业习惯。企业要创新，人才是关键，在星火不是一句口号。近年来，公司技术中心先后有30多人次远赴美国、日本、瑞典、德国、意大利、法国、英国等发达国家参加中、短期培训；公司有80%的高级管理人员在北大、清华、兰大接受了高级工商管理培训；目前，有300多名初、中、高级技术工人接受了非脱产培训。

培训直接促进了公司的技术创新工作。

通常，在铸工车间，总是将各种砂模堆砌起来，再浇铸钢水。但当生产20米左右的大型机床床身时，到哪里找那样大的模具呢？工人们想出了一个巧妙的办法，在巨大的车间地面上挖掘地坑，在地坑里直接浇铸构件。这样一来，难题迎刃而解。今天，在星火的铸工车间，大型机床的床身模型都被直接放入地坑中，完全可以做到一次成型。公司董事长李维谦对此评价道："什么是创新？当你克服了原有的技术难点之后，形成了新技术就是创新。"

当职工们主动学习的热情被焕发出来后，产生的力量是无穷的。如今的星火，创新已经成为一种习惯，工人们在日常的作业中遇到难题，总喜欢琢磨，由此产生了许许多多小发明、小革新。公司对这种创新给予极大支持，他们用革新者名字命名这些技术："俊东金属模板"、"福岑防护罩"、"刘翁拉研具"等，极大地激发了职工们革新技术的热情。

除了培训，星火人还加快了引进人才的步伐。

王启循就是一个例子，这位年届花甲的老工程师于2005年3月正式落户天水，成了星火的一员。他原是齐齐哈尔第一机床厂的副总工程师，当他了解到星火公司的情况后，产生了来星火发展的念头。2005年农历大年初二，王启循来这里实地考察。令他没有想到的是，当他走出机场时，看到几乎所有公司领导都在机场外迎接。正是这种求贤若渴的态度感动了这位老专家。他说："星火给我创造了发挥才能的舞台，使我感到只有在这里，才能更好地发展自己的事业。"当大多数企业苦于人才"孔雀东南飞"的时候，星火以感情感动人才、招徕人才、留住人才，从而为星火的创新提供了最大的资源支持。

今天的星火，给人才以机会，已经成为通行的做法。培训、重用人才，加快了企业创新发展的脚步。

有一组数据可以证明这一点。

自2001年至今，星火公司的新产品贡献率一直保持在60%以上。截至2005年底承接的订货额已经达到4.2亿元，是1999年的20倍。

"就技术谈技术是无源之水，无本之木。"星火人这样认为。所以只有将人的潜能不断激发出来，才有创新的可能，而企业在创新的基础上也才能在市场的残酷竞争中占有一席之地，真正实现可持续发展。这也许就是行者无疆的真实含义。

主编点评：

一家濒临破产的老企业，5年间重获新生，不能不说是一个“神话”。探寻“星火现象”离不开三个关键词：学习、人才、创新。在星火，学习并不意味着简单地嫁接先进经验和技术，更重要的是将这些先进的东西，经过消化整理，再辅之以自己的技术，因地制宜地加以运用；人才是创新的主体，只有给人才以机会，培训、重用人才，才能加快企业创新发展的脚步；创新是当你克服了原有的技术难点之后，形成的新技术。

星火这种将全世界最优秀的产品、技术和经验整合起来，通过创新形成公司自有的核心技术的做法，也许是它成功的秘诀。想复制星火成功的企业家，不妨从这里学起。

炭素传奇

牛彦君

方大炭素改制之初，辽宁方大集团董事局主席方威来了，他和广大员工亲切交谈，讲述他心中那个伟大的梦想。他告诉员工们，他是来依靠大家打造炭素航母，建立炭素王国的。

三年之后，方大炭素人不仅走出破产的阴影，还一举成为甘肃民营企业中的一张最精彩的名片，演绎了一出“灰姑娘的传奇”。

方威当年掷地有声、激情振奋的话语正在一步步变成现实。如今，在社会各界，人们津津乐道于这样一个事实：炭素传奇！

作为老国有企业，他们曾经拥有全国炭素行业的一切辉煌，可突然间却身处绝境；作为重组大企业，报着“置之死地而后生”的改革决心，之后他们果然绝处逢生；作为以“强”为核心价值观的大型民营企业，“转身”之后的定位出乎所有人的预料：在十年内成长为全球炭素强企。

重组改制篇：浴火新生

金秋，是收获的季节。经过生死两重天的方大炭素新材料科技股份有限公司干部职工，不会忘记三年前改制成功的那一刻，更不会忘记改制之前企业的艰难。

变革前，企业面临的困难是前所未有的。

方大炭素的前身是海龙科技及其大股东兰州炭素集团。从 1995 年开始，兰炭就已经出现了困难，流动资金短缺，市场逐步萎缩。到 1999 年，销售额大幅下降，每月回款只有 2000 多万元，职工工资拖欠。兰炭冗员多、体制性障碍等影响企业发展的共性问题已开始显现。截至 2005 年 12 月 31 日，兰炭负债已达9亿多元，资产负债率112.99%。海龙科技负债8.8亿元。

此时，企业想借钱的地方都借了，能抵押的家当都抵押了。内债、外债交困，难以为继。拖欠在岗职工工资和内退职工工资分别为7个月和6个月，最长的达10个月。

一个真实的“笑话”不胫而走，海龙科技公司的一位高管在扣除“四金”后，每月只有3.76元的收入。

是自救，还是重组？一度有争议。但最终把目标锁定在了重组，并在6家有意向的公司中选择了辽宁方大集团。

方大的诚意感动了海龙人。在当时仅仅签订了意向性协议的情况下，已经向海龙科技注入近亿元原料和资金，使得海龙生产得以恢复，生产经营又重新起步。

海龙科技之所以选择方大，原因有三。

一是，方大拥有雄厚的经济实力。辽宁方大是以机电、冶金、矿业、化工为主业，集科研开发、生产经营、贸易、投资为一体的跨行业、跨地区的多元化大型民营企业集团。

二是，有利于海龙科技的长远发展。方大拥有的三个炭素业子公司和主持经营的海龙科技分布于东北、华东、西南和西北，形成了资源共享，集中研发，统一营销的优势。方大的目的既要做中国炭素行业老大，更要在世界炭素界称雄。

三是，方大集团的发展战略是建立在以人为本的基础之上的，正如方大集团董事局主席方威所讲，方大的发展要对政府有利、对企业有利、对职工有利。这是方大发展的定位，也是方大发展的宗旨。

2006年6月9日，海龙科技及其大股东兰州炭素集团与辽宁方大集团签署委托经营协议，经营权正式由方大集团代理。

9月28日，*ST海龙(600516)的10323万股国有法人股在兰州拍卖，辽宁方大集团公司通过竞拍获得该笔股权，成为*ST海龙的第一大股东。

之后，一切在悄然中迅速发生着质的变化。

方大炭素人说这次“变革”那是真正的浴火新生。

发展壮大篇：生死裂变

2007年1月，兰州海龙科技正式更名为“方大炭素新材料科技股份有限公司”，并在办公楼前举行了隆重的升旗仪式。

方大炭素儿女仰望着高扬的旗帜，坚毅的眼神里传达着对祖国和企业的热爱：“我们一定要以产业报国的高度责任感，打造中国炭素航母。”这不是简单的升旗仪式，它亮出的是一个企业的精神风貌，表现的是一个企业迈向新目标的豪迈。

兰州海龙科技的更名，不仅是厂名的变更，更标志着方大集团的炭素企业又向集约化经营迈出了坚实的一步。之后，公司合并了方大集团所属的抚顺炭素有限责任公司、成都蓉光炭素股份有限公司、合肥炭素有限责任公司。

然而，改制之初，辽宁方大集团面对的是质疑、祈盼，甚至是抵触等复杂的目光。董事局主席方威来了，他和广大员工亲切交谈，讲述他来兰炭的目的，讲述他心中那个伟大的梦想。他告诉员工们，他是来依靠大家打造炭素航母，建立炭素王国的。掷地有声、激情振奋的话语，感染和打动了已经有点心灰意冷的员工们。

此后，在不到两个月的时间里，员工洗浴中心建起来了，员工食堂建起来了。在宽敞卫生的洗浴中心享受着热水澡，吃着只花两元钱、香喷喷的“四菜一汤”，员工们的心开始转暖了。

方威主席向员工承诺的事也开始一一兑现。已经好几个月没有正常领工资的员工，从改制第一个月开始，每个月都按时领到了自已那份工资；从当年11月起开始提高员工的工资，从平均每月不足900元提高到平均每月1333元。当时从加工厂传出一个惊人的消息：有一位员工的工资拿到了3500元，全厂一片哗然。这个消息对于好几个月没有正常领取工资的员工们来讲是多么的令人振奋呀！从改制第一个月开始，员工的养老保险、失业保险、医疗保险、大病保险、工伤保险和住房公积金“五险一金”按时打入了员工的账户，员工的后顾之忧没有了；由原兰炭集团向员工借用的4830多万元集资款，一文不少、连本带息送还到员工的手中，员工悬了两年的心终于落地了。一件件实事感动了员工，员工们的心热起来了，心中又重新燃起了希望之火。

改制的三年也是党和政府关心支持的三年，先后有全国人大常委闻世震，原甘肃省委常委、副省长杨志明，甘肃省委常委、兰州市委书记陆武成，甘肃省副省长石军，甘肃省政协副主席、兰州市市长张津梁等数十位部、省、市、区领导来方大炭素公司参观、视察、指导工作，带来了各级党和政府的关心和政策上的扶持，体现了党和政府对民营企业的关心和支持，使高速发展的企业又增加了一份催化剂，发展更加迅猛。

改制三年来，公司充分发挥民营企业体制灵活的优势，大胆创新，狠抓管理，在短时间内迅速扭转了内外交困、举步维艰的被动局面，当年就实现了扭亏增盈，企业重获新生。改制的三年时间，方大炭素公司取得了辉煌的成就，企业发生了天翻地覆的变化，生产经营工作突飞猛进，产量、利润、员工收入及企业资产成几倍数增长，企业一派欣欣向荣、热火朝天的景象。企业迅速发展壮大，傲立于世界炭素企业之林，炭素航母初现端倪。

改制第一年，从改制前的资金极度短缺、主要原材料匮乏、生产停滞、产销量大幅度下降、生产经营濒于崩溃边缘到改制后当年四季度便一举扭亏为盈，创造了令世人刮目相看的奇迹；改制第二年，公司产量、销量、利润等指标大幅度攀升，部分指标达到或超过行业和历史最好水平，实现了产量、利税、员工收入全部翻一番，生产经营彻底逃离了“死亡线”，企业走上了快速发展的轨道；改制第三年，公司通过定向增发募集到十几亿资金，增扩公司装备实力水平，相当于又增加扩建了一个大规模的炭素工厂。

在转制后的短短三年内，企业迈了历史性的三大步，跨越了三个飞跃性的大台阶。将一个濒临倒闭的*ST 海龙科技上市公司彻底扭转为目前雄居国内、亚洲第一，紧跟德国西格里炭素和美国优卡炭素公司之后，位居世界第三的炭素强企。方大炭素股票成功摘帽，并进入沪深 300 指数。已成为甘肃省的纳税大户，正在为甘肃省的地方经济发展争做贡献。

从“死亡挣扎”到“生死裂变”，方大炭素为国企的顺利转制再次缔造了一个美丽的神话……

一组闪光的数字也许更能说明这一成就：

●2008 年是改制三年中的最好时期，2008 年产量 80530 吨，比改制前的 2006 年提高 146.14%；2008 年产值 140381 万元，比改制前的 2006 年增长 248.94%；2008 年利润比改制前的 2006 年增 2235.94%。2009 年上半年，尽管受国际金融危机的影响，但上半年还是取得了赢利的好成绩。

●改制前的 2006 年实现利税 1286 万元，改制后的第一年就实现利税 15892 万元，比改制前增长了 1135.76%，2008 年更产生了一个飞跃，实现利税 27845 万元，比 2006 年增长 2065.24%，是 2006 年的 21.7 倍，2009 年上半年已上缴利税 4045 万元。企业从欠税大户一跃成为甘肃省纳税百强企业。

●员工月工资从 2006 年的人均不足 900 元，增长到 2007 年人均 1800 元和 2008 年的人均 2444 元。员工生活发生着重大变化，生活得到显著改善，员工的情绪空前高涨。

●出口创汇取得骄人的成绩。2007年创汇1294万美元，2008年创汇4199万美元，比2006年分别增长76.53%和472.85%。

●经过三年的时间，公司呈现出骄人的发展势头，企业资产取得巨大增长，2009年公司资产达到46亿元，比改制前2006年的15亿元增长了3倍多。公司"有利于政府、有利于企业、有利于员工"的治企理念得以充分体现。

科技创新篇：扬帆起航

成就缘于创新，创新缘于科技。由于方大炭素坚定不移地走科技创新、科学发展之路，促使企业自主创新能力迅速得到提升，为企业发展提供了原动力，带来了加速度。

方大炭素一班人对国内外的市场进行科学调研，反复研究后认为，一个企业，光凭"大"不足以在竞争激烈的市场中有长久的发展，"大"是企业发展的过程，"强"才是企业发展的目的。必须建立以"强"为核心的价值观。在这种认识下，提出必须转变产品结构，企业的产品向高端即生产超高功率、大规格石墨电极和长寿高炉炭砖转变，形成两大拳头产品，以优质的产品保证企业的强大竞争力，以"人无我有、人有我精"的产品保证企业的发展。

之后，企业投入2亿元完成了从日本引进的全国唯一的新压型项目的建设生产，该项目的投产进一步提高公司大规格、超高功率石墨电极的市场竞争力，年生产能力将突破10万吨。投资3443万元对石墨化五、六组炉进行了技术改造，同时从日、英、美等国购进全球最好的针状焦用于生产。

方大炭素公司利用世界先进水平的装备优势，不断填补我国炭素产品的空白点，占领市场竞争的制高点。融资12亿用于企业技术改造。一次焙烧、二次焙烧、炭砖生产线、石墨化炉、高压浸渍、新振动成型等6大技改项目，届时方大炭素公司将形成年产炭素制品总产量20万吨，石墨电极产量14万吨，炭砖4万吨，炭素新材料0.5万吨，其它炭素制品1.5万吨的规模；到2010年项目全部建成投产后，公司将成为实现营业收入超过70亿元，利税超高20亿元的炭素巨人，形成"超大高"电极、"新全精"炭块和"高精尖"新材料三足鼎立的发展格局，稳稳占据全球炭素企业三甲行列，炭素航母的梦想将成为现实。

公司还果断决策，高薪聘请了全世界最优秀的日本炭素专家负责全公司总工艺，对公司炭素工艺持续改进，提高产品质量。通过从2007年至今连续的攻关，不断地总结经验，方大炭素的∮500—700高端产品大规格石墨电极的成品率达大步提高，市场份额不断扩大，成为了方大炭素两大拳头产品之一。

方大炭素公司积极实施多元化发展战略，用多条腿走路。在稳固保证电极传统产业的同时，公司科研开发不停步，大力发展炭素高技术、高附加值产品，优先发展炭素新材料，重点发展炭砖。2008年高炉用超微孔炭砖研制项目喜获成功，此项目在当年分别获得国家、省、市科技进步奖，公司在炭砖市场上又迈出了稳健扎实的一步。目前，高耐蚀长寿炭砖、高导热超微孔炭砖等科研项目正在研发之中，成功后又将成为方大炭素占领高端市场的拳头产品。另外，核电堆内构件的研制已取得突破性进展，公司的发展触角又伸向了高端的核电领域，使公司又增加了一个强有力的经济增长点，为企业的腾飞又插上一只翅膀。目前，一项重大科研基础性项目——国家认可炭素检测实验中心正在建设之中。

随着方大炭素公司的迅速壮大发展，其在全世界炭素行业中知名度越来越高，许多外商纷至沓来，罗马尼亚的阿赛烙—米塔尔公司、韩国的现代、浦项公司、马来西亚的金狮集团、俄罗斯德塔钢厂、西班牙的CELSA公司、俄罗斯的TSM公司等近三十家国外企业和经销营商主动寻求贸易合作和产品购销，产品销往欧洲、亚洲、美洲的许多国家和地区，甚至将销售的触角伸到了遥远的非洲大陆。

持续不断的技术创新，持续不断的设备更新，凸现了方大炭素的创新优势。据中国炭素行业协会统计结果显示，方大炭素的利润占整个国内炭素行业的45.74%，成为名副其实的中国炭素航母。

如今，方大炭素基于四十多年炭素制品的研发、生产、经营历史，建立和健全了与炭素制品研发、与生产特点相适宜的研发、生产、质量、设备、安全环保等管理体系。已经取得了ISO9001质量体系认证证书，产品质量达到了国际标准，公司整体工艺技术能力达到国际先进水平。特别是2008年公司成为国内唯一一家允许生产高温气冷堆堆对内构件的厂家，从此打破了核反应堆内构件由国外一统天下的格局，为祖国的国防建设贡献一份力量。

节能减排篇：环境优先

方大炭素是一个高耗能企业。推行清洁能源，淘汰落后工艺，走节能降耗新路成了这个改制后的“新企业”绕不过去的坎。

“以前，在厂里你一擦脸，纸都是黑的，现在你看，多干净”，方大炭素公司一位副总经理一边在自己脸上比划着，一边说，“污染主要来自粉尘和烟气，现在把它们收集起来，用来赚钱了。”

如今，节能减排已成为方大炭素提升竞争力的自觉方向。

在狠抓经济效益的同时，公司始终不忘一个企业的社会责任，在节能减排，美化环境方面舍得花钱，舍得投入。先后投入资金1.068亿元用于节能减排改造项目，完成了老压型、新压型通风系统、焙烧静电除尘系统等6项大的粉尘减排改造，全部达到了国家排放标准，解决了国企多年留下的老难题。还了海石湾一方蓝天，一块净土。

公司对厂区内路灯进行了改造，由原来的自整流汞灯改成了节能灯具，年节约用电16.32万千瓦时；充分利用压型厂四台回转窑产生的余热，即节约了原煤，又大大减少了因燃煤产生的污染物排放。

三年来，方大炭素公司以市场为导向，依靠技术进步和强化管理，加快产品结构调整，继续做优做强大规格、超高功率的石墨电极和高炉炭块，发挥公司的装备优势和规模优势；同时瞄准以特种石墨材料、炭炭复合材料和核石墨为主的炭素新材料开发和研制，形成优先发展炭素新材料，重点发展炭砖，稳定发展石墨电极的整体发展思路，走出了以科技创新带动企业发展的产业化、资源节约型、环境友好型可持续发展之路。

有了好的效益，还要有好的生活环境。

改制之初，方大集团董事局主席方威就提出要把方大炭素公司建设成为一座花园式的工厂。三年来，公司在美化、亮化、绿化工厂方面写下了大手笔，共计投入近三千万元用于整治企业环境。所有厂房粉刷一新，厂内马路全部翻新重铺，所有道路架设节能路灯，无用的建筑全部拆除，留出空地用于绿化。所有空地种草种树，黄土不露天。改制前企业的绿化面积只有8万平方米，改制后的绿化面积达到18.48万平方米，增加了10万平方米的绿化面积。为此，公司荣获了“2008年度兰州市园林绿化先进单位”荣誉称号。

企业的面貌发生了天翻地覆的变化，在组织原兰炭老职工参观厂区时，许多老职工惊叹：不认识路了！

社会责任篇：奉献爱心

方大炭素公司在自身获得发展，取得巨大经济效益的同时，不忘回报社会，向社会积极奉献爱心。

三年来，方大炭素先后向驻地的兰州市第七十中学和红古区海石湾第三小学捐款40万元。

2006年—2008年两个采暖期，公司先后无偿投入3000多万元承担了应由社会承担的原兰炭各住宅小区及办公区的“三供”（供水、供电、供暖）及各住宅小区的物业管理工作，对在特殊时期的兰炭集团和当地社会的和谐稳定做出了巨大贡献。

为了帮助甘肃省内贫困晚期癌症患者，方大炭素每年出资100万元与兰州大学第二附属医院、兰州市慈善总会于2008年1月共同合作成立了“方威基金会·兰大二院宁养院”，免费向贫困晚期癌症患者进行镇痛治疗、心理辅导、护理指导的临终关怀，成为了甘肃省内贫困晚期癌症患者首选的慈善机构，目前已收治400多名甘肃省内贫困晚期癌症患者。

2008年5月，四川特大地震灾害发生后，党委积极组织全体员工向地震灾区捐款，先后累积捐款800万元，组织党员交纳特殊党费38787元。同时参与组建了一支以党员为主的抗震救灾志愿者服务队，赴四川参加抗震救灾，出色地完成了各项救灾任务。按照集团党委、行政的指示，联系协调了方大集团在陇南地区援建10所希望小学工作，目前10所学校已经全部竣工。并组织开展了向地震灾区“送温暖、献爱心”捐助活动，共捐款2713元捐助衣物、棉衣被褥4586件。企业的善举赢得了社会的广泛赞誉，在社会中树立了良好的形象。

在企业内部，方大炭素的员工最津津乐道的是：作为民营企业，他将所属企业的300多名干部、党员、优秀员工送入中央党校深入学习党的十七大精神，这在政府机关和其他民企是很难企及的；作为民营企业，发给员工的福利比国企还要好；作为民营企业，职工食堂普通工人的工作餐是“四菜一汤”标准，且只收2元钱；作为民营企业，员工工资每迟发一天，总经理就地免职；作为民营企业，面对声势浩大的金融危机，董事局方威主席果断决定不裁员、不放假，全集团公司上下都以从容不迫的积极心态面对金融危机……

方大炭素公司把培养员工爱厂如家、不断调动员工积极性作为发展企业的重要内容常抓不懈，在关心员工方面做了大量的实质性的工作。如，除工资外，每月还要补贴300元的菜篮子钱；每逢传统节日都要发放福利品；每月给员工60岁以上父母（包括原兰炭老职工）每人发放100元生活补助，惠及1400多名离退休老职工和老年人；每年为员工上高中的子女报销学费；家属区澡堂免费向员工家属开放……同时，开展了扶贫帮困活动，三年中先后救助困难员工

92人，发放救助金10万多元，慰问补助员工5.2万多元。一系列的温暖之举，深深温暖了员工的心，感染了员工的情绪，让员工感受到了方大炭素这个大家庭的温暖。员工爱厂之心油然而生，工作积极性和工作热情十分高涨。

党建活动篇：形成合力

改制前有人对民企的党建工作报以怀疑态度，认为民企不就是要做到效益最大化吗，党建工作是否是个虚设呢？改制后，广大员工彻底改变了看法，民企的党建工作不但很务实，而且很到位。

董事局主席方威在视察企业时，多次提出，无论民营还是国有都是在中国共产党的领导下，我们要听党的话，跟党走。

公司积极践行以党建为魂的企业文化建设，走出了一条崭新的民企党建之路。按照辽宁方大集团党委“保证、创新、规范、求实”、“党建经营人心”的指导思想和公司党建工作“双培、双建、双目标”的要求，即坚持“围绕生产经营抓党建、抓好党建促发展”的指导思想，把经济工作中的难点作为党建工作的主攻点，把生产经营过程中的员工思想热点作为党建工作的研究点，把经济工作和生产经营目标的完成作为党建工作的落脚点，走以质量建党为要点、以“双目标”（党支部目标管理、党员目标管理）为载体，确保党的政治核心作用不能改，党的优良作风和优良传统不能忘，党组织在企业的核心地位和战斗堡垒作用不能丢，党员的先锋模范作用不能少，为职工谋利益的信念不能变的新型党建之路。

作为民营企业，为了强化广大干部员工对党的十七大精神的学习，2008年方大炭素公司邀请省委党校教授来公司进行宣讲，并按照集团公司的统一要求，公司专门组织7批32名中高层干部、优秀党员参加了赴北京中央党校的学习，此举进一步提高了企业对党的十七大精神的领会和贯彻力度，加强了对各级人员的党性培养。在中央党校学习结束后，由新华出版社出版了《党建在方大》一书，系统总结了方大几年来对搞好党建的体会、经验和思路，刊登了接受培训党员干部的心得体会，得到了各级党委的肯定和赞誉，成为广大员工温习的榜样。为了展示员工积极向上的精神面貌，公司自行组织编辑出版了《我与方大共奋进》一书，普通员工成为了书中的主角，绘声绘色的表述，再次展示了方大人的工作风采。

每年三八妇女节，公司所有女员工都得到公司党委亲自送来的一束美丽的康乃馨，七一建党节、八一建军节，党员、复转军人都会得到组织的慰问，以座谈会等多种形式增进大家的感情，以高度的热情投入到工作中。通过庆“三八”女工表彰座谈会为女工送花，庆“五一”拔河比赛，庆“五四”青年演讲比赛，参加市、区运动会和青运会等多种活动的举办与参与，增进了企业与员工的交流，使员工玩得开心，工作舒心，生活顺心。

产业报国篇：制造典范

三年中来自政府各部门的一块块熠熠发光的奖牌，记载着方大炭素公司的辉煌成就。

回顾过去，企业改制能够成功源于三点：一是在市场经济下，党和政府的改革改制的积极政策；二是在国有经济向非公经济历史性转变过程中，各级政府的积极引导和大力支持；三是方大集团董事局方威主席果断、正确的决策，以及民营先进的办企理念、严格的管理制度和先进的管理模式。

展望未来，公司将继续坚持以科学发展观为指导，在集团董事局主席方威为核心的董事局领导下，紧紧瞄准“产业报国，打造中国炭素航母，打造世界炭素旗舰”的企业发展目标，遵循办企业要有利于政府、有利于企业、有利于职工的企业价值观，坚持“以人为本，诚信为先”的企业精神，践行“取之于社会，回报于社会”的企业宗旨，以生产经营为中心，为将方大炭素打造成甘肃省的一张优秀企业名片而再接再厉！为将方大炭素树立为甘肃省名企中的优秀典范而不懈努力！为将方大炭素塑造成为世界一流炭素知名企业和振兴中国的炭素事业而努力奋斗！

2008 年方大炭素进入兰州工业 100 强，排在前 12 位。由于对地区经济发展贡献突出，2009 年被省政府重点列为受扶持企业，在 23 家受扶持企业中，方大炭素公司是唯一一家民营企业。

“三个有利谋方略韬远，三个团结铸大成基业”。回首过去，方大炭素人思绪万千，激情满怀；展望未来，方大炭素人信心百倍，斗志昂扬。

方大炭素，一个坚强而果敢的名字，一个富有科技实力和社会责任感的公司，一朵优秀的民营企业之花。

目前，方大炭素公司面对金融危机的挑战，变危为机，抢抓机遇，发挥集团资金充足、技术先进、设备精良的优势主动出击，积极应对，采取各种强有力的措施，努力稳定员工队伍，眼睛向内，调整战略，采取积极措施，放手发动群众，紧紧依靠员工的智慧和力量，群策群力，在战胜困难、迎击挑战的顽强拼搏中，赢得了先机，公司正以不可阻挡之势，大踏步向前发展。

方大炭素人坚信，在各级党委、政府的关心支持下，在方大集团“三个有利”、“三个团结”的正确指引下，公司将胸怀产业报国之志，坚持以科学发展观为指导，紧紧瞄准“打造中国炭素航母，打造世界炭素旗舰”这一宏伟蓝图，凝聚人心，提振人气，顽强拼搏，迎难而上，团结一心同努力，携手共进创伟业。方大的明天必将更加灿烂，员工的生活必将更加美好，方大炭素必将会崛起在世界炭素之巅！

主编点评：

从海龙科技到方大炭素，从国有企业到民营企业，这次“转身”是甘肃省国有企业改制重组的一个样板。它带来的不仅是企业效益提升、职工收入增加，更重要的是带来了企业的定位转变和信心增强——由一个地方企业在十年内成长为全球炭素强企。

因为方大炭素人明白，一个企业，光凭“大”不足以在激烈的市场中有长久的发展，“大”是企业发展的过程，“强”才是企业发展的目的。企业必须建立以“强”为核心的价值观。

如今这个梦想是那样的清晰和强烈，为了新的梦想，方大炭素人逆势而上，勇立潮头。

涅槃之凤

左玉丽

相传，当凤凰在生命将尽之时，便会集香木而自焚。它以火焰作养料，在烈火中亦舞亦蹈燃烧殆尽，终又在灰烬中获得重生。

昔日资不抵债、濒临破产的兰石总厂，以“分块搞活”为突破口，深化体制机制改革，历经了至极的改革阵痛，短短五年多时间便彻底扭转被动局面，恰似凤凰涅槃，浴火重生！

一

兰石是共和国的长子。1953年，前苏联专家援建了中国156个项目，兰石就占了其中两项。

兰石有过辉煌的历史，是共和国最早的石油钻采机械和炼油化工设备生产基地，曾经为我国石油工业做出过突出贡献。

20世纪90年代中后期，兰石成为全省闻名的特困企业，到2000年底，累计亏损3.8亿元，资不抵债，生产经营基本停顿，陷入了举步维艰的困境。

2001年2月21日，省委、省政府调整了兰石的领导班子，贾子俊从金川公司来到兰石，出任兰石的总经理、党委书记。

尽管有心理准备，但兰石的困难程度还是让贾子俊大吃一惊：

厂房破旧，垃圾遍地，到处杂草丛生，整个一副苍凉败落相。车间里是陈旧的设备，也看不到几个人在干活。

企业负债率高达107%，欠335户供应商1亿多元，客户成天上门讨债，讨不上就起诉，最多时，一个月有6起官司缠身。

职工7个月没有领到工资，生活难以为继，人才大量外流，一年解除劳动合同500多人，3年走了2000多人。

在21世纪，兰石的通讯仍然是20世纪五六十年代的人工交换台，外面打不进来，里面打不出去。

职工住房条件十分困难，相当一部分人还住在前苏联人盖的大屋顶三层楼里，三四户十几口人共用一个厨房、一个厕所，每天早上上厕所要排队。

在决定兰石生死存亡的关头，贾子俊毅然扛起改革的大旗，决心与兰石全体职工一道，重铸兰石！

二

和所有的老国有企业一样，兰石背负着沉重的包袱，盘子大、冗员多、离退休职工多、社会福利设施负担重。

兰石集团总经理助理刘文成说：当时兰石总厂的体系非常全，除发电厂、火葬厂外，中学、小学、幼儿园、技校、职工大学、医院，样样都有。而且是一块牌子、一个法人。2000年，因为欠款不还，兰石被客户告到法院，法院封兰石的账，一封就是29个账号，其中包括用于入托孩子食堂的账号。

而体制、机制方面的弊端，更是阻碍兰石发展的沉疴。兰石的主打产品钻井机械和炼油设备是不同的两个类型，就是总工程师，也都要配备两名。可就在这样的大企业，决策权压在一个人身上，权利高度集中，政策高度统一，风险高度集中。当时还是一名技术员的兰石集团炼化公司经理张璞临说：出差报销差旅费，需要总厂厂长签字。厂长又忙，经常找不到，有时候签个字要等七八天。

在认真系统分析兰石现状和面临的困境后，贾子俊和兰石党委一班人形成了清晰的共识：兰石不改革、不打破旧体制就没有出路。在集团整体突破困难较大的情况下，兰石做出了具有战略意义的决定：精干主体、分块改制。

贾子俊这样比喻：就好像一家人，兄弟姐妹七八个，都靠老爹老妈养活，能干的没有积极性，懒惰的还得养着，分灶吃饭就是必然的选择。

根据各生产经营单位的资源状况、市场前景，兰石“一厂一策”，对不同的产品单位分别进行中外合资、引入民营资本、经营者持股等多种形式的以“产权多元化”为核心，以“经营专业化、组织公司化、产权多元化”为基本原则的重组改制，建立了“产权明晰、权责明确、政企分开、管理科学”的现代企业制度。

2001年2月，石油钻机制造部分同世界最大的石油制造商美国国民油井公司合资，组建了兰州兰石国民油井工程有限公司；

2001年11月，炼化设备制造及热加工部分与华融资产管理公司以“债转股”的形式合资成立了兰州兰石机械设备有限责任公司；

2002年4月，原兰石总厂板式换热器分厂被确定为全厂产权制度的试点单位，率先引进民营资本500万元，合资组建兰州兰石换热设备有限责任公司；

2003年初，四方容器厂与兰石机械制造公司容器厂优化组合，实施了整合重组；2004年9月28日，兰州兰石四方容器设备有限责任公司正式挂牌；

2004年，中港合资的兰州石油化工机器工程有限责任公司成立，形成了有外来资本、国有参股，公司经营者、技术和管理骨干持相对大股的产权多元化的资本结构；

截至2005年9月底，兰石引进了12个外来投资者，相继组建了18个二级公司，4个三级公司，引进资本1.43亿元，债转股1.2亿元；完成员工身份置换2525人，形成了以产权为纽带，以两级法人主体为特征的母子公司管理体制。在改革过程中，不仅做强了主业，也做活了辅业，实现了“主辅分离”的目标。

“在现有体制下，即使哪里出现问题，也仅仅是局部问题，不可能影响兰石的全局，更不可能出现原体制下一着失误、全盘皆输的情况，也彻底解决了把一个几千人的企业命运系在一个人身上的问题。”今昔对比，令刘文成十分感慨。

产权多元化这项真正彻底的市场化改革措施，打破了兰石原来国有股“一股独大”僵化的体制弊端，把一个沿袭了几十年工厂制的老国企彻底改造成了一个符合现代企业制度要求的、规范的、母子公司架构的新型集团公司，实现了企业的组织再造和体制创新。

三

如果说体制创新表现了兰石人在改革中的勇气和智慧，那么，把该下放的权力一律下放的举措，彰显了兰石人深化改革的力度和决心。

为了给二级企业独立自主地参与市场竞争、自我寻求发展搭建良好的体制平台，兰石集团把责任、权力、利益都不折不扣地落实到二级企业，让他们充分享受独立法人地位及其所应享有的权力，实现了“企业经营发展的自主权利由企业自己决定，发展目标由企业自己规划，用人权由企业自己选择，利润分配由企业自己确定”的目标。

兰石机械工程公司总经理杨彦麒说：“原来资金由集团统一管理，公司拿到订单非常着急，要去买材料，但集团没有钱给你，或者把钱用到别的地方去了。现在，自己的大事由董事会决定，不再受制于任何一方，市场有任何变化我们都可以快速作出反应。什么产品最能赢利，我们就马上组织生产。”

换热公司副总经理李英昆说：“以前需要进人，首先要向总厂申报，总厂根据新来人员的情况统一分配，有时候分来的人不是自己需要的人。现在，进多少人，进什么样的人，都由公司自己决定。”

对公司来说，集团不再是压在自己头上的“婆婆”，而是公司发展的“保护层、隔离层”。

刘文成说：“集团把所有的包袱都留给自己，让子公司轻装上阵，一心一意搞发展。”

四方公司党总支书记陶树森告诉记者，2006年，四方公司建新厂房需要资金，集团公司还出面与银行进行了协调。

国民油井公司总经理张志明说：“分块搞活，细分了市场，使各个产品都能面对各自的客户，根据市场起伏灵活采取各自的战略；而下放权力，则使集团从工厂制下的直接管理、微观管理、统一管理转为公司制下的间接管理、宏观管理、区别管理。”

一系列的改革措施，使集团的主要生产经营单位在体制上、经营上与集团母体和辅业企业彻底分离，使所有公司真正实现了“自主经营、自我发展、自负盈亏、自我约束”。

“以前我什么都要管，要管生产、要管经营、要管市场，现在我只要集中精力考虑大事，考虑集团的重点，管品牌维护、管战略制定、管企业文化建设、管资源配置。”贾子俊说。

随着企业重组改制的快速推进，长期积累的历史包袱堆积到一处。承载包袱的兰石总厂作为兰石集团的全资子公司，成了兰石集团的沉重负担。为了最大限度地化解这个危险源，确保兰石集团来之不易的发展成果，根据“存续退出”的原则，2006年4月17日，兰石总厂政策性破产按计划终结。

四

打破了体制机制的瓶颈，解除了制约发展的桎梏，甩掉了沉重的历史包袱，兰石犹如插上了腾飞的翅膀，经济总量连年增长，销售收入由徘徊了几十年的

3—4亿元增长到2005年的15.85亿元，5年翻了2番多；2005年1—9月，集团完成工业总产值17.22亿元，预计全年可完成产值20亿元。

在兰石钻机试验井场，工人们正忙着为即将出口的理想钻机进行工业性试验。国民油井公司人力资源部的王立言说："过去这里只有3个总装台，现在有7个总装台；过去一年只能生产十几台石油钻机，今年已经有40台最先进的理想钻机出厂。"

通过引进美方先进的技术和管理，实施国际化经营战略，调整产品结构等措施，2005年，国民油井公司的产值、销售收入和利润均比2004年增长了50%左右，2005年上半年，公司的产值和销售收入又同比增长89%和105%。

兰石国民油井公司COO(首席运营官)大卫·布朗说："兰石国民油井公司现在是美国国民油井公司非常重要的组成部分，理想钻机是美国国民油井公司3年前才设计出来的，目前全球只有兰石国民油井公司生产。"他还告诉我们，美国国民油井公司成立100多年来，董事会没有在美国以外的地方开过。因为兰石国民油井公司良好的业绩，2006年他们的董事会将在北京举行，而且董事会成员将专程来兰石国民油井公司考察。

在兰石机械工程公司总装车间，6000平方米大的车间显得气势恢宏，工人们正忙着进料。公司副总经理蔡玲告诉记者，10月出口美国、阿根廷的44台抽油机刚刚发出，现在公司正准备下一批生产任务。

金结车间的李俊杰说："活多得干不完，加班是经常的事。虽然辛苦点，但随着产品产量的增加，工资收入也成倍地增长，心里还是很高兴。"

企业发展了，职工成为最大的受益者。广大员工从自身变化中感受到兰石的发展，从发展中得到了实惠。

过去离开兰石的许多人又重新回到兰石。兰石机械设备有限公司财务部副部长张俭就是其中一个。1997年，考上评估师的张俭离开兰石，在外面一干就是10年。2005年6月，他放弃了薪水可观的工作，重新回到兰石。"这里更能体现我的价值。"张俭这样说。

2004年7月，董少波从西安工程科技学校毕业时，他的同学大部分去了南方。董少波选择来到兰石，同学们都不理解。两年多过去了，董少波不仅成为了装配车间的见习副主任，而且涨了5次工资。那些曾经笑话过他的同学，现在都想来这里工作。

这5年，兰石员工的收入由2000年的人均6478元增加到2005年的人均17750元，增长了近3倍。

润安房地产开发公司副总经理赵红2004年住院动手术，花了6000多元，自己只掏了200元的卫生费和床位费。为解决“看病难”，兰石为职工先后办理了基本医疗保险、补充医疗保险和大病互助保障，职工生病住院基本上不用自己花钱。

经过重新整合土地资源，兰石对住在楼龄40多年的老福利区的职工进行搬迁，腾出脏、乱、旧、危的东福利区进行房地产开发。两年多时间，完成了职工安置还建楼建设18万多平方米，安置职工2000余户，使这部分职工的住宅面积由2000年的户均35.54平方米增加到2004年的87.94平方米。

为帮助工资低和退休早的困难家庭，兰石筹集40余万元，并组织职工捐款，设立了扶贫帮困基金，2005年已发放帮扶款3次。

走出了困境，实现了跨越式发展，兰石人把目光投向了更加高远的蓝天。

2005年底，兰石确立了用3年时间将兰石建成全国知名的石化机械工业园区的奋斗目标。

兰石，正在奋斗中实现新的崛起！

主编点评：

兰石的重铸，是一个国有企业经历了改革阵痛后的裂变。改革需要勇气和智慧，在生死存亡关头，兰石人扛起了以“分块搞活”为突破口的深化体制机制的改革；改革需要力度和决心，该下放的权力一律下放。

有了如此勇气和智慧的兰石人，把裂变处理得和风细雨；有了如此力度和决心的兰石人，又把裂变张扬到让人感慨的地步。

钢班子　铁队伍

张　鹤

2008年1月1日凌晨5时，跟往常一样，瓦斯检查员史福来顶着零下15摄氏度的严寒，下到1000多米深处的王家山4号矿井，开始了他新的一年煤矿安检工作。

安全是煤矿最大的政治。2007年，靖远煤业集团公司实现了0.1的百万吨死亡率，创全省煤炭安全最高水平，步入全国先进行列。

安全使煤矿效益达到最大化。2007年，靖煤集团生产原煤910万吨，生产和销售双双实现历史最高水平，企业发展迈入“黄金期”。

271名中层干部

“用钢的班子带出铁的队伍。”靖煤集团董事长、党委书记毛鹏茜的这句话已经渗透到集团全体员工的心灵深处。

2007年4月9日、5月10日，靖煤集团200多名副处级以上行政、党委干部首次持聘书、任命书上岗，为毛鹏茜的干部管理理念作了最好的注解。

“接到聘书的那一刻，我的心里沉甸甸的。”靖远煤电公司经理、王家山煤矿矿长陈虎的聘书是第61号，一直竖立在书柜里，抬头就可以看到。

“这是一种警示。”陈虎说，集团很多中层干部都把这个“红本子”放在办公室最为显眼的位置。“看着它，就像有千万双眼睛盯着你。”

对此，手持任命书的集团甘煤第一工程公司一位中层管理干部感触尤深：是走在工作前面，还是跟在工作后面，这是一个单项选择题，选择了后者，你只能被淘汰。

从领导开刀，让基层职工群众在“热闹”中看出了“门道”。红会一矿矿工周继钢的话很有普遍性：“领导们带来的是压力，我们感到的却是动力，因为这是大家共同的事业，做好了，我们才能吃到更香更甜的饭。”

井上在变，井下繁忙的气息也隐约可察。很快，无形的压力变成了无穷的动力，集团下属的几个生产矿在短短的时间内迸发出强大活力，生产形势出现大逆转。

百万吨死亡率0.1

只有来到距离地面1000多米以下的矿井中，对于安全二字你才会有切肤之感。

作为一个在甘肃省煤管局和省属华煤、窑煤、靖煤三大煤炭企业担任过一把手的煤矿人，毛鹏茜下过无数次矿井，下过各种各样的矿井，他深知煤矿安全意味着什么。

2007年，靖煤集团召开的第一个会议就是“安全生产会”。“安全是企业的大局、安全是关系民生的基本要求，在安全这个原则性问题上，绝不能姑息迁就，谁都不能让步。”毛鹏茜年初的讲话至今还让矿长们记忆犹新。

带着对矿工兄弟生命高度负责的态度，集团一班人以身作则，抓安全、抓制度、抓矿井工作面的采掘接续，一切从细微处着手，不搞浮夸，不搞面子工程，特别在煤矿安全生产制度建设和具体工作中体现得淋漓尽致。

靖煤集团独创的“六大安全责任体系”，是他们的“得意之笔”。它就像一个框架，支撑起了全体员工的安全概念，安全意识实现了时时化、人人化。

宁听“骂声”不听“哭声”。冒险的活不干、违章的话不听、带血的钱不拿。谁的安全责任制履职不到位，谁就要丢面子、丢票子、丢帽子、丢位子、卸担子。一个个“不”字令，让每一个靖煤人在一切有害于安全生产的行为面前学会了说“不”。

史福来是一名普通的瓦斯检查员，他说的“不”字可能最多。每天早晨，他都要和机械员、电工等工人一起下井。“板着脸，不留情，不给面子，稍有不对劲，‘不’字就要说出口。”

说“不”字的还有集团向各矿派驻的安全检查监督人员。有人形象地说他们是安全“钦差大臣”，他们把集团高层的安全要求“一竿子插到了井底”。

领导“支招”，干部“领招”。井上“出招”，井下“使招”。井上井下浑然一体，安全和生产相得益彰，全集团创下了百万吨死亡率为0.1的新纪录。而百万吨死亡率，2007年全国为2.04，甘肃省为2.54。靖煤安全创下了全省煤炭安全最好成绩，步入全国先进行列。

1亿元关注民生

半年前，张丽平在面对记者镜头时一愁莫展，而如今，她已是一脸高兴。她和她的家庭生活在这半年多时间里发生了可喜变化。

原来，张丽平所在的红会三矿实施政策性破产，破产重组后的红煤公司由于资源枯竭、证照不全、安全无保障、职工队伍不稳定、经营难以为继。她和丈夫都在矿上，生活一下子没有了着落。而且，时任矿中层干部的她突然感觉到了命运的急转直下——没有了职位不说，工资还发不出来，生活没有了保障。

和张丽平同样遭遇破产下岗的原红煤公司还有700多人，加之其他单位职工共计3000多人，他们的现状一时成了焦点。

而所有这一切，已在集团高层的视野之中。目前，张丽平和她的丈夫，还有700多名下岗职工都顺利走上了新的岗位，其他单位破产后生产生活困难职工也得到了重新安置。

进入高层视野的还有一线矿工。改善他们的洗浴条件是第一个要做的功课。集团麾下的几大生产矿几乎在同一时间翻新扩大了洗澡堂，桑拿室、冲浪浴也出现在了矿工们的面前。

每次下井时，矿工们都会穿越安全文化长廊，两边有他们的全家福照片，有"矿长嘱语"、"妻子心语"，一声声叮嘱，一句句牵挂，让矿工们把全部心思用到了井下。

小小细节体现出的是集团领导浓浓民生情。前不久，由集团投资动工修建占地7108平方米共计105套住宅，解决低收入特困职工家庭住房问题，并为1000户住房条件差的职工开工建设住宅小区；给1万多名井下职工增发井下补贴和劳保用品；给全体上班职工增发出勤补贴，提高收入，给1.5万多离退休人员在按时发放养老金、统筹外补助和医疗报销之外，发放了慰问金。

接近年关，毛鹏茜透露，集团近期还将筹资1亿元，解决安全生产问题和提高职工生活待遇。他说："提高员工生活水平是企业发展的终极目标。"

主编点评：

不要带血的GDP，宁听“骂声”不听“哭声”，是管安全的人常说的一句话。其实井下的安全实质上反映在井上的变化。用钢的班子带出铁的队伍，能在一切有害于安全生产的行为面前学会说“不”，是靖煤集团在井上所发生的变化。因为他们深刻领会其中的辩证法：安全是煤矿最大的政治，也是煤矿效益最大化的保证。

领导“支招”，干部“领招”；井上“出招”，井下“使招”。井上井下浑然一体，安全和生产相得益彰。这或许对时下矿难频发的企业有些借鉴作用吧。

破冰之旅

杨世智

甘肃铝工业基地，曾雄居中国铝工业的“头把交椅”20年之久。然而，受各种因素的制约，甘肃铝工业一度陷入前所未有的困局。

甘肃铝工业再一次寻找突围之路。

这一进程虽然艰难曲折，但从着眼于搞好单个企业，到着眼于搞活整个行业，改革者认识上的飞跃，最终使甘肃铝工业走出了一条不同寻常的发展之路，也给甘肃工业的发展带来了诸多启示。

优势与短板

新中国成立后，甘肃建设了当时全国最大的水利电力枢纽工程——刘家峡水电站，并依托丰富的煤炭资源设立了多家火电厂，使甘肃成了全国的能源基地之一，能源廉价而富余。50年前，全国各地的优秀人才聚集兰州市西固区黄河之滨，创建了甘肃第一家铝冶炼厂——兰州铝厂，进而拉开了甘肃铝工业发展的序幕。随后，连城铝厂、白银公司铝厂、甘肃铝业、西北铝加工厂相继诞生，支撑起了甘肃铝工业的大厦。尽管地处偏僻，但在计划经济时代，拥有能源之优却无原料供应和产品销售之虑的甘肃铝工业，以占全国铝冶炼1/4产能的规模独领中国铝工业风骚20年。

然而，随着市场经济的到来和国家限制“两高一资”企业发展政策的出台，甘肃铝工业发展的优势逐渐消退。相反，“木桶原理”中那块限制企业发展的“短板”开始显露了出来。一是原料供应与产品销售“两头”在外，企业不时陷入“无米下锅”的境地，甘肃仅有的一家铝深加工企业西北铝加工厂，也不能“吃”下全省所有铝厂生产的铝锭，铝产业链只有短短的一截，产品附加值不高。在此情况下，企业抗风险能力被严重弱化，为解决生存问题而疲于奔命成为各家企业最真实的写照。二是发展资金短缺，既无“外援”又无“内补”的融资状况使得企业“贫血”现象严重，不时陷入“无钱买米下锅”的境地。

面对已经丧失的优势，甘肃铝工业到底该走向何方，成为业内人士和社会各界思考的问题。

企业与行业

面对困境，各个企业首先想到的是，单兵突破。

连城铝厂，1974年建成投产时，就以6万吨的电解铝产能位居全国八大铝厂之列；“九五”期间，经过整体改制成为国有独资的连城铝业有限责任公司，拥有了现代化的企业体系。“十五”期间，该企业围绕“抓项目、求发展、拓展营销渠道，全力以赴把连铝做大”的目标，将产能提高到了28万吨，实际产量位居甘肃第一。

兰州铝厂，1999年设立了兰州铝业股份有限公司，兼并了连续亏损7年的全国三大铝加工企业西北铝加工厂，并通过运用上市募集的资金进行了电解铝和铝加工项目的一系列重大技术改造，以铝为中心进行铝产业的纵向整合。2004年，电解铝产能达到16万吨、铝加工能力4.4万吨的兰铝，成为了当时国内最大的铝冶炼加工一体化联合企业。

然而，单兵突破并没有使甘肃铝工业整个行业的命运发生转折。2003年以来，国内氧化铝供应紧张，供应缺口占到了总需求量的一半以上，且氧化铝价格与电价相继上涨，甘肃铝工业生产经营面临着严峻形势。连铝原料15天的安全库存曾一度下降到3天，而兰铝的原料则史无前例地出现了连续3个月的零库存。同时，资金短缺也困扰着企业。2004年，国家批准了兰铝3×300兆瓦自备电厂项目，总投资43.2亿元，这绝非兰铝自身力量能够完成，而电价的上涨又使其成本每年增加约7000万元。

对于甘肃铝工业的前途，一些人悲观地评价道：“不改革是等死，改革是找死。”

对接与提升

实践证明，思想上的不断解放能带来认识上的突破，进而会给改革带来“柳暗花明又一村”的转机。

2002年，省委、省政府开始实施“工业强省”战略，拉开了甘肃新一轮国企改革的序幕。与各个企业单兵突破不同的是，“工业强省”战略更注重搞活整体国有经济。以往人们更多是站在物资的角度看国企，看到的多是困难和问题，但“工业强省”战略从资本的角度看问题，所谓“包袱”其实都是甘肃国企几十年来积累起来的“财富”。企业家们认识到资本的本质是增值，而增值的条件是流动，甘肃国企的“病源”多源于资本缺乏流动。为此，“工业强省”战略指出，我们必须采取“靓女先嫁”、优资先股、强企控股等产权多元化的方式，为企业开辟资本运营之路。

2005年，兰铝成为第一个“先嫁”的“靓女”。与以往企业间的资产重组不同的是，甘肃省将甘肃铝工业整体资产的运营当作了兰铝的“嫁妆”。“娶嫁”过程分为三步：

第一步，审慎抉择。这是最关键的一步，经过选择，国内最大的氧化铝供应商中国铝业有限公司以7.67亿元的价格，受让兰州铝业股份有限公司28%的股份，成为其第二大股东；2007年，国务院国资委同意中国铝业无偿接受兰州铝厂100%的国有产权暨兰州铝厂持有的兰州铝业全部的股权。兰铝完全进入中铝，成为其产业链中的一个接点。

第二步，扩大合作。2006年，省政府批准将兰州连城铝业有限公司的国有产权整体划转给中铝，中铝兼并由原白银公司铝厂改制成立的红鹭铝业。这意味着甘肃铝工业原有的5家骨干企业，有4家进入中铝系统。

第三步，延长产业链。进入中铝旗下，中铝兰州分公司完成了总投资80多亿元的350KA电解铝技改项目和3×300兆瓦自备电厂项目，从而一跃成为电解铝产能达45万吨、发电60亿千瓦时的“铝电”联营大型现代化联合企业；连铝获得中铝近50亿元投资，用于产品结构调整以延长企业产业链和节能减排，原西北铝加工厂、白银红鹭铝业也获得相应投资。

至此，甘肃铝工业与中铝基本完成对接。这一对接不仅解决了原来困扰企业发展的原料供应和资金问题，更重要的是甘肃铝工业从此完成了一个完整的产业链，并且将其提升到了与国际接轨的一个新的产业水平。2008年上半年，受国际国内大环境影响，许多企业经营出现困难，但甘肃铝工业仍保持了良好发展势头。之所以如此，中铝兰州分公司一位负责人评价说：“甘肃铝工业现在的优势，不是电，也不是铝，而是整个产业链。”拿现在与以前对比，他说：“以前总是在小行业圈子里转，现在登上了国际大舞台，不是一个层次。”

主编点评：

对于甘肃铝工业前途的评价由“不改革是等死，改革是找死”到“甘肃铝工业现在的优势，不是电，也不是铝，而是整个产业链”的转变，见证了甘肃省在实施“工业强省”战略前后，对产业调整、企业改革的摸索历程。以往的单兵突破，希望忽现忽隐。现在从整体搞活角度看，很多“包袱”背后其实都是几十年来好不容易积累起来的“财富”。这些资本只是在市场经济条件下缺乏流动而已。症结找准了，资本运营的方式也就清晰起来了。战略不在一个层次上了，发展也就自然不是一个层次了。

“小不点”有大作用

张 鹤

前不久在平凉落幕的全国乡镇企业中小企业东西合作经贸洽谈会上，来自兰州市的众多中小型装备制造企业呼吁，应尽快建立中小型装备制造企业孵化区，扶持中小企业快速发展。

正在全省、兰州市掀起的装备制造业热潮中，一些大型装备制造企业被放到了社会各界关注的前沿，而那些与大型装备制造企业伴生的中小型企业却被冷落一旁。一个不能回避的现实是，大型装备制造企业的发展离不开中小企业，因为，中小企业为它们提供着那些不常用的、小型的、非标准化的机械辅料。

据了解，在省城兰州，常年与兰石厂、兰通厂、兰州电机厂等大型企业合作的中小型注册企业约有200余家，它们每年产生的销售收入超过20亿元，并为社会提供了大量的就业岗位和可观的经济收入。

毋庸讳言，这些围绕大企业生存的小企业，已经成为装备制造业中一支不可或缺的生力军，是装备制造业发展过程中的有益补充。可是，现实情况却是，这些中小企业得不到与其他装备制造业相应的政策扶持和金融支持，并且散落于各个角落，没有一处适合的工业园区“收编”，形不成气候。记者在调查采访中了解到，这些中小型装备制造业主表达意愿最为强烈的是，能够享受相关政策，获得金融机构贷款，构筑中小产业集群，从而推动整个装备制造业链快速发展。

闲置与急需

其实，对于建设类似中小型装备制造企业孵化区的工业园区，已经在兰州市初露端倪。只不过，这仅仅是因一家国有企业的破产改制而引发的。

这家国有企业就是位于兰州市七里河区的甘肃水泵厂。

2005年底，甘肃水泵厂宣告破产。与此同时，根据兰州市国企改革“393”攻坚战要求，在兰州市国资委和兰州市国有资产经营有限公司引导和支持下，进行资产重组，利用闲置厂房、场地，开展租赁经营，引入和吸纳中小型机械加工制造企业，为大型装备制造企业协作和加工制作零部件。没想到，一年后，10多家民营中小企业入驻这里，形成了一个民营企业聚集的工业小区，小区内企业的产值和销售收入远远超出改制前的原甘肃水泵厂的产值和销售收入。

当我们把视角放大到整个兰州市，发现这个工业小区正处于大型装备制造业生产要素的构成范畴之内。原甘肃水泵厂毗邻兰石厂、兰通厂、兰州电机厂等大型机械制造企业，厂区处于兰州市大型装备制造企业的“吸引区”，从装备制造产业链条构成来看，小区符合生产力要素布局——在这里落户的企业符合距离近、成本低、投入小的投资原理。并且，难能可贵的是，园区内的企业也形成了自己独特的产业链：你冷做，我热处理；你铆焊，我机械加工……

随着市场销量的逐步增加，入驻小区的兰州科力机械研究所、兰州智慧公司等积极要求和申请扩大生产基地面积，加上2008年新入园的中小企业，这个占地120亩的园区已经饱和。就这样，还有多家企业找上门，想加入园区发展。可地方有限，这些企业的意愿都没法实现。

但是，园区的周围环境并非如此。

原甘肃水泵厂的“隔壁”有几处大约100余亩的闲置土地，院内杂草丛生，破败不堪，国有资产常年流失。

一边是急需，一边是闲置。

如果能合理有效整合周边国有企业土地资源，将小区周围可开发利用土地吸纳进来，这个为大型装备制造企业协作、加工配套服务的小区，会有多么壮观的发展景象！

存在与理由

兰州智慧公司是一家专门加工铁合金行业铆焊件的非标生产企业。

企业不大，10来个人，一间厂房，却得到了多家铁合金企业的器重，都与它保持着长期的合作关系。

在非标准器件加工行业摸爬滚打多年的兰州智慧公司负责人刘智有一套自己的生存之道：不是大企业什么都能生产加工的，它们需要的那些非标准类配件等，在市场上根本买不到，只能通过我们这些小企业来生产。

“有需求，就有市场；有市场，才能生存！这就是小企业存在的理由。”刘智抓住这一市场空白点，几年前就开始与一些铁合金企业联系，专门为它们生产非标准类铁合金设备配件。

园区内几乎所有的中小企业都与智慧公司有相似之处，那就是，它们的背后都“站”着一个或几个大企业。“有人戏说我们是‘站在巨人肩膀上’的企业。”

兰州科力机械研究所就是一家“站”在大型电力机械企业上的“小巨人”。

兰州科力机械研究所老板张禄和与刘智有着同样犀利的目光——瞄准市场空白，开发生产电力设备。值得一提的是，兰州科力机械研究所进入园区后取得了突飞猛进的发展，在当初租用7000多平方米车间的基础上，今年又准备建设1000多平方米的重型厂房，计划投入600多万元，将成为园区内最“大”的小企业。

存在即合理。兰州科力机械研究所、兰州智慧公司和“工业小区”的快速发展充分说明了这一点。

问题与出路

“工业小区”出人意料的发展，吸引了兰州市管理层的目光。

2008年6月，兰州市高新技术产业开发区将“工业小区”纳入到自己的范畴内，并命名为“秀川工业园”。

无独有偶。9月初，兰州市将七里河区彭家坪新区调整为装备制造产业区，计划用3年功夫将之打造成挺进国内“中等行列”的著名园区。在有关论证会上，专家们普遍认为，占全省75%的中小型装备制造企业将是这个正在规划建设中的产业区的一支重要力量，在构建“一区多园”格局、产业布局分工、实现产业链的连续性和完整性上发挥积极作用。

“秀川工业园”正好坐落在兰州市装备制造业产业区的前沿位置，新的历史机遇再一次来到了园区的跟前。特别是为大企业进行后备服务的定位，更加符合兰州市装备制造产业区规划布局的要求。

机遇就在眼前，可是，园区内众多企业业主却高兴不起来。

记者在采访中了解到，当下，园区内许多企业急需政策、资金扶持，但是，作为兰州市高新技术产业开发区的一个组成部分，“秀川工业园”至今不能享受到相关优惠条件。

对于这个问题，在2008年9月10日省政协召开的推动全民创业与促进中小企业发展论坛上，省政协主席陈学亨认为，中小企业是国民经济的重要组成部分，是一个富有活力的新兴经济群体。认真研究探讨我省中小企业目前面临的种种困难和问题，提出解决这些问题的思路与对策，进一步激发全民创业的活力，对于提升我省经济综合实力，实现又好又快发展至关重要。

“其实，我们这些中小企业要的不多，有了政策，有了资金，肯定会发展得更快，给社会的回报也会更多。”兰州同创机械制造有限公司负责人黄成伟坦言，企业和政策、资金的关系，如同鱼和水的关系，只要有好的创业环境和融资环境，真正做到放水养鱼，“小不点”在工业强省、工业强市战略中一定能发挥大作用。

主编点评：

“小不点”们就是那些站在“巨人”肩膀上的中小企业。它们之所以能存在，就在于任何一个经济体中，作为“红花”的大企业需要作为“绿叶”的中小企业扶植。也就是说，即使在规模经济十分重要的制造业中，中小企业为大企业所提供的零部件以及相关服务，是这些“红花”们成功的必要条件。

另外，中小企业以劳动密集型技术为主，是就业的主渠道；中小企业“船小好调头”，能及时适应需求而调整，这是大企业不具备的优势。

但由于中小企业明显处于弱势，发展所遇到的困难要比大企业多得多，因此，重新认识中小企业的作用，并在政策上更多地倾斜，这对建立和谐社会的当下来说，就具有更为深远的意义。

寻找“隐形冠军”

陈晓军

“隐形冠军”这一概念由德国著名管理学者赫尔曼·西蒙提出。他发现，德国跻身世界500强的企业并不多，但德国为何能成为世界顶级出口大国和经济强国？

经过10年研究，西蒙发现一个惊人的现实——德国整体经济的中流砥柱并不是那些大家耳熟能详的西门子、大众等大集团，而是一些叫豪尼、布里塔、希拉布兰德等名不见经传的中小企业。这些企业高度专注于某一个远离大众视野的行业领域；它们的产品创新遥遥领先于同行；它们雄心勃勃，市场是全德国、全世界；他们甚至占据一个或一半以上的全球市场份额。比如生产家用滤水器的布里塔公司，占据全球同类产品市场份额的85%；豪尼公司制造的卷烟机械，占全球市场份额的90%；专门运送葡萄酒的希拉布兰德公司，占有全球市场份额的60%……

这些企业虽然默默无闻，但它们是货真价实的“冠军企业”。

由此可见，中小企业的市场潜力很大。西蒙将这些企业称为“隐形冠军”。

我省的大部分企业，如按企业拥有员工人数的国际惯例来说，都是大企业；但从规模、资本上来说只能算是中小企业。如果我省中小企业用“隐形冠军”的思维方式来考虑自身发展的状况，也许会发现一些适合自己发展的思路，一些生存、发展的难题也许会迎刃而解。

规模大就是强？

“做大做强”是目前主流商业文化和舆论导向的主题。有些领导喜欢说要把企业“做大做强”，规模大了，产品多元化了，底气就足了等等。政府和舆论往往把企业的成功与快速增长、巨额收入和巨大的规模联系在一起，而将中小企业和高度专注企业（专业企业）视为在总体经济中无足轻重的陪伴角色，就像一道好菜的佐料，可有可无。

记者在采访中发现，不少企业都在寻找商机，也普遍认为多参加一个领域的竞争，就有可能选择一个新的经济增长点。我们经常看到，一个资产过亿元的企业，其产品竟参与到十七八个领域。通过分析不难看出，尽管这些企业规模不小，每年可用于技术开发、新产品研制的投资也不少，但具体分到每个产品，相应的科研资金自然缩水，几十万对新产品的开发只是杯水车薪。同时有不少企业认为，船小好掉头，船大抗风浪，企业规模大了，适应市场变化的能力就会增强。事实上，有此认识的不少企业往往是产业、产品太扩张，战线过长，资源过于分散，很难集中在自己的优势上，结果是产品未精、技术未强，这样七八个帆板扎成的“航母”在市场上往往不堪一击。

中国名牌春兰是一个非常典型的案例。20世纪80年代，春兰是一个纯粹的综合性加工企业，规模很大，从空调、冰箱到电视等电器领域都参与；但由于资金有限，产品过多，投资分散，结果是设备、科研、产品均难上档次，市场开拓难度很大。在充分分析市场和自己的优势与缺点后，春兰“壮士断腕”，把所有的设备和加工厂全部出售，只留下自己最擅长、市场上同类产品技术含量较先进的空调项目，作为企业发展的主导产品。这样，春兰虽然规模在缩小，但从设备到科研的资金却有所宽余，单一产品的科研能力自然比同行业强度大多了。果不其然，几年时间内，春兰就成为全国最大的空调生产基地之一，其技术含量开始领导国内空调市场，所占全国空调市场的占有率跃为前列，并开始左右空调的市场价格。

格兰仕也是从“隐形冠军”起步，成为全球最大的专业化微波炉制造商。现在无论在中国市场，还是在国际市场，格兰仕这个品牌就是微波炉的代名词。

2003年，格兰仕微波炉全国市场占有率达到70%左右，全球的市场占有率达到44.4%，其中欧洲市场占有率近50%，在南美、非洲更占70%以上的市场份额。人们对格兰仕公司规模如此之大表示感叹，但格兰仕以前只是一家乡镇羽绒制品小厂，看到微波炉的市场需求潜力商机后，格兰仕于1992年进入微波炉家电市场，一开始就专心经营此单一项目，规模从1万台、2万台慢慢地滚动发展。随着产量的增加，技术的提高，逐步成为“全球微波炉”的领跑者。

春兰、格兰仕这样的企业，目前已经形成集团的企业组织结构，从产品到资产均已开始了多元化的发展。这些集团的规模和形象很令世人赞赏，但集团的企业结构却不是一步到位的，都是从中小企业一步一步做起，也都是从单一产品一步一步积累起原始资本，才形成现在规模如此庞大的“航空母舰”。即使在形成集团后，他们的主打产品优势仍未薄弱，反而更加强了技术投资，市场份额也在不断扩大。

最近IBM将计算机的PC业务全部交给了中国联想。原因是IBM考虑到整体PC市场开始趋于低利润时期，若加大投资将影响到IBM整体向服务业方向发展的步骤。为了集中资金与技术力量，IBM将10余亿美元的PC整体业务售出已是定势，这需要勇气，更需要对投资和市场的理性分析。

与这些“隐形冠军”起家的企业和国际大集团的理性投资相比，不能不令人想起甘肃的电器企业。甘肃长风在20世纪80年代进入家用电器领域，靠先进的设备和技术在全国同类领域创造了一个品牌，洗衣机、电视和冰箱等产品在西北五省占有相当大的市场份额，并顺利上市，从社会上吸纳了大量资金。该公司在科研投资决策方面采取均向发展的思路，每种产品都投资，胡椒面盘盘撒，认为“东边不亮西边亮”，多选择一个产品就可以多占领一个市场，可以不断开拓市场，扩大资本规模；但事与愿违，虽然上市可用资金有余，但由于可开发产品太多，结果是每一类新产品的开发投资都吃不饱，科研投资潜力严重不足，在技术含量、工艺精度、广告宣传方面很难与全国同类产品竞争，因而其品牌与产品在市场上开始萎缩；后向特种电子等领域转移，但未扭转被动局面，至致长风的全部国有股转让于靖远煤业有限责任公司。

兰驼集团曾经在西北五省的农用三轮车市场占有霸主地位，并被纳入全省第一批十二大企业集团之列。当时其发展潜力被政府和市场十分看好，但仅仅数年，兰驼陷入一滩死水，“兰驼”品牌的农用车已难在市场上出现。为何从扭亏为盈的典型，迅速变为亏损大户？有关人士分析，兰驼涉足农用三轮车时，当时全国市场上三轮农用车的生产厂家不多，技术、工艺、质量普遍不高，兰拖抓住这难得的商机，快速造出了农用三轮车；兰驼的成功点是对市场反应敏锐、起步早、动作快、规模较大，因而迅速占领了市场。但在兰驼初步占领西北市场并形成品牌和销售网络后，由于各种因素和商业文化的干扰，并没有快速补充技术、工艺方面的缺陷，而是以“规模做大”作为发展主题，利用“第一桶金”的优势开始了轰轰烈烈的扩大规模、兼并各类亏损企业，盲目地追求大规模的企业组织结构和大集团在社会上的地位和影响力。而与其同时起步的“时风”等农用车厂家知道自身缺点，在发展的同时重点放在技术含量、售后服务方面，它们后发制人，反而迅速占领了西北市场。盲目地扩张虽使兰驼扩大了企业形象，但却因质量、工艺、资金方面的缺陷而使市场趋于萎缩。

随着国际经济一体化、国内竞争国际化的市场变化，在强大压力之下，从舆论导向、政府和企业都不同程度地存在恐怖症：中小企业还能生存多久？快速成为集团好像是增强抗衡的一个捷径和必走之路，仿佛一夜之间我省帆板捆扎成的集团公司纷纷亮相。在“进入全国500强”、“进军世界500强”的主导强大攻势下，不少中小企业的发展投资方向陷入迷惑，在冲动、压力之下抛弃了过去曾经使企业成功的经验，也令企业负责人抛弃了自己取得“第一桶金”时冷静、客观的决策和经营方式，开始走上了盲目扩张之路，最终成为时尚商业文化和不切实际的牺牲品。

美国是国际大公司大集团最多的国家，但美国80%的企业是只拥有5名以下员工的中小企业。据美国《财富》杂志报道，美国大企业的平均寿命为40年，中小企业平均寿命为7年；而中国大企业的平均寿命为7年至8年，中小企业平均寿命只为3年至4年。据有关专家分析，中国的中小企业寿命如此短暂，究其原因，资金短缺是其一，关键仍是资金投资不集中，产品的目标市场不明确，产品工艺不精、不细，技术含金量不足，很难走到市场同类产品技术、质量的制高点。我省的中小企业存在的问题与全国相同。

做500强，不如做足500年进入全国500强、进入世界500强，这是每个企业梦寐以求的愿望，但并不是每个企业都能够实现。进入500强的前题条件是要有充足的资本，这种要求和目标对我省的大部分企业来说，差距太大，也是不现实的。我省的中小企业很大一部分是国有企业，因此政府和舆论导向要求中小企业快速向集团靠拢，在资本、规模上与之相比、相抗衡，而这是不现实的。

有关人士分析，我省中小企业应该不是寻找与国际、全国500强的差距，而是逆水行舟寻找500强与自身的差距，寻找这些企业所不愿做、不能做的行业，或不能做到你所做之处；应考虑如何节约资金、有效地产生效果，发挥自己的优势，冷静地考虑如何使产品长期占领市场制高点，如何延长产品的周期性，而不是为当前商业文化和强大的舆论导向所左右。

我省能进入全国500强的企业很少，但并不意味着我省企业所占市场的份额很小。分析全省经济和企业的运行，不难发现，在行业、单独产品的市场领域内，我省有不少企业在全国占有相当大的市场份额。

扬起甘肃“隐形冠军”的旗帜

全国生产电器开关的企业很多，但能与天水长城开关厂平起平坐的并不多，因为天水长开在全国市场竞争中始终保持了“三个第一”：10KV开关柜在全国同行业中产量第一；国内重点火电建设项目选用长开厂产品的比例第一；国内重点石化建设项目选用长开厂产品的比例第一。这三个第一，标志着长开已成为全国输变电行业和甘肃省机械工业极具代表性的现代化企业。这个企业专一精心于电器开关领域的技术创新，确定的新产品开发研制的技术和质量目标高于当前市场已有产品的水平。瞄准当今国际最先进的同类产品，以确立在国内行业的领先地位。近几年该企业投资3600余万元以加大技术改造，目前高精尖关键设备和进口设备已占固定资产的60%以上，新产品产值率一直保持在56%左右，做到每年均有新产品上市。目前，天水长开不仅成为国内中压开关设备技术和检测手段领域最先进的制造企业，在国际同类市场也堪称一流。

天水星火机床公司曾经是一个亏损严重的企业，但该公司在困境中仍将有限的资金和技术集中在核心产品——机床的研制方面，使产品由普通机床一举过度到数控机床时代，开始独领全国机床市场风骚。目前，该厂机床类产品由过去单一品种扩展到9大类26个系列，覆盖全国并销往40多个国家和地区，大型数控卧式车床、大型卧式车床分别占全国市场的70%和40%。

兰州真空设备有限公司是全国真空、压力容器和真空镀膜设备领域的先导者，同时也是此领域的技术领先者。

该公司避开同行业低水平、低附加值的竞争局面，积极从高起点调整产品结构，研发独创产品，向高新技术领域拓展。该公司开发的JPTD型韧性透明导电膜镀制设备，填补了国内空白，市场前景看好，占据国内同类市场的85%；新研制成功国内首套真空磁控溅射连续镀镍设备，成为目前世界上第二家研制出该设备的企业。目前，兰州真空设备公司开发的高比容钽真空烧结炉系列产品综合水平已赶上国际名牌，全国市场占有率达到90%。

兰州真空公司近几年向国家有关部门连续提供了5套载人航天、航空模拟实验装置，继续保持了全国真空行业骨干企业不可替代的地位，而且是全国同行业的技术开发中心。

舞台工程成套机械设备市场有多大？对舞台机械设备开发、研制、制造有20多年的兰州理工大学机械工厂，集中资金和科技人员专心于此领域，他们注重国内外舞台美术设备的前沿技术，增强新产品开发能力，积极采用新材料，完成了“齿轮式小转台”、“自行走式机械平台”等数十个新产品和成果，向国内外推出一批高科技含量的舞台机械产品；特别是综合高科技产品——舞台工程成套设备，代表了国内舞台机械的最高水平，兰州理工大学机械工厂因此被国家文化部评选为舞台机械设计制造中心。兰州理工大学机械工厂始终把握着市场“主动权”，2005年，该公司已开发出舞台工程成套机械设备及其产品60个品种，装备国内外300余家演艺场馆的舞台，国内市场占有率达到60%以上。

种子机械，与大众用品似乎很远。但甘肃酒泉奥凯种子机械有限责任公司却做出了大市场，其产品遍布全国，其中成套设备和单机在全国的市场占有率分别为60%和55%，部分产品还销往国外，公司产值和利润均以30%的速度递增。酒泉奥凯种子机械公司是全国最早研制生产种子加工机械的专业厂家，20世纪90年代曾陷入市场低谷。但经过市场的磨炼，奥凯公司重新市场定位，加快技术进步、调整产品结构的步伐，扬长避短，坚持以专业生产种子机械为主，既研制新型单机，又大力开发成套设备，确定了高技术、高质量、高服务的精品化道路，把经营战略定位于科技进步，瞄准世界先进水平。他们先后与德国、法国等国家进行广泛的交流和接触，并与德国佩特库期种子机械公司等数家公司签订了联合生产销售种子加工机械的合同。近年来，酒泉奥凯自主开发出新型清粮机、玉米脱粒机、蔬菜花卉清洗机等一批具有国际先进水平、适应市场的新产品，畅销国内外。酒泉奥凯在市场上不以低价开拓市场，而以专、精、高质量、高科技的产品占领市场。

以上这些企业的名字大家也许并不熟悉，但这些企业认清自己的位置，认清自己产品的特点；知道市场是分类分行的，市场有大小之分，是分工协作的，因此他们把各自的市场定义很窄，他们是高度专注的企业，追求发展的深度而不是广度，他们的市场就是电器开关、种子机械、机床等，而不是与之无关的普通产品和技术。他们细分目标市场，以适应目标市场需求为导向，使自己的产品销售覆盖全国；他们没有盲目地扩大规模和追求“集团”等美称，而是将核心资金用于核心产品的研制开发上，使产品的技术创新永远走在同行业的前沿；他们不是靠低价格占领市场的，而是靠高质量、高科技、高价格占领市场的，他们的产品质量和技术含量是别的企业所不能做到的。

这些企业的投资发展策略十分明确：做500强，不如做足500年、做个专注企业。

“隐形冠军”就是大市场

我省的中小企业，像天水长开、天水星火、酒泉奥凯、兰州真空这样的市场定义很窄、高度专注的企业还是太少。

“隐形冠军”群体还很薄弱，很难成为甘肃经济的中流砥柱。舆论导向和传统的商业文化仍占主导因素，快速发展、追求规模、产品多元化等理念的氛围仍很浓厚。一些企业认为，作为一个高度专注的企业，依赖性、专业性太强，防火墙太薄弱，单一产品很难适应市场需求的变化。

这不禁令人想起前几年的中国指甲刀市场。

1998年，时任总理朱镕基对中国指甲刀质量、工艺的评价很不满意，他以指甲刀为例，要求中国的轻工企业应该提高工艺和产品质量，开发新产品。当年曾有位记者对兰州市指甲刀等小产品的市场进行调查后，以“小产品大市场”为题进行了报道，希望甘肃的中小企业不要忽视小产品所存在的巨大潜力。记者到很多企业采访时，极力向他们推荐指甲刀等小产品，但企业对此很冷淡，认为小产品是成不了大气候的。

与此同时，在广东从事装饰业务的梁伯强，也在为找不到好项目而发愁。他从朱镕基总理的谈话中看到了商机。他在考察了“双箭”等中国生产指甲刀的老品牌厂家和分析了国际同类产品的优势后，1998年，用不大的投资额建立了一家指甲刀钳专业制造厂家——中国圣雅伦日用制品有限责任公司。1999年，“圣雅伦”指甲刀销售额就达到4000万元。据《经济日报》报道，2005年其产值已达到1.6亿元，“非常小器圣雅伦”的市场占有率已进入世界前3名。

认为小刀具也大有市场的不只圣雅伦公司一家。目前国际市场最畅销的小型刀具是“瑞士军刀”。但有100余年历史的“瑞士军刀”生产厂家，至今仍是一家高度专注、只生产刀具单一产品的企业。生产“瑞士军刀”两大公司之一的VIVTORINOX公司，是目前欧洲最大的刀具制造商。

1884年，该公司从一个最初只有20多人的手工作坊起步，如今发展到拥有1000多名员工的大型刀具厂，有800多种品种，每天生产各种刀具10多万把，90%出口国外。产品虽小，但为使每一把“瑞士军刀”都能让人受用一生，他们在投入大量的先进技术时，还保留了一些过去优秀的手工加工工艺。一把普通的刀具制作工序在200道以上，而产品之一的“瑞士冠军”的制造工序竟多达450多道。

精湛的工艺使其产品成为瑞士部队必带的工具之一，在二战时就广为美军和德军等国军队采购，目前已成为许多国家特种部队的武器装备之一。

大量生产小产品、单一产品的“隐形冠军”其实就在我们身边。如广东中山的天朗电器公司是世界上最大的琴键开关生产企业；长青公司是亚洲最大的燃气灶阀门制造商；深圳比亚迪从一家20人的小厂发展成为中国最大的二次充电电池生产商，在全球镍镉、镍氢和锂离子电池厂商的市场占有率中分别排名第二、三、四位，成为国际电池大王。

原来小产品也有大市场，原来小企业也能成就大气候，原来专业企业也是强手、可以担任市场上不可替代的角色。

既然小小的指甲刀钳器都能做到世界前三，刀具能做到世界第一，琴键开关能做到世界第一，剃须刀能做到世界第一，那么其他小产品呢？从“非常小器圣雅伦”、“瑞士军刀”、天水长开、酒泉奥凯等“隐形冠军”的投资、发展、经营、壮大的过程，我省的中小企业能从中学到什么呢？怎样才能成为一个高度专注、技术领先的“隐形冠军”呢？

赫尔曼·西蒙在其新著《谁是全球最优秀的企业：隐形冠军》中，在分析德国500家“隐形冠军”企业的决策、经营、管理和经验后认为，要想成为“隐形冠军”的企业，必备八大要素：第一，奋斗的目标，就是在自己的领域成为全球领袖，并孜孜不倦地追逐这一梦想。第二，高度专注的企业。第三，“隐形冠军”把自己在产品和专有技术方面的独到造诣与全球化营销结合起来，通过自己的子公司来服务全球的目标市场，不把客户关系交给第三方。第四，成为卓越者的伙伴，“隐形冠军”都要非常贴近客户，尤其是顶级客户，他们不是单靠技术或者市场取胜，而是通过技术与市场共同驱动取胜。第五，意念是创新！创新！创新！“隐形冠军”企业无论产品还是生产流程都要高度创新，他们的创新活动是全球导向的，是持续不断的。第六，跻身顶级竞技场。第七，保持独一无二的个性，“隐形冠军”们依仗的是自己的力量，他们不相信什么战略联盟，也不像其他企业热衷于业务外包，他们认为他们的竞争优势就在于有些事情只有他们才能做得了。第八，强大的企业文化，“隐形冠军”们有着非常强大的企业文化，与之相联系的是卓越的员工认同感与积极性；对新员工的挑选非常苛刻，企业领导非常杰出，而且一般都掌舵几十年。

作为国际收音机行业“隐形冠军”的广东东莞德生电器公司，其总经理梁伟兴奋地告诉西蒙：“你的关于‘隐形冠军’企业的八条经验，每一条我们都可以对号入座”。

中国有句老话：“蚂蚁腿也是肉”。

对我省的中小企业来说，做什么并不重要，重要的是企业能否分析市场，将眼光看得更远一些，将服务于市场的项目定义得窄一些。不盲目地追求规模，避开与资本运作的大集团竞争市场，将有限的资金和技术力量用于你所善长的项目和产品中去，将其做精做细，使单独产品的科研和生产工艺达到别的企业难以侵入的优势。那么，我省的“隐形冠军”不仅仅就在天水长开等十余家企业身上体现，或许“醋王”、“菜刀王”、“工具王”等等更多有“王”之称的企业都将会在甘肃出现。也许不久的将来，“隐形冠军”也会像它在德国的地位一样，成为甘肃经济的砥流之柱。

其实，“隐形冠军”就在你手中，商机就在你眼中，市场就在你脚下。

主编点评：

这是一个奇特的群体，它们的低调也可能成为风光大企业的典范；这是另一种公司榜样，它们的优秀让世界同行见面时行脱帽礼。它们就是中小公司，一个叫赫尔曼·西蒙的老外给它们取了一个好听的名字：隐形冠军。

在他的著作中，西蒙对这类公司的属性做了如下归纳：它们是中小型公司；控制着它们的产品市场，一般为全球市场的50%以上；它们的产品经常是“无形”的或“不被人们所知”的产品；拥有引人注目的生存记录；它们的收入很大一部分靠出口，为国家的外贸平衡做出了巨大贡献；均是地地道道的全球竞争斗士；大多数都是家庭拥有的私营公司；都是成功的公司，但却不是奇迹般的公司。

赫尔曼·西蒙给了我们什么启示？小的也是好的，因为小企业的确具有很多大企业不可比拟的优势。俗话说，船小好掉头。倘若中小企业再将眼光看得更远一些，将市场定义得再窄一些；不要盲目地追求规模，将有限的资金和技术力量用于你所擅长的项目和产品中去，做精做细，使单独产品的科研和生产工艺达到别的企业难以侵入的优势。那么，你就成了真正的“隐形冠军”。

做500强，不如做足500年、做个专注企业，可能就是中小企业的出路。

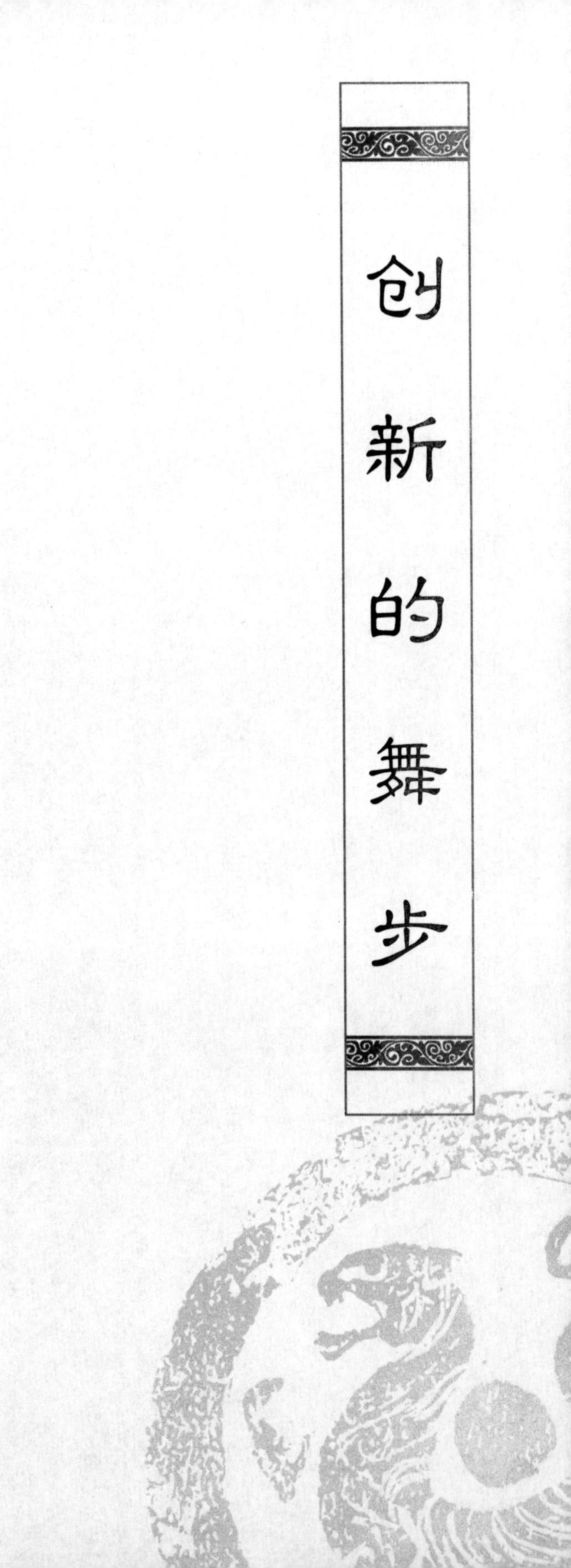

创新的舞步

陇原崛起大战略

杨世智　马文静

欠发达，是甘肃的基本省情。面对这样的基本省情，自怨自艾、妄自菲薄只会失掉发展的勇气和信心；夜郎自大、盲目乐观则会成为行动的矮子，在瞬息万变、竞争激烈的市场大潮中丧失掉发展的机遇。

甘肃的出路在哪里，甘肃又将向何处去？甘肃人冷静地思索着过去，并努力探索和考虑着未来。

站在新的起点上，“工业强省”成为甘肃人的共识。

正确选择，把“工业强省”提升到战略层面

“工业强省”，是甘肃树立和落实科学发展观的战略选择。

工业是国民经济的支柱产业，工业发展水平的高低直接决定着一个国家和地区经济发达的程度。发达国家和地区的崛起，无一不是走工业化的道路。

作为中国西北重要的工业基地，工业化，是甘肃站在时代潮头的必然选择。

从洋务运动发祥，历经新中国“一五”布局、“三线”建设、改革开放特别是西部大开发以来的快速发展，工业跃升为甘肃国民经济第一大产业，工业文明深刻改变着一个千年农业大省。全省财政收入的70%以上都来自于工业。

但站在新的历史起点，重新审视这片古老的土地时，我们不得不面对甘肃工业的另一面：

1978年，我省工业所占比重为53.55%，高于全国近10个百分点；2001年，我省工业化水平下降为33.20%，低于全国11.2个百分点。工业结构比全国落后近30年。

全省86个县市区中，63个县基本上是农业经济。

全省14个城市中，只有兰州、白银、天水、嘉峪关、金昌、玉门等6个城

市工业比重在30%以上，其他8个都在30%以下。

工业增长粗放，高投入、高消耗、低产出、低效益特征非常明显。能源、原材料等资源型产业比重大，消费品工业、制造业和高新技术产业规模较小，而且产业链短，产品结构单一，产业关联度低；国有经济比重较大，民营经济、外商投资经济比重较小，工业发展活力不足；以大型企业为龙头、中小企业协作配套的产业组织体系不健全，对中小企业和地方经济的辐射带动严重不足。

……

工业不强大，农业和第三产业也难以做强做大，社会事业和民生问题也难以改善。工业落后，成为甘肃经济社会落后的根本症结所在。

甘肃发展，差距在工业，潜力也在工业。

2002年，在省第十次党代会上，“工业强省”被提升到战略层面，并提出了“争取用五到十年的时间实现我省工业化由初级阶段向中高级阶段的过渡”的战略目标。

厘清思路，“工业强省”打造甘肃走向未来通行证

任何一个战略的实现，都需要相应路径的支撑。

甘肃实施“工业强省”战略靠什么，发展重点、发展思路、发展举措和发展机制又是什么？回答这些问题，离不开对省情、国情的科学判断。

回顾当今世界，可以说，未来提供给我们的发展空间极其有限，现实留给我们的环境也并不宽松。但与此同时，我们也有着自己的比较优势。

国家对西部地区特色优势产业发展的支持力度不断加大，将有利于我省做大做强石油化工、冶金有色、煤电化工、清洁能源、生物制药、特色农产品加工等优势产业；国家强化自主创新政策和资金支持，也将不断提升科技对工业发展的支撑引领作用；省委、省政府对省情的认识更加深化，发展经济的思路更加成熟，指导支持工业强省的力度更加强化，全省各地对加快发展的愿望更加强烈，全民创业行动更加强劲，全省实施“工业强省”战略有着强大的“内在动力”。

科学的判断，厘清了发展思路；正确的认识，提供了科学发展的依据。

2002年，我省发起强力推进“工业强省”战略的“三大工程”：发展大企业、大集团的“双十工程”；用先进适用技术改造传统产业、加快发展高新技术产业的“211工程”；重点扶持中小企业、发展非国有经济的“千户百强工程”。

2004年，我省开始重点实施以省属国有大企业产权转让、下划企业改制放活、劣势企业退出市场为主要内容的国企改革“376”攻坚计划。

2007年，省第十一次党代会，提出“发展抓项目、改革抓创新、和谐抓民生、保证抓党建，全力强化基础设施建设、特色优势产业培育、人力资源开发三大支撑，推进经济增长方式转变和工业强省战略深入实施，加快全面建设小康社会进程，奋力开创我省又好又快发展的新局面”。

2007年，结合装备制造业实际，我省又推出《甘肃省振兴装备制造业行动计划》，并将这一年定为“装备制造业发展年”，将振兴装备制造业作为深入实施“工业强省”战略、加快培育新兴优势产业和促进产业结构优化升级的切入点和突破口。

“十五”期间，全省共投入1000多亿元资金用于企业技术改造。

“工业强省”战略的实施，为甘肃经济社会发展注入了巨大活力。

2007年，全省工业增加值达到1066.74亿元，是2002年的1.73倍；全省大中型工业企业达到182家，资产总额超过100亿元的企业达到7家，10亿元以上的达到48家；年主营收入超过100亿元的企业达到6家，超过10亿元的达到30家；石化、有色、冶金等6大传统行业竞争力得到有效提升，实现增加值为2002年的3.87倍，全省工业化水平比2002年上升11.82个百分点……

“工业强省”战略的实施，正在为甘肃打造通向未来的“通行证”。

解放思想，把“工业强省”战略一步步推向深入

西方谚语说，罗马不是在一天之内建成的。同样，实现“工业强省”战略也不可能在短时间内完成，更不可能一劳永逸，而是需要我们不断解放思想、深化改革，一步步将这一大战略推向深入。

在2002年到2007年实施“工业强省”战略的5年当中，我省工业发展虽然有了明显的成效，但差距仍然十分明显，而且有继续扩大的危险，甘肃仍旧是一个后来者和追赶者。

就发展速度而言，全省规模以上工业发展速度比全国平均水平慢了0.72个百分点，即使在西部，这一速度也处于后列水平。2007年，在西部12省区市中，我省规模以上工业增速居第9位，比内蒙古自治区慢了13个百分点。而在工业总量方面，2007年，全国工业增加值占GDP的比重达43.5%，我省工业增加值只占全省GDP的39.97%，比全国水平低3.5个百分点。我省工业增加值仅占全国工业增

加值的0.95%。同时，在发展质量和结构方面，我省也存在较大差距。

在激烈竞争的市场格局中，“不进则退”是一种规则，“发展缓慢等于落后”也是一种规则。后来者能不能居上，追赶者能否超前，取决于我们正确的认识、科学的规划和切实的行动。在现实面前，只有强化忧患意识、机遇意识、责任意识和进取意识，以历史和现实的眼光，从全国和全球角度，充分认识甘肃工业的差距，明确追赶方向，确立跨越目标，抢抓机遇，不断进取，一往无前，才能交出属于自己的那份合格答卷。

推进工业强省战略的核心，是坚持走科技含量高、经济效益好、资源消耗低、环境污染少、人力资源优势得到充分发挥的中国特色新型工业化道路。甘肃必须坚持以信息化带动工业化，以工业化促进信息化，把信息产业摆在优先发展的地位，将高新技术渗透到各个产业中去。同时，要从战略和全局的高度，统筹三次产业发展，既强化工业对一、三产业的带动作用，又发挥农业的基础作用和服务业的保障作用；统筹工业化和城镇化，以城带乡，城乡互动；统筹工业发展与资源节约、环境保护，大力发展循环经济，力求以最少的资源消耗和环境代价，取得最大的经济效益和社会效益；统筹区域发展，促进工业较发达地区与欠发达地区、省内与省外优势互补，积极参与区域经济合作，协调发展。

实施“工业强省”战略，是一个困难重重、障碍重重的过程，这种困难和障碍有来自旧体制惯性方面的，但归根结底是来自于思想观念。要实现“工业强省”的战略目标，我们就必须不断解放思想，转变思想观念，牢固树立和强化市场观，不断提高市场化程度，充分发挥市场对资源配置的基础性作用。

甘肃工业的市场化程度越高，活力就越旺盛，竞争力就越强。

主编点评：

工业化是生产力发展水平的标志，不仅包括工业企业竞争力，也包括工业对农业、服务业的带动力。所以，“工业强省”是一个综合工程，不仅事关工业企业，也事关各行各业。但同时，“工业强省”也不是一个筐，不能见什么装什么。一定要找准比较优势，找准落后部位。比较优势意味着发展重点，落后部位意味着发展方向。只有把握住重点，才能谈得上集中力量；只有找准了方向，才能谈得到加快速度。

千锤百炼破重围

牛彦君

可能出乎很多人的意料，在甘肃，一个地处西部戈壁、沙漠边缘的企业却拥有了“世界影响”：其拥有的镍矿是世界著名的超大型多金属共生硫化铜镍矿床，镍金属储量在世界同类型矿床中居第三位。矿床之大，矿体之集中，可供利用金属之多，经济价值之高，世界罕见；技术、工艺、装备走在了世界同类企业的前三名，未来发展后劲十足；年生产镍产品名列全球第五位，钴产品名列全球第二位；公司业务遍及全球30多个国家和地区，国际化经营格局初步形成。

其实，在我省，像金川集团公司这样的冶金有色企业可以列出一大串：酒钢集团、方大炭素、甘肃稀土公司、兰州铝厂、连城铝厂、腾达西铁公司……

工业强省战略中的“老大哥”

可以说，冶金有色产业在全省工业强省战略中扮演着“老大哥”的角色。这集中体现在工业增加值、销售总额、税收、利润等各个方面。

2007年，我省冶金有色工业系统与往年一样，各项工作都取得了长足进步。全行业完成工业总产值1151.14亿元，同比增长40.32%；工业增加值318.77亿元，同比增长22.51%，占全省工业增加值的33.32%。

令人欣喜的是，2007年，我省冶金有色产品依然保持了旺盛的销售势头。10多个主要企业销售收入增幅都超过30%。全行业实现销售收入1275.38亿元，同比增长41.96%；出口交货值70.91亿元，同比增长1.05%。

毋庸置疑，冶金有色行业已是我省成长性最好的行业。2007年，全行业实现利润137.81亿元，同比增长86.95%；实现税收73.36亿元，同比增长33.48%。列入省冶金有色工业协会统计的23户企业中，有22户盈利。金川集团公司以实现税收38.9亿元，名列全省纳税百强之首。

项目是把“金钥匙”

项目，项目，还是项目。

这是记者在金川集团公司如火如荼的建设现场感受最强烈的一个词。透过这个词，可以概括出公司近几年来所发生的变化，更可以描绘出冶金有色工业在我省“工业强省”战略中所取得的成果与经验。

与金川集团公司一样，我省冶金有色工业企业开启快速发展的第一把“金钥匙”就是抓项目。

2007年以来，兰铝26万吨350KA电解铝系列，酒钢53万吨不锈钢冷、热轧板项目，连铝电解铝项目，西脉电铅项目等一批项目建成投产。

在项目建设中，各企业积极调整产业和产品结构，增强了在国内外市场的竞争能力。

酒钢加快建设不锈钢冷轧生产线，已形成年产53万吨不锈钢成品板卷生产能力，使公司成为继宝钢、太钢之后，国内第3家拥有从炼钢到轧钢完整的不锈钢生产系统的企业。目前，酒钢钢材板带比达到50.53%，同比提高9.16个百分点。

方大炭素公司在改制后，多方筹集资金，力保重点项目。目前投资3.1亿元的三压型项目已投入正常生产，该生产线是目前亚洲唯一、世界仅有的两条生产线之一。它的建成投产，使公司装备技术水平达到了国内一流、世界领先，大大提升了公司在世界炭素行业的竞争力和影响力。

甘肃稀土公司加大项目建设力度，逐步改变了以稀土初级产品为主的产品结构，形成了以稀土高纯产品、深加工产品、稀土应用产品和稀土功能材料为主的新型产业布局。

资源战略为企业插上“翅膀”

要让镍都腾飞，得给它插上强有力的“翅膀”。为此，金川集团公司确定了资源战略向纵深推进的计划。适时做大了铜文章，不仅有效控制了因波诡云谲的国际镍钴市场给企业带来的不确定因素，还为公司的可持续发展找到了新的支撑点。

与此同时，金川集团公司还加强与必和必拓等国际矿业巨头的合作，业务遍及全球30多个国家和地区，在国内外拥有的地质勘探面积超过3000平方公里。公司投入巨资，购买了澳大利亚一铜镍矿11%的股权，取得了对部分精矿的包销权。仅2007年，公司在澳大利亚、加拿大、肯尼亚、赞比亚等境外直接投资就达到1亿美元。

这仅仅是近年来我省冶金有色企业资源战略成功的一个案例。事实上，各企业都把节约资源、增强资源保障能力摆到生产经营的突出位置，企业可持续发展能力得到显著提升。

酒钢与国际矿产资源公司、欧亚自然资源公司签署了共同出资组建中外合资企业的框架协议，通过增强原料保障能力，提升企业的生存和发展空间。公司在抓好南非铬矿开采和冶炼项目一期建设的基础上，去年又追加投资1.33亿美元建设二期工程，增加原矿和铬铁合金的生产能力。

白银公司在抓好厂坝铅锌矿等自有矿山生产和建设的同时，积极开拓新疆富蕴铜矿等新的原料基地。公司将与中国五矿集团、甘肃有色金属地勘局合作，对甘肃4个重要成矿带上的30多个点进行风险勘探和后续开发。

金昌铁业公司根据矿体赋存特点，与昆明理工大学联合对采矿方法进行攻关，大大提升了资源利用效率。

“兰白金”产业链在延伸

一直以来，我省是公认的有色金属材料大省，在自然资源、技术人才、科研成果方面具有优势，但也存在着很大的弱点。

从资源优势上来看，我省的镍、铂等6种金属储量居全国第一。铅、钴、铜、锌资源在国内居主导地位。

从工业基础来看，材料工业是我省经济的重要支柱，占我省工业总产值的70%左右。经过50年的艰苦创业，我省材料工业中的有色金属工业，从地质勘探、采矿、选矿到冶炼加工，从科研、设计、施工到生产、设备制造，形成了较完善的体系。全国知名的“镍都”，全国最大的TDI生产线，世界最大规模的稀土生产线，均在甘肃。

但是，我省有色金属工业的产业链短，低附加值的原材料初级产品多，高附加值的精深加工产品少。一方面，有色金属以初级产品甚至以矿物原料进入市场；另一方面，又以高昂的价格从省外甚至国外购买深加工产品。一方面，能延伸产业链的科研成果找不到合适的企业进行工业化试验和转让；另一方面，企业难以接受带有一定风险的新成果。

如何“突围”？

于是，一个新名词——有色金属新材料出现在了决策者面前。省委、省政府决定把它作为实现我省“工业强省”发展战略的重要途径之一。2003年，省上将有色金属新材料产业化基地建设列入了重点工作之一。

与此同时，科技部批准在我省成立国家级兰白金有色金属新材料产业化基地。这个基地包含了我省所有的有色金属工业相关的资源。基地包括3个园区，即兰州新材料园区、白银新材料园区、金川镍钴新材料园区，使我省有色金属工业延伸产业链有了一个重要平台。

政府的科研资助，也向有色金属新材料领域倾斜。省科技厅设立了有色金属新材料科技专项基金。2002年至2006年，国家科技部和省科技厅为有色金属新材料设立了119个科研项目，资助4190万元，这些项目的总投资达11.2亿元。

企业在延伸产业链的过程中，把产学研结合作为重要的实现途径。金川公司每年拿出6000万元至8000万元的专项资金用于对外技术合作。公司提供预研基金，用于每年几十个高校团队到金川公司调研和技术交流。公司投资2000万元，分别与兰州大学、南京大学、中南大学建立联合实验室，对产学研科技合作机制与模式进行探索。2006年“兰州大学—金川集团金属化合物联合实验室”模式被国家教育部评为高校与大型企业合作的十大经典案例之一。

在基地建设中，我省一批工程技术中心也应运而生，形成兰白金有色金属新材料产业化基地的技术支撑体系。目前共有省部级以上材料类工程技术中心5个，材料类实验室6个。2005年12月，国家科技部还批准成立我省第一家国家级工程技术研究中心“国家镍钴新材料工程技术研究中心”。

省科技厅还建立了专利孵化与产业化专项资金，一方面用专利把新材料方面的知识产权保护起来，一方面支持我省新材料产业的专利孵化。

在兰白金基地的推动下，我省有色金属新材料产业迅速发展。

“十一五”期间，以兰白金有色金属新材料产业化基地建设为重点，我省延伸有色金属产业链的举动方兴未艾。记者了解到，我省“十一五”期间准备攻关的新材料重大项目有43项。金川集团公司更是雄心勃勃地提出，到“十一五”末，再建一个科技型的新金川。

志存高远的我省冶金有色行业，在经历过嬗变的阵痛之后，站在了更高处，看到了更远处。

主编点评：

由于在工业增加值、销售总额、税收、利润等各个方面均有突出表现，冶金有色产业在全省工业强省战略中扮演起了“老大哥”的角色。项目为“老大哥”打开了发展的大门；资源战略为“老大哥”的可持续发展找到了新的支撑点；新材料高科技的研发为“老大哥”腾飞加足了燃料。

我省冶金有色产业的发展再一次证明，推进工业强省战略的核心，要坚持走科技含量高、经济效益好、资源消耗低、环境污染少、人力资源优势得到充分发挥的中国特色新型工业化道路，并将高新技术渗透到整个产业中去。

“甘肃制造”创辉煌

杨世智　马文静

2006年6月28日，国务院授权新华社发布《国务院关于加快振兴装备制造业的若干意见》。由此开始，全国各地加快振兴装备制造业的浪潮滚滚而来。

作为西北地区重要工业基地之一，甘肃该如何应对装备制造业的这新一轮洗牌？以何种姿态投身于国内外装备制造业发展的迅猛浪潮？

2007年4月3日，结合甘肃装备制造业实际，省委、省政府推出《甘肃省振兴装备制造业行动计划》，并将这一年定为“装备制造业发展年”，提出把振兴装备制造业作为深入实施“工业强省”战略、加快培育新兴优势产业和促进产业结构优化升级的切入点和突破口，寻求“工业强省”道路上的新突围。

2007，甘肃装备制造业踏上新起点

甘肃省东西长1655公里、南北最宽处530公里，东连陕西，南抵四川，西去新疆、青海，北上宁夏、内蒙古，自古以来就是西北交通咽喉地带。独特的地理位置优势，决定了甘肃在国家产业布局中的地位。

“一五”和“二五”时期，甘肃诞生过我国第一台大型无油超真空抽气机组、第一台大型天文望远镜镀膜机、第一台飞机地面电源车。

如今甘肃已经具备了较强的机械、电子产品制造能力和零部件加工配套能力，初步形成了以骨干企业为龙头，大中小型企业相结合，能够为石油钻采、化工、轻工、机械加工、建材、交通运输、军工等多个领域提供装备，具有一定特色的装备制造业生产体系。其中，电气机械及器材制造业、专用设备和通用设备制造业实力相对较强，并拥有一批在国内同行业中具有一定实力的骨干企业，所生产的3000多个产品品种，涵盖了主机、辅机、成套设备、关键部件、维修配件和技术服务等领域。截至2006年，全省装备制造业共有规模以上

企业271家，占全省工业企业的15.64%；资产总额226.14亿元，占全省工业的7.33%；完成工业总产值142.48亿元，占全省工业总产值的5.75%；实现主营业务收入129.48亿元，占全省工业的比重为5.31%。

在全国装备制造业中，尽管甘肃装备制造业所占比重甚小，但也不乏亮点。其中，兰州石油化工设备集团公司已成为我国最大的石油钻采机械和炼油化工设备生产基地之一，其生产的8000米石油钻机在国内处于领先地位，石油钻机、成套石油化工和炼油设备、抽油机等产品远销欧美、中东及亚太等数十个国家和地区。兰州电机有限责任公司是西北地区最大的电机和发电设备制造企业，拥有国家认定的企业技术中心、交流变频调速电机制造技术等。华天微电子有限公司是西部地区最大的集成电路封装基地。兰州真空设备有限公司是我国目前唯一集真空、低温、压力容器三种生产技术于一体的专业化工厂，主导产品市场占有率达60%，在国内真空设备领域占有行业主导厂商的地位。天水星火机床公司的几种主导产品在国内市场占有率达40%。天水风动机械有限公司的“燎原牌”气腿式凿岩机国内市场占有率第一。天水长城开关厂有限公司研制的主导产品销量连续四年居国内同行业第一……

亮点，往往意味着新的突破口。结合甘肃省情，针对我省装备制造业亮点，省上决策层对全省装备制造业发展进行了周密的规划：立足我省资源、原材料就地加工和装备制造业的现有基础，发挥比较优势，集中力量将装备制造业培育成为我省经济新的增长点，并将石油钻采设备、大型精密数控机床、兆瓦级风力发电机、特种电机、真空设备、集成电路设计、新型小排量轿车、选矿设备、环保设备等七大类装备确定为甘肃装备制造业发展的重点领域；“十一五”期间，力争全省装备制造业工业增加值年均增长15%以上。

时不我待。2007年，甘肃装备制造业的发展之年。“甘肃制造”由此踏上新起点……

打造产业集群，提升“甘肃制造”凝聚力

兰州和天水是我省装备制造业的主要聚集区。2006年，两市共有规模以上装备制造业企业211户，占全省装备制造业企业的77.86%；资产总额207.91亿元，占全省装备制造业的91.94%；产值129.14亿元，占全省装备制造业的90.5%。但是，它们仅仅是地理位置布局上的聚集，既缺乏产业链上下游利益的内聚力，又缺乏外部发展环境的外聚力。

20世纪90年代以来，发达国家的一些地方出现了同种产业或相关产业的制造业有机聚集的现象。产业链就是聚集区企业生存的“食物链”。在聚集区内，企业之间既激烈竞争又相互合作，通过不断创新寻求和巩固着各自在产业链中的位置，进而形成强大的聚集效应，反过来又带动整个产业的发展。于是，一批世界上发展成功的产业集群应运而生，美国有了硅谷的电子业群，德国有了斯图加特的机床业群。

如何打造我省装备制造业产业集群，为企业营造一个良好的发展环境？

拓展产业区是我省采取的重点措施之一。兰州市投资10亿元，专门为装备制造业成长辟出4个优越、宽阔的空间：空港循环经济产业基地、七里河装备制造业基地、兰州经济技术开发区装备制造业基地、榆中和平开发区装备制造业基地等“四大基地”。吉利汽车、兰石集团、兰州电机公司、兰州真空设备、万里机电厂、城临钻采、顺创石油机械制造等一批新老企业先后在此落户生根。天水市全面实施振兴装备制造业“12341”行动计划，加快建设机械制造、电工电器、电子信息三大装备制造工业基地。

与此同时，一场以实施国有产权、职工身份“两个置换”和企业资产重组为重点的国企改革攻坚战也在各地打响，一大批装备制造企业开始“浴火重生”。

改革带来了活力，新技术、新材料、新工艺、新产品在各个企业竞相亮相：

2007年2月28日，迎着和煦的春风，一辆崭新的宝蓝色“吉利自由舰”徐徐驶在兰州空港循环经济产业园，甘肃本土生产的第一辆小轿车——吉利汽车兰州项目产品面世，甘肃轿车生产的空白由此结束；

9月16日，2007中国（兰州）装备制造业发展论坛在兰州隆重开幕；

同月，兰石集团组织生产出全球第三台、亚洲第一台直升机吊装钻机，并销往国外；

11月20日，10年前亏损1000多万、濒临破产的“华天科技”成为天水市第一家上市企业，400万A股在深圳证券交易所成功上市；

……

2007年1至11月，全省装备制造业实现工业增加值60.41亿元，比上年同期增长20%。其中机械工业完成工业增加值56.74亿元，同比增长19.98%；电子工业完成3.67亿元，增长21.74%。金属切削机床、风机、采矿设备、炼油、化工专用设备、交流电机等产品产量增幅都达到了20%以上。

弥补“短板”，将“甘肃制造”引向“甘肃创造”

振兴装备制造业是一项社会系统工程，推动产业结构优化升级、提升产品竞争力也无法“毕其功于一役”。在振兴之路上，需要充分发挥比较优势，在搞好搞活装备制造业“存量”的同时，更要正视不足，通过不断创新，培育出具有核心竞争力的“增量”。

当前，我省装备制造业面临的主要制约因素，一是部分装备制造企业设备老化，虽然改制重组甩掉了债务包袱，但没有增加投入，研发制造能力仍然薄弱；二是具有较强竞争力的大企业大集团少，目前只有兰石集团营业收入超10亿元，中小企业零部件生产规模小利润薄，生产不大稳定；三是人才流失严重，高级研发人才、领军人才和熟练的技工短缺。这些因素都是我省装备制造业发展的“短板”，更是在今后的振兴之路上必须解决的难题。

就创新能力而言，兰州理工大学有关专家组织的针对兰州200多家装备制造企业的问卷调查显示，这些企业体现创新能力的5项指标都在47%左右。这说明，甘肃省大多数装备制造企业科研力量不足，创新能力弱，突出表现在核心技术主要靠引进，成套能力较差，特别是大量的中小企业技术水平落后，没有研发机构，技术创新能力不强，缺乏新项目新产品，更缺少拥有自主知识产权的产品和技术，严重制约了企业市场竞争能力的提高和经济增长方式的转变。专家指出，如果听任这种弱化势头继续下去，我省装备制造业将会陷入从研制退回到仿造，从仿造退回到组装，从组装退回到进口，从制造业退到修理业的境地。如果这种情况一旦发生，我省装备制造业就会陷进“引进——落后——再引进”的恶性循环，“甘肃制造”变成“甘肃创造”也将成为一句空话。

现代化是用钱买不来的。世上没有免费午餐，一旦花钱买了设备，就得要买备品备件，长期背着一个包袱。而且现代技术更新速度极快，先进的设备和技术，很快也会被淘汰。唯有创新才能改变这种势头。日本战后重建就是靠“引进一批，消化一批，研制一批，开发一批”，最终走向了工业强国。为此，我省在《振兴装备制造业行动计划》中明确要求，要坚持自主创新、引进消化吸收再创新与产学研相结合，加快建设以企业为主体、产学研相结合的技术创新体系，培育一批创新人才，促进全省装备制造业持续发展。鼓励企业着眼于重点产品的技术前沿，注重对国内外先进技术的引进、消化吸收和再创新，逐步掌握核心技术，形成具有自主知识产权的技术和产品，提升优势产品的数字化、智能化和信息化水平。

主编点评：

谋国企改革突破，走工业强省新路，是竞争所迫、发展所需、群众所盼，也是增加财力、带动农业、促进就业的必然选择。

我省装备制造业的发展说明了“发展抓项目”为“改革抓企业”拓宽了发展空间，“改革抓企业”为“发展抓项目”提供了内在活力。“改革抓企业”与“发展抓项目”相辅相成、相得益彰，这将树立甘肃在西部开发中的新形象，给2600万甘肃人民带来更多的实惠。

大题大作“先行官”

陈 华

强大的工业离不开强大的电力。工业强省，电力先行，这不是空洞口号，而是对电力工业发展规律的形象诠释！

统计显示，在过去5年间，甘肃电力总装机容量增加了460多万千瓦，几乎是此前50多年的总和！

有“容”乃大

2008年3月末，由大容公司在天祝藏族自治县境内投资兴建的朱岔峡水电站建成投产了。阳春三月，春光明媚，轰鸣作响的发电机组，伴和着哗哗流淌的大通河水，在寂静的峡谷里，演奏着天籁般动听的欢歌。

大容公司是甘肃电力投资集团公司麾下一个从事水电项目流域开发和电力生产经营的公司。在组建后短短4年时间里，公司足迹遍布“一江一河”。在白龙江、大通河流域，大容人已经建成4座水电站，另外还有4座电站正在建设中。这几个电站总装机容量达到35万千瓦。

大容公司是甘肃本土企业开发电力的一个缩影。在甘肃省电力投资集团，项目开发更是如火如荼。近年来，该集团以近40亿元的投入，引导融汇各类资金200亿元参与省内重点电力项目或重大基础设施项目建设。迄今，他们先后控股建设了张掖电厂、永昌电厂改扩建、九甸峡水利枢纽工程、河西龙首一、二级水电站、黄河炳灵水电站、海甸峡水电站、敦煌燃气电站等重点项目；参股建设了平凉电厂、兰州第二热电厂、靖远电厂一期、靖远电厂二期、连城电厂二期、大峡及小峡水电站、玉门风电场和西固电厂改扩建等项目。目前，集团公司控股、参股建成及部分建成省内电力项目20个，总装机容量629万千瓦，投产权益装机容量224万千瓦。在全省建成与在建的电力项目中，已拥有权益装机容量318万千瓦，成为甘肃境内权益装机容量最大的电源建设主体。

在朱岔峡电站投运的同时，从千里河西走廊传来振奋人心的消息：国家已批准我省开展酒泉风电基地及配套电网工程前期工作。这意味着建设河西“风电走廊”，再造西部“陆上三峡”的战略吹响了前奏。

有“容”乃大。装机容量是衡量一个地方电力工业规模的标志。甘肃自有电至今已有百年历史，是西北地区最早有电的地区。有着悠久历史和光荣传统的甘肃电力，在苦难和喜悦交织的百年中，经历了艰苦曲折的发展历程。全省总装机容量由解放初期的2500千瓦，一路扶摇直上，截至2007年底，全省已达1260.36万千瓦。电力工业的迅速发展，为甘肃工业提供了强大动能保证，为实施“工业强省”战略奠定了坚实的基础。

大“路”通天

在电源建设高奏凯歌的同时，电网建设亦取得前所未有的丰硕成果。

5年前，我国第一条电压等级最高的输变电工程——西北750千伏输变电示范工程在4月和煦的春风里拉开了建设序幕。经过近两年紧张施工，这条世界上相同电压等级海拔最高的输变电线路建成投用。这一历史性的工程，在中国电力发展史乃至世界电力发展史上实现了新突破，它填补了我国输变电线路500千伏以上电压等级的空白，标志着我国电网技术跨入世界先进行列。

这项被称为“中国电力工业发展史上重要里程碑”的输变电工程，率先在我省拉开建设序幕，使具有诸多“全国之最”的甘肃电力又多了一个“第一”。

电源与电网，好比车与路。好车须有好路，方能快速通行。相对于有着辉煌历史的电站建设而言，甘肃电网建设欠账太多。21世纪之前，甘肃城市电网普遍存在网架薄弱、容载比低、变电站布局不合理、供电可靠性偏低等问题；农村电网更是问题成堆，高损能，高线损变电、输电线路造成的高电价，使广大农村电力用户不堪重负。

为从根本上改变这一状况，甘肃电力公司投资120多亿元，对老旧而落后的电网进行空前规模的改造，工程历时近10年，社会效益显著。经过不懈努力，甘肃电网已由当初的简单辐射状变成了结构合理、运行灵活、安全可靠的坚强供电网络。“十一五”期间，电网建设将更上一层楼，用于电网建设的投资是“十五”期间的3倍多。全省主要负荷中心、电源基地将都有330千伏布点，330千伏网架贯穿全省；110千伏电网将基本覆盖全省各县，实现一县一变；各市州将有两个或两个以上可靠电源。

甘肃电网是西北电网的枢纽，具有较好的电力电量余缺互济功能。根据规划，到“十二五”末，连接西北能源基地和负荷中心的“电力高速公路”——西北750千伏电网将建成，这条7000多公里长的输电线路，在甘肃境内就有4000多公里，甘肃境内工程量占到总工程量的70%。这条线路的投运，将加速甘肃能源资源优势向经济优势的转化，有力推进“工业强省”战略的实施。目前，继750千伏官亭至兰州东输变电线路开通之后，750千伏永登—白银—金昌—酒泉—瓜州全线双回工程正在建设之中。未来，“电力高速公路”将辐射陇原大地，将强大的电量输送到四面八方。

大题大作

甘肃电力有着辉煌的历史。20世纪70年代到80年代中期，甘肃电能除满足自身需要外，曾连续14年向陕、青、宁、川4省区供电。这种供大于求的状况让人产生了很深的错误印象，因此过于强调电力优势而忽略了电力工业的发展规律。在1986年之后的7年时间里，甘肃没有新增一台发电机组，致使电力严重短缺，社会生产和人民生活受到影响。也许人们至今还记得那时的情景，当时大多数工厂开工不足，一星期里有的“停三开四”，有的“停四开三”。甘肃电力也由当初的“卖家”变成了“买主”。几年间，甘肃从外净购的电量达16.5亿千瓦时。

电力不仅是具有公用性的社会基础产业，也是地方国民经济的先导和支柱产业。随着经济社会快速发展，人们对电力的依赖和需求更大。近年来，我省电源建设尽管有长足发展，但并不可因此高枕无忧。2007年，全省发电量达到620.3亿千瓦时，而全社会用电量高达614.74亿千瓦时。据介绍，2007年甘肃电网负荷12次创下新高，最高负荷达803万千瓦。近几年来，全省全社会用电量每年都以10%以上的速度向上攀升。从长远看，甘肃电力仍需加快步伐建设发展。

电力是工农业生产以及所有经济活动和人民群众须臾不可缺少的基础能源，实施“工业强省”战略，电力必须先行、也只有先行，才能为工业生产提供强大的能源保证。数据显示，我省工业用电占到社会总用电量的七成以上，随着“工业强省”战略的不断深入，甘肃工业的电力需求仍将继续扩大。甘肃电力公司总经理肖创英说，“工业强省”是甘肃加快发展重要举措，也给甘肃电力带来前所未有的机遇和挑战。为支持工业强省战略的实施，甘肃电力公司在去年做了几件事：一是全力以赴支持酒泉千万千瓦级风电基地建设、陇东煤电基地建设和兰渝铁路供电需求。二是解决了兰铝30万吨电解铝项目用电，甘谷电厂、华亭电厂送出，陇南、甘南小水电送出，白银、金昌等地区用电“瓶颈”问题。三是继续支持全省工业经济发展，全年以各种方式向省内工业用户让利优惠4400万元。四是开辟供电“绿色通道”，做到了“招商引资项目建到哪里，电网就提前延伸服务至哪里”。

甘肃省电力投资集团公司在立足电力板块的基础上，积极涉猎其他投资领域，现已形成以甘肃国际会展中心建筑群落为主的房地产板块，以兰渝铁路、西平铁路为主的铁路板块和以镇南煤电基地为主的煤炭板块等多元化发展格局。通过抓控股项目建设，公司实现了由股权管理向股权经营、参股型向控股参股型、利润构成由参股企业向控股企业为主导的重大转变。集团公司总经理李宁平说，电力是个大题目，大题要大作。甘肃电投按国际通用做法进行项目运作，取得显著成效：张掖电厂、九甸峡水利枢纽工程、黄河炳灵水电站等一批重点项目进度快、质量好，创造了省内重点项目建设的“电投速度”。“十一五”期间，他们将再出大手笔，计划投入资金50亿元，带动投资450亿元资金参与省内重大基础项目建设。其目标是：实现电力可控装机容量320万千瓦，较“十五”末翻两番；权益装机容量将达400万千瓦，较“十五”末翻一番，5年累计实现发电量300亿千瓦时；资产总额将达160亿元，较“十五”末翻一番，年均增长率15%。

近年来，尽管国内装机容量迅速扩增，但许多地区尤其是东部经济发达地区，电力短缺矛盾逾发突出。举世瞩目的西电东送工程，是西部大开发三大标志性工程中投资最大、工程量最大的一项。从2001年到2010年，项目总投资将达到5265亿元以上。这一伟大工程，为西部各省区提供了新的历史发展机遇。抓住这一难得机遇，加快推进工业化、现代化建设进程，不仅是甘肃电力面临的一道课题，也是整个甘肃工业面临的一道课题。

主编点评：

电力行业是国民经济的重要基础产业，属于资金密集型行业，具有投资大、产业链长、带动能力强的特点。加大电力投资和建设力度，可以直接促进投资、消费和外贸，拉动和刺激煤炭、冶金、建材、电气和机械制造等行业的需求。10年前，为应对亚洲金融危机，国家决定投资3000多亿元实施城乡电网建设改造，这一决策成功启动了城乡消费，为扩大内需、促进经济增长发挥了巨大作用。前车有辙。当下金融危机背景下的国家巨额的电网完善和改造投资项目拉动的不仅仅是电力企业，相关制造业又将会带来大量的订单。

相关电力企业应该立即行动起来，按照国家明确的使用方向和投资原则，抓紧启动一批新的建设项目，为扩大内需，确保经济平稳增长作出更大的贡献。在这个意义上，电力行业真的应该“大题大作”。

高歌猛进“火车头”

张 鹤

陇海、兰新铁路线横跨我省东西，沿途串起了天水、兰州、金昌、嘉峪关等工业城市。

包兰铁路连接兰州、白银，成为我省向北联络外界的重要“窗口”，铜城白银工业地位凸显。

铁路运输成为省内大中型工业企业内运原材料、外运成品半成品的重要途径。

在“工业强省”战略布局中，铁路运输扮演着不可或缺的角色。

拉进来送出去，铁路运输与企业关系亲密

酒泉钢铁集团公司是一个生产各种专用钢材、年产量达300万吨的国家级钢材生产基地，是我省钢铁企业“龙头老大”，它的原材料和产品绝大多数要靠铁路运送。在铁路运能有限的情况下，兰州铁路局“保重就急”，通过提吨增运等多种方式，力保每日百辆的车皮为这个大型工业企业运输原材料和产品。

绿化火车站是铁路部门专门为酒泉钢铁公司设立的货运码头。从镜铁山到绿化，去年又新开行了矿石直达列车。

同时，从宁夏大武口到绿化的煤炭直达列车也已成行。

一趟列车送来加工原料，一趟列车提供生产能源，酒泉钢铁公司再也不用为运输难发愁了。

酒泉钢铁公司有关人士介绍，铁路近年连续提速后，每天开行列车由以往的6对至7对增加到10对，运量每天增加5700吨至7600吨，大大提升了企业的生产能力。

和铁路运输有着“亲密关系”的还有兰州石化、金川公司等大型工业企业，

他们在铁路方面强有力的保障下，各项经济指标逐年攀升。2007年，我省铁路货运量完成7400万吨，同比增加884万吨，增长13.6%，创历史最好成绩。在支持和拉动我省工业经济快速发展中，铁路真正起到了“火车头”的作用。

保证重点运输是铁路义不容辞的责任。兰州铁路局始终坚持国家利益、社会利益至上，实施运力倾斜，调整运输结构，建立健全了地方政府与铁路部门的沟通协调机制和重点物资运输的长效机制，确保工业品等重点物资运输。2007年，全局煤炭、石油、粮食、钢铁等均超时间进度完成，并且均达到两位数增长。在兰铁局保障支持的重点工业企业中，全部实现了同比增加。其中，靖远煤业增加66.3万吨，中油西北销售公司增加213.0万吨，华亭煤业增加22.6万吨，金川公司增加25.6万吨，兰州铝业增加10.5万吨。铁路运输的快速畅通，解决了省内工业企业的后顾之忧，并填补了他们在国内其他地方的市场空白。兰铝铝加工等新的工业项目实现了内引外联，使“工业强省”的外延不断扩大。不难看出，我省工业企业的市场范畴正在随着铁路线的延伸而进一步扩张。

提速度加班次，铁路运输想企业之所想

2007年实现第六次铁路大提速后，兰铁局增加了长征、近会到张掖、金昌的煤炭直达列车，宁夏惠农、大坝到金昌、张掖等一系列煤炭直达列车，镜铁山到嘉峪关的矿石始发直达列车，宁夏中宁到颖川堡的石油直达列车，确定了以长征、红会、近会火车站为中心的3大煤炭战略装车点，以绿化火车站(酒钢集团嘉北火车站)为中心的钢铁战略装车点，以颖川堡、玉门南火车站为中心的两大石油战略装车点。这些重点物资铁路列车和战略装车点，对我省“工业强省”战略的整体布局起到了由点到线、点线连接作用，省内各个重点工业企业的原材料供应和成品拉运由铁路线联为一个有机体，并且，一些新型工业企业基地和新上马的项目，不断在铁路沿线诞生。

兰州铁路局党委书记张憬说，从第六次铁路大提速开始，甘肃“东大门”——天水每天开行的货物列车达52对。这意味着每天从甘肃等地可以向东部地区多运送货物1.5万余吨，也意味着每天又会有1.5万余吨货物运进甘肃等地。正是得益于如此得天独厚的交通优势，天水装备制造业基地发展蒸蒸日上。

西面，在每天开行20对货物列车的基础上，增开2对货物列车。每天从青海、西藏进入甘肃的货物可以增加5000吨左右，同时从甘肃等地还可以向青海、西藏多运输5000吨左右的货物。兰州、金昌、嘉峪关3座工业城市，是西行线上

保障的重点对象，石油、钢铁、煤炭是兰新、兰青铁路货运列车的主基调。

北边，在现有每天开行26对货物列车的基础上，增开2对货物列车，即每天从宁夏、甘肃等地向内蒙古可以多发送5000吨货物，内蒙古也可以向宁夏、甘肃等地多发送5000吨货物。与此同时，兰铁局还开行了嘉峪关(绿化)—塘沽、兰州西—昆明东等五定(定点、定线、定车、定时、定价)班列，增加我省货物供应。

铁路建设加速，拉动工业企业走向市场

面对2008年，兰州铁路局局长吴云天充满信心："我们将最大限度地发挥铁路的强大辐射作用，造福甘肃各族群众，尽快缩短与发达地区的差距，促进人便其行、货畅其流，为'工业强省'战略发挥重要的作用。"

2008年，兰青二线双线开通，兰武二线、武嘉电气化、嘉疏改造收尾工作也将完成，兰渝铁路等工程建设有望成行，发达完善的西部铁路网，为全省工业经济持续快速发展提供能力充足的快捷通道。

值得一提的是，作为甘肃与我国西南方面沟通联络的铁路主动脉，兰州至成都的兰渝铁路，经过省委、省政府和铁路部门的共同努力，逐步进入实施阶段，各项准备工作已经就绪。

兰渝铁路是国家铁路"十一五"规划的重点项目。建设兰渝铁路，是甘肃人民期盼已久的一项重点工程。为适应西部经济社会发展需要，2005年3月，铁道部与两省一市共同签署了《关于加快兰渝铁路建设的会议纪要》，拉开了兰渝铁路建设的序幕。

兰渝铁路北接兰新线、包兰线、兰青线及青藏线，南连宝成、襄渝、达成、宜万铁路，可形成自西北到西南出海口距离最短、最便捷的通道。兰渝线路全长约800公里，其中我省境内里程近430公里，占到全线的一半。线路主要承担四川、重庆、云南、贵州、广西部分地区与甘肃、新疆间的交流。据预测，兰渝线货运通过量2015年为1060万吨，2020年为1236万吨，届时，兰渝铁路将是我省工业品下西南、出东南的主要"桥梁"，在我省"工业强省"战略中担纲重要角色，特别是石油等能源运输，将出现新的境况。

目前，从兰州到重庆所走的线路是先从兰州到宝鸡，然后再转走宝成线，最后再从成都到达重庆，整个路线是"Z"字形。而直接将兰州和重庆相连，将比经过现在的宝成线、成渝线缩短运距500余公里。兰渝线建成后，将打破我

省进川货物传统路线绕行的“瓶颈”制约，同时，也将成为连接我国黄河、长江两大核心经济区域的一条铁路线。

兰渝铁路连接大西北、大西南，沟通长江流域与黄河流域，穿越西部资源最丰富的地区，横越两个西部大省和一个直辖市，辐射面积近10万平方公里。

省委书记陆浩明确指出，建设兰渝铁路，是完善甘肃境内铁路网的重点工程，是打通我省与西南地区的一条重要通道。省委和省政府态度非常明确，无论有多大困难，也要全力支持兰渝铁路建设，确保尽早开工建设，尽早建成发挥效益。

铁路运输一直是我省工业发展过程中面临的难题之一。不过，随着兰渝、西平等铁路项目的实施，兰青二线双线开通和兰武二线、武嘉电气化、嘉疏铁路等重大改造项目收尾工作的结束，在我省全面贯彻“工业强省”战略过程中，健全的铁路网必将充分发挥其桥梁纽带作用。

主编点评：

铁路运输是一种最有效的陆上交通方式。如果配置得当，铁路运输可以比路面运输运载同一重量客货物时节省五至七成能量。它具有安全程度高、运输速度快、运输距离长、运输能力大、运输成本低等优点，且具有污染小、潜能大、不受天气条件影响的优势，是公路、水运、航空、管道运输所无法比拟的。因此，大力发展铁路运输在现在金融危机的背景下，就更显得意义长远。在我省，铁路运输一直是工业发展过程中必须直面的难题。相信随着新一轮铁路大投资的及时展开，昔日的“难关”也将逐渐变成“通途”。

“共和国长子”展雄风

陈晓军　杨　阳

原油加工量从过去几百万吨到现在的千万吨级，化工产品拥有国际市场上不可替代的“名片”……石油化工产业在全省工业中所占的比例越来越重，不仅成为全省工业经济的支柱产业，同时也是全国石化工业的中流砥柱。

据统计，2007年全省石化工业完成现价工业总产值1067.41亿元，占全省生产总值的40%，同比增长21.61%；与2005年相比，增长62%。石化工业正以高速增长的态势，在全省工业经济领域独树一帜。

强化规模经营，提升全行业市场竞争力

打开中国炼油规模千万吨级“俱乐部”的名单，兰州石化公司榜上有名。在不到10年的时间内，兰州石化就从年产几百万吨的规模迅速扩张到1000万吨级。由兰炼、兰化重组整合后新组建的兰州石化公司，依靠中石油的大力支持，以近百亿元的投入，实施了300万吨重催装置、500万吨常减压装置、24万吨乙烯改造项目和6000吨超稳分子筛装置等“四大工程”建设。原油加工能力迅速提升到1000万吨，成为中国西部地区最大的炼油化工生产基地。兰州石化于2005年投资60亿元上马的70万吨大乙烯工程，进一步增强了在国际市场上的综合竞争能力。据统计，兰州石化2007年全年加工原油1056万吨，首次超过1000万吨大关，成为名副其实的西部石化航母。

庆阳石化公司加盟中石油后，过去在资金、技术、资源方面的“瓶颈”一一化解，企业得到超越式发展。庆阳石化用同行业最落后的炼油设备、最短的时间，形成一次加工能力150万吨、二次加工能力80万吨的规模，原油加工量、工业增加值、销售收入、上缴税金、员工收入实现“五个翻番”。据统计，从2005年至2007年，3年时间，庆阳石化累计加工原油265万吨，实现销售收入92

亿元，完成工业增加值24.47亿元。同时，有67年发展历史的玉门油田也脱胎换骨，主要生产装置达到了国内中上水平，综合配套加工能力达到年产300万吨的规模，生产油品160多种。

作为全省涂料行业领头雁的永新集团表现也不俗。2008年，投资3.5亿元建设的5万吨涂料生产线建成投产。这是目前西北地区规模最大的涂料生产线，其技术装备、节能环保等指标均达到国内领先水平。

刘化集团油改气后，目前已形成24万吨合成氨、40万吨尿素、10万吨甲醇的生产规模；金化集团通过改扩建等项目的实施，目前已形成12万吨合成氨、18万吨磷二铵、20万吨纯碱的生产能力；民乐化工厂通过研发年产1万吨红矾钠产品，成为国内唯一采用无钙焙烧工艺技术生产工艺的示范性企业；白银氟化盐公司形成年产5.5万吨的氟化盐生产能力，成为全国氟化盐生产实力最强的企业之一；古浪鑫淼精细化工公司生产经营持续发展，成为全国最大的电石生产企业。

据统计，2007年全省完成原油加工1426万吨，同比增长8.77%；全省石化行业整体实现利润36.6亿元，同比增长127%。

加强技术创新，为企业赢得生存发展权

石化行业虽是传统行业，是资源综合加工行业，但却是技术含量要求极高的行业。加之目前环保、节能减排的要求和国际市场竞争的压力，如果没有技术自主创新作为支撑点，企业生存已成为首要问题。

兰州石化有3张“名片”，代表着全球同行业核心技术的尖端，在全球和全国具有不可替代的位置。这3张“名片”就是烟气轮机、特种橡胶和石油树脂。烟气轮机是化工领域能量回收的重要设备，其核心技术一直由国外少数企业垄断，价格昂贵。

兰州石化自主研制出全国第一台YL3000型烟气轮机，打破了国际烟气轮机市场对中国垄断的局面。随后又相继成功研制出30000KW级特大功率烟气轮机，技术水准达到国际先进水平，已向国内外用户交付各类烟气轮机130台。兰州石化一直是“神舟”系列飞船所需特种橡胶的重要供货商，为国家国防、航空事业发展做出了重大贡献。石油树脂混合碳五加氢是涂料的主要原料，在国内纯属卖方市场，目前仍以进口为主，而兰州石油化工公司是目前国内拥有核心技术、能够生产混合碳五加氢石油树脂的少数企业之一。兰州石化与北京长信万

林合作的兰炼MAZ燃油清净助燃剂，车辆使用平均节油率汽油达到3%以上、柴油2%以上。

作为全国石化的元老，玉门炼油化工一直视技术创新为生存条件，其研制生产的15号航空液压油、3号耐醇脂、2号低温脂等10多个特油产品均为全国独家产品。刘化集团加大技改力度，建设水解装置等节能减排新工艺设备，不仅实现了废水氨氮、COD达标排放和尿素废水的零排放，仅通过清洁生产，2007年就实现经济效益562万元。甘肃祁原化工公司不仅研制出从有钙到无钙焙烧的生产技术，又研制出清窑机，解决了同行业窑内结圈的难题。金化集团通过技术攻关，采用自产粘合剂将无烟粉煤制成的煤棒用于造气，降低了原料成本，仅此一项年节约经费7500余万元。

延伸产业链条，扩大石化产业辐射圈

据省石化协会有关专家分析，目前我国经济处于一个长周期的上升阶段，消费结构升级带动产业结构和城市化发展等内需因素增长强劲。拉动基础性原料的需求，特别是石油化工产品的需求将继续保持旺盛势头，"软黄金"效应更加突出。同时，我省周边省区石化产业发展十分迅猛，很多过去石化行业比较薄弱的省区通过项目建设，已在国内形成新的石化基地。

目前，我省石化行业已形成石油勘探与开发、化学矿山、化肥、农药、农膜、有机和无机化工基本原料等25个行业，全省规模以上企业已有250余家，产品1000多种。有关专家分析，随着兰州石化1200万吨炼油扩能、70万吨大乙烯项目的建成投产，经过一次和二次深加工，仅此一项就可繁衍出210多万吨原料，用于下游化工产品的开发和综合利用，为我省乙烯下游产品产业链的延伸奠定基础。

专家分析，大乙烯投产提高了甲苯的生产能力，为塑料等下游产品的扩产提供了有利条件。而白银聚银公司TDI扩建项目建成后，生产能力将达到10万吨，其原料甲苯用量将增加一倍，同时又为聚氨泡沫塑料、合成纤维、氨纶等系列产品的扩张及下游相关企业的发展提供了原料保障。吉利汽车年产10万辆小汽车，每年零件配套就需消耗塑料1万吨；兰州金钢轮胎公司的全钢子午胎等项目投产后年所需丁苯橡胶就达3.2万吨；西北永新5万吨涂料生产线每年所需甲苯等化工原料就在8000吨以上，它们都是大乙烯下游产品的重要用户。

随着大乙烯、天然气、煤制甲醇项目等石化大项目的投产和运行，这种下游配套生产链已在初步形成和正在建设中。兰州市西固区制定了石化城的建设规划，重点开发以乙烯深加工为主的上下游产品，引进发展精细化工、新型材料等产业；构筑优势产业链，促进石化产业集群发展，把西固建成中国西部地区最大的石化产业基地和石化产品集散地。2006年，西固区就引进蓝星新材料加工基地、三一重工、开辰集团商贸综合开发等一批重大项目，全年签约项目40项，引进资金25.24亿元。西固区2007年在石化产业发展论坛上，就签约年产20万吨高清洁复合铅汽油多个配套项目，其中入驻新城工业园年产3200万条塑料编织带生产线，就是70万吨大乙烯配套项目。华亭煤业60万吨煤制甲醇项目的建设投产，对缓解华亭煤炭外运压力、优化工业内部结构、延伸产业链条都有重要意义。目前，平凉附近与之配套的下游生产线已在规划与评估中。

我省石化基础扎实，产业链已形成，加之资源、技术优势，企业和产品自主技术创新核心竞争能力的提升，各地和企业的投资情绪十分高涨。专家分析，如果能抓住机遇，加大对石化原料下游化工产品的开发和综合利用支持力度，吸引国内外、省内外有实力的企业和投资商进入我省石化产业链中，全省的石化工业将会进入发展与壮大的快车道。

主编点评：

石化行业是资源综合加工行业，也是技术含量要求极高的行业，如果没有技术自主创新作为支撑点，企业就难以生存。因此，即使在产品销势良好的情况下，企业也应着手产业链的延伸与高附加值产品的开发。金融危机发生后，有些企业产品出口受阻，有些企业不得不面临减产、停产的困境。如果企业能未雨绸缪，及早生产高附加值产品，在危机中不失为一种求生的新法宝。

在当前经济形势下，我们应优先考虑能够增加就业的高新技术。这就需要企业从成本核算中找到平衡点，通过带动就业、促进消费，使社会资金尽快流动起来。

我省的石化行业诞生过很多有“共和国长子”之称的大企业，相信在这些全国石化的元老们的带动下，这个行业会笑对危机，最终在危机中找到机遇。

市场激活“农字号”

王朝霞

我省在由传统农业迈向现代农业的过程中，依托地方特色资源，兴起了一批农副产品加工企业，它们在陇原各地生根开花，形成区域性特色产业加工集群，铺架起了农民增收致富的桥梁。

我省农副产品加工企业，从“小打小闹”走向规模化、集约化、专业化发展的路子，从粗加工迈向精深加工，使并不起眼的奶渣、白瓜子、苹果改头换面，走向了国际大市场。

八条“产业龙”，把农产品舞进大市场

马铃薯是我省最大的特色产业，种植面积居全国第二、产量居全国第一。我省马铃薯加工企业已有500多家，形成了以定西、张掖、天水为主的马铃薯企业加工产业。

目前，定西市已成为全国最大的马铃薯淀粉加工基地，淀粉加工企业达433家，其中千吨以上的精淀粉及其制品生产企业33家，生产能力达35万吨，成为贫困地区脱贫致富的一项富民大产业。因为加工增值的原因，定西安定区从2004年到2007年4年间，马铃薯收购价由每公斤0.46元涨到0.84元，全区农民人均马铃薯收入达1200元，成为全国马铃薯产业收入最多的县区之一。

像定西马铃薯淀粉加工这样的特色产业加工带，我省有八条：以河西、陇东为主的牧草饲料加工产业；以平凉、临夏、甘南为主的牛羊肉及皮毛加工产业；以兰州、甘南、临夏为主的乳品加工产业；以武威、张掖、酒泉为主的河西走廊玉米制种产业；以兰州、天水、庆阳为主的高原夏菜及果蔬保鲜加工产业；以金昌、白银、酒泉为主的啤酒原料产业等。2007年，全省农副产品加工量达750万吨，农副产品加工转化率达35%，比2002年提高10个百分点。目前，

全省农副产品加工企业达6154家，其中省级龙头企业206家，国家级示范企业13户。尤其在特色产业加工带上，全省形成60多个龙头企业加工集群，把农业引上了产业化之路，把农产品引进了大市场。

作为我省特色产业的啤酒大麦，面积和产量全国领先，使我省成为国内啤酒大麦和麦芽最大的调出省份，麦芽企业建设规模和发展速度创下全国同类行业之最。到2007年底，我省啤酒大麦生产企业发展到41家，麦芽加工能力达83万吨，能吃掉全省所产啤酒大麦70多万吨，高于全省总产量，麦芽厂的建设在产区形成了龙头带动作用。

据有关人士介绍，目前，我省啤酒麦芽占全国五分之二的市场份额，基本上占领了长江以北市场。从全国范围来看，由于我省啤酒原料价格较低，澳大利亚啤酒麦芽市场已由过去统领国内市场变为目前只占市场份额的50%。

技术创新，为农产品争得市场话语权

提起农副产品加工，著名农村问题专家陈锡文有这样一个形象的说法：吃过晚饭，让你吃一个苹果，你能吃得下。如果让你吃三个苹果，恐怕就受不了。但是，如果把这三个苹果榨成一杯果汁，你会一口气把它喝下去。

我省农副产品加工企业运用“把苹果变成果汁”的思路，着力推进科技创新，开发名优新特产品，从粗加工、初级加工迈向精深加工、二次以上加工，延伸了产业链条，提高了农副产品的附加值。

甘肃华羚乳品集团依托清华大学生物系、中国农业大学食品学院、东北农大、甘肃农大、甘肃省畜产品工程技术研究中心等名牌大学和科研机构，在国内干酪素行业率先成立了甘肃华羚生物技术研究中心，并通过了省级技术中心认定。利用青藏高原的奶渣为原料，自主研发了牦牛曲拉精制盐酸干酪素等3项产品，填补了国内空白，每年开发出8个新产品，并转化生产，形成3大系列14个产品体系。2008年，企业承担了编写牛乳酪蛋白干酪素国家标准的任务，华羚的“标准”将成为国内干酪素企业的共同标准。

华羚集团常务副总经理童伟说：“企业只有持续不断地创新，才会有市场的话语权和选择权。”2007年，华羚集团出口创汇3200万美元，位居全省农产品出口企业第一，居全省出口企业前10位。“华羚干酪素”成为国际市场上叫得响的品牌。

通过扶持和引导，目前我省已有51个农副产品加工企业成立了研发机构或研发中心，加快技术创新和设备改造。企业立足市场，开发了一批多行业、多门类的新产品，仅2007年，全省乡镇企业农产品加工业就开发新产品57项，有生物医药类的万寿色素颗粒粕、苦参素、人工牛黄；酿造类的葡萄白酒、干红酒、麦芽；应用于化工类的变性淀粉、工业干酪素；食品添加剂酪阮酸钠、酪蛋白磷酸肽等。这些新产品的问世，有的填补了国内空白，有的达到了国际先进水平。

通过培育提升，上规模、上水平、上档次的农产品加工企业不断增多，一批外向型出口企业脱颖而出，成长为新的支撑力量。果汁、鲜花、白瓜子、中药材、菜瓜花卉种子等经过加工的"土特产"，在国外市场占有越来越大的份额。2007年，我省出口农产品企业发展到124家，农产品出口创汇2.25亿美元，同比增长38%，高出全国平均增幅约20个百分点。干酪素、瓜子出口占全国的70%以上，苹果汁出口居全国第五位。

外引内培，做强做大农产品加工业

近年来，我省坚持发展抓项目，不断优化投资环境，引进国内外知名企业，开工建设了一批高起点、高层次的农副产品加工项目。张掖市民乐县与荷兰艾为口集团合作，总投资15亿元，采用目前世界上最先进的马铃薯全粉生产设备、工艺技术和管理方式，建设年产10万吨马铃薯全粉、20万吨薯条生产线，一期工程1.5万吨马铃薯全粉生产线于2007年4月开工建设。伊利集团落户兰州市红古区，计划投资3亿多元，新建日处理500吨鲜奶的乳品加工企业，一期工程投资1亿元，建设日处理200吨鲜奶的乳品加工生产线。山东威龙公司落户武威，投资3亿多元，开发荒地发展葡萄酒产业，已定植葡萄1.8万亩。全球50强企业美国杜邦先锋公司，及国内奥瑞金、中种、德农等全国十大制种企业落户河西，要将我省打造成全国最大的玉米杂交制种基地。

庆阳是白瓜子集散地，但庆阳的籽仁加工企业属于原料、市场"两头在外"企业。在当地政府支持下，陇东农副产品集团公司、华兴土特产有限公司、庆城宏达农贸有限公司等39家白瓜子加工民营企业进行股份制联合，以实际资产进行入股，组建起甘肃鼎峰有机食品股份有限公司，以做大同一品牌优势产品。目前，庆阳白瓜子占全国出口总量70%的市场份额，占全球市场份额的40%。

2008年1月，全省农村工作会议提出，要在3至5年内，组建年销售额上亿元的农业产业化龙头企业30家以上，5亿元以上的10家，10亿元以上的5家，逐步由农业主导型经济向工业主导型经济转型。目前，我省通过资本运营扩大规模，组建了兰州高原夏菜产业集团、天水长城果汁集团、平凉金果集团、平凉红牛集团、甘肃薯界淀粉集团等，实行统一标准、统一质检、统一品牌、统一销售的运营机制，提高市场竞争力。

据业内人士分析，我省农副产品加工企业还存在加工规模和整体水平不高、资金投入不足、原料与加工需求矛盾突出、企业与农户之间的利益链接机制不够完善、社会服务体系不健全等问题。只有采取更有前瞻性和针对性的发展举措，突破“瓶颈”，才能迎来我省农副产品加工的春天。

主编点评：

目前，农产品加工业已成为国民经济中发展速度最快、与“三农”关联度最高、对“三农”带动最大的行业，并呈现出引领现代农业发展、引领新农村建设、引领新型农民培育和引领消费需求的趋势。

首先，发展农产品加工业，有利于优化农业和农村经济结构，推动农业产业升级，引领农业向着标准化、规模化、产业化发展；有利于延长农业的链条，实现深加工增值，提高农业的综合效益；有利于使分散农户实现与市场的有效对接，拓展农产品市场，促进现代农业发展。其次，发展农产品加工业，大力培育主导产业，不断发挥农产品加工企业的带动优势，可以将农业、农村的资源优势转化为产业发展优势，转化为新农村建设的经济优势，为新农村建设注入大量资金，促进和谐农村的构建。第三，大力发展农产品加工业，可将农村富余劳动力就近就地吸收到农产品加工企业中，让农民在参与加工过程中逐步提高素质，切实增加收入。第四，人们的食品消费需求呈现出多样化、方便化、营养化、安全化等新特点，市场上出现的从吃水果向喝水果、从喝牛奶向吃牛奶等方面的转变，既是食品消费转变的实证，也是农产品加工企业适应城乡居民消费需求变化的具体体现，说明农产品加工业正起到引导和拓展食品消费需求的作用。

因此，积极推进农产品加工业持续健康发展，就有了现实的紧迫感和责任感。

万千广厦竞风流

陈晓军　杨　阳

在全省支柱产业中，建筑业是一支具有双重使命的队伍。

这支队伍不仅在全省、全国，甚至在国外建设了许多标志性工程，树立起了工程质量的品牌，而且成为容纳全省农村富余劳动力的主力军。目前，全省建筑队伍有80余万人，加上短期操作人员总数将达百万以上。正是这个劳动密集型行业，为全省农村富余劳动力的就业提供了一条宽阔的绿色通道。

随着全省工业强省战略的实施、发展抓项目措施的深入，固定资产投资不断增加，我省建筑业蓬勃发展。据统计，2007年，全省建筑业完成总产值795亿元，占全社会固定资产完成总量的61%；其中建筑业增加值216亿元，占全省GDP的8%左右。5年来，全省建筑业累计完成总产值2885亿元，完成增加值801亿元。

工程质量大于天

鲁班奖是全国建筑工程质量的最高奖项。省建九公司承建的敦煌宾馆，因其施工精致、装修细腻，1997年在鲁班奖评选中入围夺金，从而使我省建筑项目实现了鲁班奖“零的突破”。

甘肃七建是全省房屋建筑的老品牌，他们坚决执行工程质量一票否决制，每道工序都一一记录在案，是全省率先将工程质量与工资奖金挂钩的建筑企业之一。由甘肃七建施工的兰州大学综合楼上赫然挂着“向鲁班奖看齐”的标语。七建人说，“我们就是给自己加压，给自己鼓劲，即使这个工程与鲁班奖无缘，我们承建的所有工程都要用鲁班奖的评奖标准来建设”。功到自然成，兰州大学综合楼2002年获得鲁班奖，所建甘肃省陇财大厦2005年又获鲁班奖，甘肃七建成为全省唯一3度摘取鲁班奖的建筑企业。正是由于狠抓工程质量，在业主眼中的七建，就是甘肃建筑工程质量的旗舰和品牌。甘肃七建不仅赢得了国内业主的青睐，也闯出国门，在哈萨克斯坦等地承揽了新的项目。

甘肃一建是全国火电建筑市场的一支劲旅。20世纪90年代末，甘肃一建承建了平凉电厂4×30万千瓦机组的土建工程，采用了独特的“大吨位千金顶液压提模高耸构筑物”工艺，成为全国最高烟囱创造者，所建工程2002年荣获鲁班奖。华能国际电力公司专家在考察平凉电厂工程后一致认为，该工程达到全国电力建设质量管理的最高水平。依靠完善的质量管理体系和先进的技术，甘肃一建开始驰骋大江南北，挺进湖南、山东等全国近20个省市的火电建筑市场，后又在印尼获得13亿元人民币的大项目。据统计，甘肃一建今年1至4月，在全国建筑市场上共中标12项，工程合同总额近8亿元，在手任务已接近30亿元。

市场是工程质量的忠实监督者，也是具有最高权力的裁判。陇原建筑队伍在建筑市场竞争激烈的磨练中成熟起来，将“工程质量大于天”的理念视为生存的基本条件，靠工程质量和信誉来搏击建筑市场。据统计，从1997年至今，全省共有18个工程荣获鲁班奖。

在磨砺中增强实力

建筑市场是劳动密集型市场，是技术和质量的市场，也是资金与实力的市场。没有雄厚的实力，工程施工难以展开，更难赢得业主的青睐。

我省建筑大军是以“国”字号为龙头，甘肃建工属下的甘肃一建、甘肃二建等10余家企业均是几十年的老国企，历史包袱沉重。为进一步激活建筑企业的综合竞争力，我省按照突出主业、因企制宜分类改制一企一策的办法深化建筑业改革：国有控股，做大做强一批；国有参股，鼓励民营化，放开搞活一批；先安置、重组，后破产一批；减轻企业办社会负担，移交剥离改制一批。由此对全省国有建筑业进行了改革。甘肃建工下属企业目前基本完成了机制改革，学校等后勤正在或已移交于社会和政府。公司新确定了工程总承包、海外经营、房地产开发和科技研发四大板块优势的企业发展战略，确定了“立足甘肃、辐射省外、开拓海外”的市场拓展战略，企业核心竞争力得到整体提升，在省内竞争激烈、盈利空间狭小的建筑市场上崛起，总产值在2003年突破30亿元大关后一路攀升，2006年突破50亿元。首次入围由美国《工程新闻纪录》(ENA)主办的2006年度“中国承包商60强”，名列第47位。ENA中国承包商60强排名是目前国内建筑业唯一按市场占有量、企业规模与实力的排名，具有极大国际影响力，从中产生的60强代表了中国工程建筑界的主力方阵。2007年底，甘肃建工完成产值60亿元，揽得海外项目逾36亿元人民币，再次入围全国承包商60强，名列第38位。

民营建筑企业也在市场竞争中得到了长足发展，甘肃红旗、甘肃武威再就业等一批民营建筑企业的规模和实力不断壮大。2004年度，全省唯一获得鲁班奖的武威雷台文物保护与汉文化园区工程，就是甘肃武威再就业工程公司建设的，这也是我省唯一获得的一次园林工程类鲁班奖。

经过省建设厅等部门对企业资质的严格考核，经过“劣者淘汰，优者生存”市场规律自然选择，目前全省有2006家建筑企业，其中非国有1761家，占到企业总数的85%，形成了产权多元化、多种经济成分并存的格局。

市场竞争使全省建筑队伍开始了新一轮的“洗牌”，建筑企业的综合竞争实力得到提升，在有关部门举办的2007年全国建筑500强评选中，甘肃七建等5家公司榜上有名。

不容忽视的支柱产业

与石化、电力、冶金、钢铁等行业相比，甘肃建筑业显得比较松散，单体产值不大，但整体对社会作出的贡献毫不逊色。据统计，2006年，建筑业完成税收16.99亿元，占全省地税收入的19.12%。

建筑业对社会的贡献并不仅仅表现在税收，更重要的是它已成为解决农民工就业的主渠道之一，如省建总公司每年雇用农民工人数就在10万以上。

建筑业是靠投资拉动的，但经济欠发达是我省的实情。虽说全省全年固定资产投资从2001年的505亿元增至2007年的1240亿元，但这对于80多万的建筑大军来说，仍是“僧多粥少”。加之近年发达省市建筑企业经过原始资金积累，开始拓展西部市场，外省驻甘的一级资质建筑企业数量已多于省内企业，这使省内建筑市场竞争更加激烈。

有关人士分析，与发达地区的建筑龙头相比，我省建筑企业在资质、施工装置、技术创新等方面并没有太大的差距，而且部分施工工艺和技术在全国属于先进水平。目前，我省建筑业与全国、与兄弟省市相比，存在的差距、问题和困难，不仅需要企业自身努力，更应该引起政府有关部门的关注。它山之石，可以攻玉。只要社会各界共同努力，甘肃建筑业有条件、有实力、有潜力在全国建筑市场上大展宏图。

主编点评：

从对社会的贡献来说，建筑业不逊色于其他支柱行业，它在完成巨额税收的同时，还成为农村剩余劳动力的就业主渠道，这是其他行业难以替代的。这使我们想到设立“工业强省”战略的初衷：捕捉西部大开发的历史机遇，全面建设小康社会。所以，“工业强省”战略的最终目标也只有一个，就是让广大群众都能分享到工业繁荣所带来的成果。所有的“国计”都要通过民生来实现它的价值，而最大的民生就是就业。

“乌金”滚滚翻新浪

卢吉平

2007年，在煤矿数量逐年减少的情况下，全省产煤3977万吨，全省煤炭开采和洗选业现价工业总产值突破60亿元，发展势头强劲。华亭煤业、靖远煤业和窑街煤电公司等三家煤炭骨干企业跻身全国煤炭工业百强企业，成为全省煤炭行业的“龙头”。

同时，在市场和一系列政策推动下，全省煤电化冶产业格局正在逐步形成，曾被称为“夕阳产业”的煤炭业，悄然开始变脸。

培育大集团，提升煤炭行业整体竞争力

长期以来，我省小煤矿点多、面广，煤矿产业集中度低，不利于煤炭产业整体水平的提升。如何做大做强煤炭产业，培育龙头骨干企业，向现代化集约化方向发展，成为我省煤炭工业健康发展的一道难题。

在各级政府的有力支持下，近年来，我省煤炭龙头企业通过增资扩股、产权转让等形式，积极吸引战略投资者和合作伙伴，以产权多元化为核心的股份制改革全面展开。

华亭煤业集团有限责任公司堪称煤炭工业改革发展的典范。2002年4月，原华亭矿区建设管理委员会、华亭矿务局、平凉地区华煤集团等三户煤炭骨干企业重组后，成立了我省最大的煤炭企业——华亭煤业集团有限责任公司。

2005年9月，由华亭煤业集团煤电股份公司控股，吸收社会资本组建成立甘肃华亭中煦煤化工有限责任公司，开工建设投资28.99亿元的煤化工项目，计划2009年建成。

2006年，华亭煤业集团引进战略投资者，与华能集团建立战略联盟，共同投资12亿元，合作开发年产240万吨的大柳煤矿。

正如华亭煤业集团公司董事长缪寅生所说，通过不断加强战略合作、吸收外资、多元持股和对煤炭下游产业的开发，如今的华亭煤业，正逐步向“煤—电—化工—建材”为核心主业的跨行业、跨地区的大型能源化工集团迈进。

作为我省煤炭骨干企业的靖远煤业，也不甘落后。2001年8月，公司以成功实施“债转股”为标志，建立了公司制企业框架体系，实现了由工厂制向公司制的跨越。2005年，公司以重组长风特电上市为标志，打开了直接进入资本市场融资的渠道。2007年10月，公司正式更名为靖远煤业集团有限责任公司。此举又为把靖远煤业集团建设成产业结构、资本结构合理，产品优势明显，核心竞争力强，跨行业、跨地区经营的企业集团迈出了可喜的一步。

靖远煤业集团有限责任公司董事长毛鹏茜说，2007年，公司煤炭产量突破900万吨，工业总产值突破20亿元，上缴税金突破2亿元。今后，公司要做大煤炭主业，做强非煤产业，做好服务行业，力争“十一五”末集团煤炭产量达1000万吨，销售总额达到25亿元。

我省对华亭煤业、靖远煤业和窑街煤电公司等骨干煤炭国有企业实行股份制改革，进一步增强了企业资本运作能力和资本扩张能力。省煤炭安全生产监督管理局局长刘天明认为，培育和发展大型煤炭企业和企业集团，是推动我省煤炭产业升级、促进煤炭工业可持续发展的重要途径。通过市场引导和政府推动，培育和组建了实力强大、优势明显的大型煤炭企业集团，有效提高了我省煤炭生产集中度，稳定了煤炭供需形势。

关停小煤矿，营造煤炭业健康安全发展环境

煤炭安全生产，不仅关系到企业经济效益和发展前景，更关系到人民群众的生命财产。

为了提高我省煤矿安全保障能力，我省煤炭企业和各级煤炭安全生产监管部门扎实做好隐患治理工作，坚持不懈地打好瓦斯和水害防治攻坚战。省政府组织有关部门对不达标的小煤矿进行整顿关闭。近3年来，全省累计关闭小煤矿101处，煤矿数量减至目前的393处，提前半年超额完成了列入国家下达的煤矿关闭任务。

经过两年多采取的关闭小煤矿等一系列举措，全省煤炭安全监管工作逐步走向制度化、规范化和标准化，初步建立起了覆盖全省产煤市县的煤炭安全监管体系。

同时，我省大型骨干煤炭企业也把安全生产放在首要地位。特别是华亭煤业集团马蹄沟煤矿被列入全国45家创建本质安全型矿井试点单位。经有关部门评定，有41个省属和地方煤矿分别达到安全质量标准化一、二、三级矿井标准，有4个地面单位标准化工作达到行业标准。

由于加强了小煤矿的关停力度，增强了煤炭企业安全生产保障能力，全省煤矿事故起数、死亡人数和较大以上事故死亡人数、煤炭生产百万吨死亡率全面下降，为行业健康发展提供了有力保障。

延伸产业链，重建煤电化产业发展格局

长期以来，我省煤化工行业发展相对较慢，主要涉及的领域局限在煤的气化、焦化等方面，后续产品只限于合成氨、尿素、甲醇、焦炭、苯、煤焦油等。目前，全省现有合成氨生产能力81万吨，其中用煤作原料的26万吨。金昌化工公司是省内煤制合成氨的最大企业，合成氨年生产能力达到16万吨。张掖市化肥厂、远东化肥厂各有合成氨生产能力6万吨。

产业链条短，加工深度低，产品附加值不高，这是长期制约我省煤炭行业发展的突出问题。在新的发展时期，面对经济全球化的激烈竞争和全国各省区市竞相发展的新形势，我省煤炭工业如何向产业化发展？省经贸委副主任朱行之认为，必须加快转变经济发展方式，依靠科技进步，不断延伸产业链条，发展特色产业。

煤电作为关联度很强的产业，成为我省破解煤炭产业化发展瓶颈的首要步骤。2007年，在省经委的积极倡导下，我省建立煤电和谐发展机制，鼓励煤、电生产商建立长期稳定、互利双赢、风险共担的供需关系，自主衔接资源、自主协商价格、自主签订合同，保证了煤炭、电力持续稳定发展。

同时，省政府对整顿矿产资源开发秩序进行了总体部署，省经委重点围绕延伸煤炭等矿产资源加工产业链开展了前期工作，经过广泛调研，会同相关部门研究提出了《关于加快延伸甘肃矿产资源加工产业链的意见》，确定了煤炭深加工等五个重点领域。

2005年9月，作为我省最大的煤化工项目，甘肃华亭中煦煤化工有限责任公司年产60万吨甲醇项目，由华亭煤业集团煤电股份公司控股，总投资28.99亿元，计划2009年底建成投产。项目建成后年用煤量将达到180.74万吨，年均销售收入将达到10.39亿元。这一煤化工项目也是华亭煤业借助深加工项目，使资

源优势转化为产业优势，产业优势转化为经济优势，进而成为集团公司实现“五年百亿”战略目标的龙头项目。

同时，按照全省煤炭工业发展规划，今后5年，窑街煤电公司将投资13.94亿元，建设年产30万吨甲醇和20万吨二甲醚两个大型煤化工项目，建成后年销售收入预计达8亿多元。同时，在平川地区、庆阳地区和华亭矿区建立煤制甲醇等大型煤化工基地，在窑街、金昌等地建立煤炭液化和复合肥等中型煤化工基地。

主编点评：

被称为“夕阳产业”的煤炭业，正在悄然变脸。由以前的亏损大户成长为今天的利润强企。这一切的背后得益于煤炭龙头企业的股份制改革；得益于煤炭工业依靠科技进步延伸产业链，重建煤电化产业发展格局的战略。这种现象说明了，只有摸透了市场的脉搏，市场才会垂青你。

“钻石产业”沐春风

宜秀萍

生物制药是一个知识密集、技术含量高、多学科高度综合互相渗透的新兴产业，被人们誉为21世纪的“钻石产业”。甘肃省第十一次党代会提出，要把生物制药产业培育成我省新兴特色优势产业。省委、省政府提出的“工业强省”战略中，生物制药产业被列为“做大做强六条龙”中的一条“龙”。我省生物制药产业如遇春风。

如何抓住这一机遇，走出一条甘肃医药发展的特色之路，成为摆在甘肃医药行业面前的一个重大课题。

龙头企业走强，生物制药产业发展基础初具规模

“中藏药和生物制品生产企业是我省医药企业的主力军，全省现有38家医药企业，其中31家是中藏药生产企业，1家为生物制品生产企业。2007年，全省医药工业总产值为27.5亿元，中藏成药和生物制品分别占到52%和26%。”省食品药品监督管理局党委书记高建邦分析，经过多年的发展，我省医药工业发展基础已经初具规模，重点制药企业全部通过了《药品生产质量管理规范》认证，企业装备和管理水平明显提升，一批龙头企业发展势头良好。2007年，兰州生物制品研究所销售收入超过5亿元，奇正、独一味、佛慈3家企业销售收入超过1亿元。2008年3月1日，经国家证监委批准，独一味公司上市挂牌交易，填补了我省医药企业无上市公司的空白。

集科研、生产、营销为一体的兰州生物制品研究所是我省医药行业当之无愧的领头军。通过多年持续的良性循环发展，已培育、吸引了一批业务精湛的科技队伍和国内生物制品行业的知名专家，企业已走上了自主研发创新之路。该所先后获得国家Ⅰ类新药4个品种，Ⅱ类新药8个品种，Ⅲ类新药2个品种，Ⅳ

类新药及仿制药13个品种，已有80多种自主研制的生物制品批量生产上市。

“人无我有，人有我新，这就是我们的研发思路。”该所科技开发部有关负责人介绍，他们已经发明了多项堪称“独门秘笈”的专利技术。其中，治疗用A型肉毒毒素是我国第一个出口的生物制品、国内唯一批准上市的相关产品，在近几年的30多起肉毒中毒事件中，挽救了200多条生命，目前已在近20个国家注册。口服轮状病毒活疫苗、痢疾双价活疫苗均为世界上唯一批准上市的相关产品，同时被国家列为高技术产业化生物专项项目。目前，该所新产品销售收入已占全部销售收入的80%以上。2007年，该所生产的口服轮状病毒活疫苗、B型流感嗜血杆菌结合疫苗、A群C群脑膜炎球菌多糖疫苗均实现了单品种销售收入过亿元。

如今，在甘肃乃至全国，说起藏药，人们首先会想到“奇正”，想到“奇正消痛贴”、“洁白丸”。藏药已成为民族药品的一支奇葩，广为人知，并被广泛使用。

1993年，奇正公司投身藏医药领域。十几年时间，在甘肃甘南藏区、榆中县及西藏林芝建成四座现代化的藏药厂。传承和创新是奇正公司的两大支点，也是推动藏药成功走向市场的两大法宝。在保持藏药优秀特质的基础上，奇正公司不断创新生产技术，率先将“真空均质乳化”、“离心喷雾干燥”、“透皮吸收”等高新技术应用到藏药生产中，实现了传统藏药生产和现代制药技术的融合。奇正藏药创造了以“奇正消痛贴”为代表的一系列新剂型专利藏药，赢得了日内瓦国际发明博览会金奖等多项国际、国内发明大奖，连续6年在外用药市场取得销售第一的好成绩。2007年，仅“奇正消痛贴”销售收入就超过亿元。

在激烈的市场竞争中，奇正公司从藏医药文化入手，大力宣扬综合施治的藏医药体系，使产品拥有了雪域之外近2亿人次的使用量，让越来越多的人认同并接受。

保护环境、有序开发，从建立首个药材繁育基地开始，奇正公司就秉承这样的生产理念。如今，该公司四个药材基地稳步发展，不仅为当地群众开辟了增收之路，也为公司实现可持续发展奠定了坚实基础。

比较优势突出，制药产业发展前景广阔

省委书记陆浩对甘肃医药产业发展曾作过这样的批示：“医药工业是世界朝阳产业，也是我国高新技术产业发展的重要领域。我省在生物制药、中药材

资源、有机合成科研、中成药加工等方面具有比较优势。”

全省中药材种植面积达250万亩，产量约36万吨，产值近20亿元，有包括植物、动物、矿物种类的中药材资源1527种，当归、党参、黄芪、红芪、大黄五大优质道地药材种植面积超过100万亩，种植面积、产量均排在全国首位。此外，还有国内唯一的管制药材罂粟种植基地。这些数字彰显了我省作为中药材资源大省的资源优势。

我省拥有兰州大学、西北师范大学、兰州理工大学、甘肃农业大学、甘肃省科学院生物所、兰州生物制品研究所、兰州兽医研究所等一大批高等院校、科研院所及研发机构，建有符合国家《药物临床前研究质量管理规范》要求的毒理研究所、病毒研究所、基因药物研究所和符合国家《药物临床研究质量管理规范》要求的国家药品临床研究基地，具有三条国际先进水平的菌苗、疫苗生产线。在疫苗、基因工程药、天然药物、动物转基因、农作物良种繁育等方面，取得了大量重大科研成果，形成了从基础研究、应用研究、中试开发直至产业化的技术创新体系。

兰州大学药学院、省中医学院有基本符合国家《药物临床前研究质量管理规范》要求的实验室，省人民医院、兰州军区总院等5家医疗机构有通过国家《药物临床研究质量管理规范》认证的药物临床研究实验基地，全省初步形成了比较配套的新药开发体系。

全省现有2931个药品品种，其中中藏药1497种，占品种总数的51%。近年来，有20个新药获得国家药品生产批准文号；35个中藏药获得国家中药品种保护；一批新药正在研制中，其中部分具有自主知识产权。

研发力量薄弱，制约医药产业做大做强

“企业的核心环节由三部分组成：研发、生产、销售。发展好的企业都是哑铃型的，两头大，中间小；而我省的绝大多数企业都是枣核型的，两头小，中间大。”高建邦形象地指出我省医药企业当前的通病。

我省医药企业大部分为中小企业，筹资渠道单一，市场开发能力薄弱。目前尚无销售额超过10亿元的企业，销售额上亿元的药品生产企业仅4家，单品种销售收入过亿元的仅4个品种。中药饮片企业规模则更小，销售收入超过千万元的仅6家。而研发一个新药前期投入至少也要几千万元，周期最短需要5年，批准上市后，开发市场、打造品牌需要更雄厚的资金和实力支撑，这对我省大多

还处在谋生存层次上的医药企业来说，无疑是一种奢求。此外，企业营销人才短缺，经营观念保守，营销手段落后，市场营销策划、操作能力弱，开发效率低，许多疗效好的新产品市场覆盖面小、占有率低，没有真正发挥应有效益。

“资源优势已经算不上优势了，如何有效利用资源，将其转化为产业优势和经济优势才是真正的优势。”省政协副主席、省食品药品监督管理局局长栗震亚说，全省医药工业总产值不及发达省份一个企业的总产值，仅占全省GDP的1%，是典型的“资源大省、产业小省”。

栗震亚指出，我省的中药材精加工和深度开发不足，未形成完整的产业链，资源优势尚未转化为产业优势和经济优势。目前仅有甘肃农垦的管制药材罂粟和岷县的当归，通过了国家《中药材种植质量管理规范》认证。龙头企业尚未进入药材种植领域，集约化种植程度低。药材产地饮片加工企业规模小，中药材加工起点低，经营模式仍然是药农自卖为主，外地客商低价收购、高价转销，围绕中药材资源开展品种和技术研发能力弱，产品附加值低，资源转化率低。

优势与劣势并存，困难与机遇同在。全省“十一五”经济社会发展规划已经把生物制药产业作为一个新型产业来培育，力争将其发展成为我省的支柱产业。兰州生物医药科技园的建设也将为生物制药产业提供更好的发展前景。

主编点评：

一个产业的发展，最终还是要落实到一个个企业身上。改变生物制药“资源大省、产业小省”的使命就历史性地落在了这些龙头企业身上。只要企业建立起完善的内外管理机制，建立起完善的现代企业制度和现代产权制度，抓住技术创新的核心，以市场需求为生产经营的导向，那么无论什么性质的企业，都会从市场竞争中胜出。

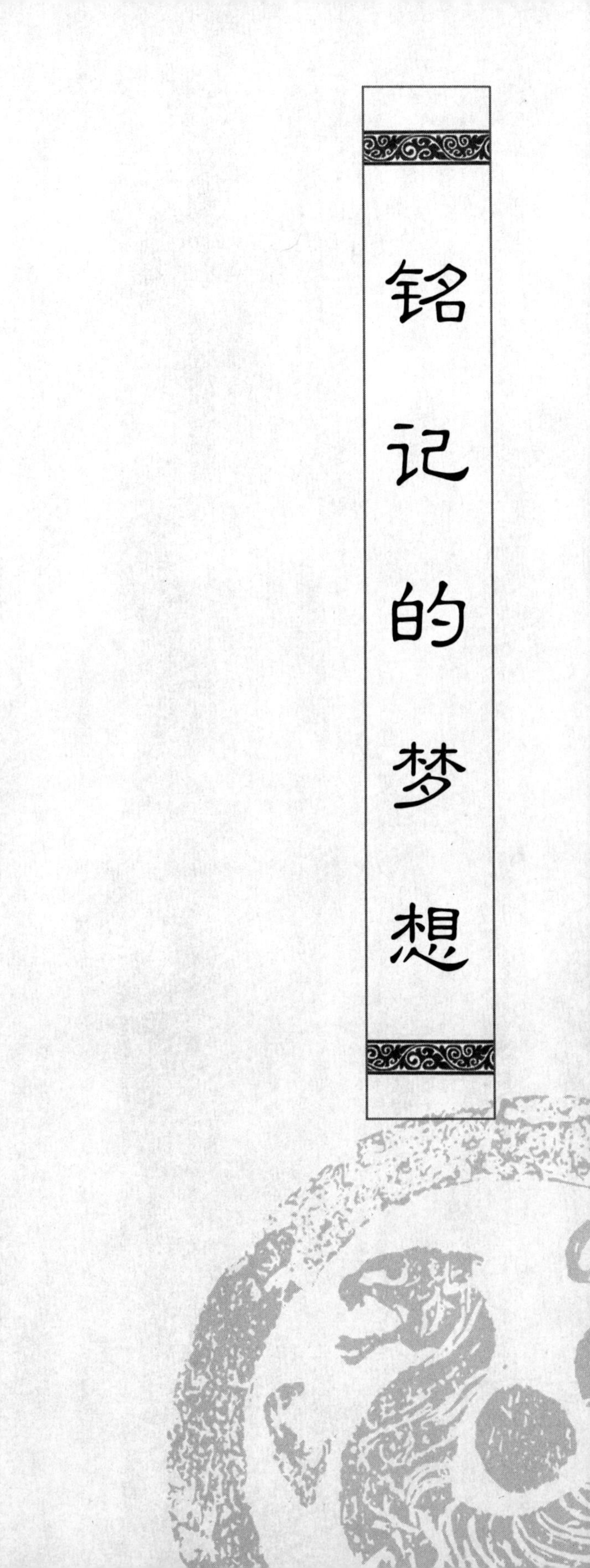

铭记的梦想

天路畅想曲

张 鹤 周舒雅

"坐上了火车去拉萨，去看那神奇的布达拉，去看那最美的格桑花呀……"一曲优美动听的《坐着火车去拉萨》，伴随我们开始了充满神秘之感的青藏高原之旅……

亲历"天路"

如果把青藏铁路和飞机作个比较，那是一件非常有意思的事情。

青藏铁路穿越唐古拉山脉时，海拔高度达到5072米。而执行短途运输的小型客机，飞行高度一般都在5000米左右。列车在雪山中穿梭，铁轨在雪线上延伸，云彩似乎触手可及——真不敢想象，一列火车就像飞机在空中驰骋——有人于是形象地将青藏铁路称为"天路"。

心灵的震撼会瞬间感染整个列车上的每一个旅客——在青藏铁路线上，这种震撼不时地在车厢里传递着，不管你是中国人，还是外国人。此时此刻，感动已经超越了语言和民族——洁白的雪山"擦肩而过"，轻灵的藏羚羊跃过莽原，夕阳下的经幡如同天上的彩霞一般绚丽……

火车上，每个旅客的眼神都是眷恋而贪婪的。坐在窗户前的理查德，眼睛一直盯着窗外，嘴里不时发出"Good，Very good"的感慨。就在为他和一名前往拉萨学习的甘南喇嘛作临时翻译时，我采访了理查德。

理查德是加拿大某机构北京办事处的一名代表，和几位朋友相约同行。他穿着宽松的T恤和短裤，光着脚板在车厢里走来走去。一个年近花甲的老头子，高兴起来就像一个孩童。说起铁路的建设，这位"老顽童"突然认真起来了："你们中国人真了不起，在冻土上修筑铁路无人能敌。"

是啊，乘坐在舒适的列车上，听着铁轨上发出清脆的音节，你会想到他们吗？——青藏铁路的建设者们，护路队员，还有那些和铁路血脉相连的人们。

是怎么样的神秘情怀酝酿于西藏的土地？又是怎样的铁路故事感染了高原儿女？是怎样的文化磁场牢固地吸引了中外游子的心灵？

在可可西里，我叩问过轻盈机灵的藏羚羊。在唐古拉山，我触摸过雪风中飞扬的经幡。最终，我将眼光投向了铁轨旁劳动的普通人们。

在铁路修建的过程中，我没有切身感受铁路大军是如何克服氧气严重不足，又是如何在雪线上与风雪冻土斗争的，但是，在恒温的空调车上，大口大口吸着氧气的人们告诉我，那是一种精神，永攀高峰的青藏精神让他们不畏艰险，不屈不挠，使“天路”一米一米向前延伸。

作为我省唯一参战青藏铁路的中铁二十一局，在2006年通车之际，曾受到胡锦涛总书记等中央领导人的亲切接见和慰问。我采访过他们，采访过曾经生过严重冻疮，因为缺氧指甲凹陷的普通劳动者。

理查德问我：“作为记者，你最想写的人是谁?”

我毫不犹豫地说：“是那些最普通的建设者。”

在我先后采访过的铁路大军中，最让我牵挂的是普通的筑路者。他们像我们的父兄一样，默默无闻，电视荧光灯不会聚焦他们，媒体的目光仅仅偶而落在他们的身上，但是他们的淳朴、仁爱、宽厚，让我感动；他们在磨难和风雪中的快乐，让我震动。

让人惊叹的还有，时不时从窗户前划过的骑着摩托车的人们，茫茫雪原无人区，怎么还会有人？漂亮的藏族女车长巴姆告诉我们，他们是当地藏族群众自发组织起来的护路队，长年守护着这条铁路线。

中午时分，列车行至安多车站。这是世界上最高的火车站，海拔5020米。列车上，缺氧状况已经非常严重，几乎每个旅客都在大口大口地吸着氧气。在火车停靠的短短10多分钟时间里，我们了解到这样一位无私奉献的“小人物”。

他叫白琼，51岁，西藏那曲地区安多县措玛乡二村藏族村民，共产党员。早在2003年青藏铁路修建的时候，他就自发担负起了铁路安全保卫工作，他和他的13名队员负责着措玛乡段28公里的铁路线。为了护路，他卖掉了30只羊，买来了一辆摩托车。而这辆摩托车，每月要耗去300元的油料，但他从来没有提出补贴要求。为了不影响白天工作，他和队员们总是在夜间到县城去加油。

他说：我的一天是这样开始的，每天早上9点准时从家里出发，带上一暖瓶酥油茶和干粮，开始到管段内巡逻。我所承担的管段平均每天要巡逻4次。其余时间在桥墩边站岗，尽管没人让我这样做，但站岗已经成了我的习惯。从没回家吃过午饭。

白琼说："每天，我看见火车从我的面前南来北往，连接起北京和拉萨，我心里就激动不已。是党中央的亲切关怀，把铁路修到了我们西藏。像我这样从来没有见过火车的牧民，在家门口就能迎接火车了，这是一件幸福的事情。现在，我们的生活正在因为铁路而发生着翻天覆地的变化，日子越过越好。"

和其他藏族同胞一样，拉萨姑娘巴姆也深情地热爱着这条铁路。

2006年夏天，巴姆从兰州交通大学毕业时，正值青藏铁路开通。她知道火车乘务工作的艰辛，当她把参加青藏铁路乘务工作的想法告诉父母时，家人"全票通过"。"孩子，那可是咱们西藏人的铁路哇，你要尽心啊!"

凭借自己的藏族母语和英语优势，巴姆以翻译乘务身份来到了青藏铁路拉萨车队第五乘务组，她准确无误的翻译为藏族群众乘车带来了极大方便。一年后的同一天，她成长为实习列车长，带领姐妹们奔波在兰州与拉萨之间。

茶马互市谱新曲

无论是古时的河州，还是现在的临夏，在汉藏、甘藏人民之间的经贸往来中，它都起着不可替代的作用。

汉藏民族间的友好交往具有悠久的历史。在长期发展中，汉藏民族在政治、经济、文化等方面结成了血肉联系。两民族间的茶马互市即是相互交流的一个方面，它在不同的历史时期以不同的形式，对历史上汉藏经济交流和繁荣发展一直有着积极的影响，发挥着十分重要的作用。

伴随着茶马互市的发展，一些城镇在甘、藏地区兴起和繁荣起来，在经济上促进藏族地区畜牧业经济繁荣的同时，甘肃的农业生产也得到了发展。更为重要的是，茶马互市通过甘肃，为中原地区与藏族地区开辟了主要的交通线，加强了中原地区与藏族地区的联系。尤其是陕甘道，即从西安出发经河州(今甘肃临夏)到西宁，经湟源、翻日月山，过恰卜恰、大河坝、玉树到达拉萨，这条道路是联系甘、藏人民的"脉络"。陕甘道也是西北古丝绸之路的必经之道，即唐蕃古道。临夏因此而逐步壮大，经商传统保留至今。现在，拉萨市随处可见临夏人。茶马古道的"老规矩"在这些后生们的身上得到了弘扬光大，并注入了新鲜血液和先进的经营理念。

所以我说，在西藏旅游购物，你不会感到寂寞，因为这里甘肃商贾云集，可谓老乡遍地。

漫步拉萨市最繁华的商业区——八角街，操着临夏、合作、天水一带口音的商贩随处可见，他们会老道地向过往客人兜售他们手中的物什，特别是在外国客人面前，他们会用熟练的英语介绍和推荐纪念品。

金萨力海，临夏市人，他开办的金氏纺织品经销部是拉萨市目前规模最大的布匹销售机构，坐落在八角街一隅。正当我们采访时，几位藏族妇女推门而进，和柜台上的伙计用藏语打起招呼，“扎西德勒”，看起来很熟悉。

藏族阿姨艺西告诉我们，她们是从拉萨市团结新村来购买布料的。她说“金氏纺织品经销部的布料质量好，老板讲信誉，”她们会经常来这里买东西，“我们西藏人认的就是老实人。”

金氏纺织品经销部里的几名伙计也是从临夏来的，他们看来不过20多岁，都很精明能干。因为要进货，金萨力海会经常外出看货订货，偌大的店铺就放心地交给了几个毛头小伙子。老板的诚信感染了几个小老乡，他们又把这份诚意传递到了藏族同胞心间，得到了藏族同胞的认可和赞同。金氏生意越做越大，很快成为当地布匹生意场上的“龙头老大”。

金萨力海说，过去，运货一直让他头痛，汽车不仅慢，有时还会被雨雪淋湿，想把生意做大很难。“现在好多了，火车快，还安全，运费也低，解决了咱们甘肃商人的后顾之忧。”

拉萨市冲赛康综合市场，一楼副食品批发市场。

马古白的副食品摊点在这里格外扎眼，他经营的酥油、奶酪以及方便食品，颇受当地藏族群众欢迎，不时有人来签订大批量的提货单。

老马是临潭人，修建青藏铁路的时候来到了拉萨。他有很现实的观点：“铁路一通，西藏的经济肯定会有大发展，商机很多。”看来，老马的选择是正确的，他的两个儿子也来到了拉萨市，做起了虫草生意。孙子绕膝玩耍，老伴盛来一壶浓茶，真是其乐融融。

老马今年60岁，眼不花，耳不背，说着一口流利的藏语，看到“老外”，还会嘣出一两句英语单词，至少能让“老外”明了是什么东西，多少价钱。

老马感慨道：“过去的‘茶马古道’，如今变成了青藏铁路，今非昔比啊！”火车真是西藏的“致富路”，自从铁路开通后，这里的商品越来越多，价钱也越来越低廉。

我问：“你一年能挣多少钱？”

老马一手捋着长长的胡须，扬起头来哈哈大笑，说道：“日子会越来越好的。这样说吧，铁路开通后，我的经营收入比过去增加了50%。”

马古白自豪地说，在西藏，经营副食品的商人主要是咱甘肃临夏人和甘南人。

得青藏铁路之助，甘谷县的马海宇也来到了拉萨市八廓街，开设了当地人人皆知的“鑫宇鞋帽批发总店”，国内国际知名品牌在这里应有尽有。在他的带动下，富有经商传统的甘谷人也加入到小商品批发零售的队伍中，在拉萨市的小百货行当里声名大振。

拉萨市八廓街工商所工作人员巴桑旺堆总结说，甘肃人已经在百货、副食、布匹、鞋帽四个领域占据了“龙头”位置。

用西藏自治区工商局办公室王秘书的话说，甘肃人在西藏工商界“三分天下有其一”。他告诉了我们一组数字，从中不难看出青藏铁路所带来的巨大的带动辐射效应——

青藏铁路开通以来，全区个体工商户发展到6.87万户，从业人员13.45万人，注册资金14.33亿元，比青藏铁路开通前分别增长了11%、16%和31.8%。特别是这些活跃在各行各业的个体经营者，一年来创造产值18.34亿元，营业收入78.31亿元，实现社会商品零售总额61.41亿元，分别比一年前增长了24.1%、57.1%和63.7%。青藏铁路通车一年来，个体经济税收达9.75亿元，增长了41%，占到全区税收总额的57%。

个体经济在西藏创造了一个经济神话，铁路运输功不可没。

来自兰州铁路局的最新统计数据显示，自2006年7月1日以来，从兰州运往青藏线的货物约200万吨，占到进藏货物总量的近15%。在青藏铁路带动下，甘肃正在积极筹划改造兰州铁路枢纽工程，增建兰(州)青(海)二线，新修兰（州）渝(成都、重庆)铁路。兰州铁路枢纽工程改造完成后，货物通过能力将大幅提高，会对青藏铁路运量的逐年增长提供必要保证。预计到2020年，兰州向西到兰青、青藏线方向货物列车的通过量将达到6000多万吨。

国家统计局甘肃调查总队调查专家的分析更具前瞻性。随着青藏铁路贯通后物流业的进一步发展，甘肃将彻底改变进藏货运运量少、运力小、成本高、风险大等瓶颈制约。进出西藏的大量建材、农副产品、日用商品、食品等物资经甘肃运转，促进甘肃物流、信息流产生质的飞跃和发展。兰州市的交通枢纽地位将会进一步加强。在沿青藏铁路线的兰州、西宁、格尔木、拉萨四个城市中，兰州市距内地最近、城市规模最大，工业化和现代化水平最高，交通运输网络和商业网络最发达，占有明显的地缘优势和社会经济优势，终将成为青藏铁路线上最重要的货运中心，经过兰州中转的铁路货运需求会大幅度增加。

另外，青藏铁路使内地各省与西藏之间的运输成本降低，运力增强，甘肃省商业贸易面临无限商机。兰州市已经逐步成为进藏物资和西藏居民日用商品的主要采购基地，兰州市零售业和批发业被充分带动发展。与此同时，青藏铁路进一步打开了甘肃工业品和消费品在西藏的市场。兰州成为西藏副食商品供应基地和生活后勤基地，甘肃商业贸易因此获得发展的大好机遇。

旅游业锦上添花

说来也巧，在回程中我们与丹麦人威廉姆斯邂逅。他和他的丹麦老乡在西宁市下车，准备前往塔尔寺、青海湖观光。

年轻的威廉姆斯简直就是一个“中国通”。在去拉萨市的路上，威廉姆斯告诉我们，他经常来中国，特别是中国西部，一直以来是他向往的地方。他只身两度入藏，三次光顾敦煌、拉卜楞寺、塔尔寺，对藏传佛教情有独钟。他会悉数道来中国内地的佛教圣地，对佛教的派别如数家珍，就连我们也自叹弗如。

导游告诉我们，在威廉姆斯的怂恿下，36位丹麦同乡在他带领下组成观光团，浩浩荡荡，从丹麦一路直奔中国西部。根据行程安排，甘肃境内的敦煌莫高窟、拉卜楞寺、天水麦积山石窟也是他们的旅游重点。

当知道我们是甘肃人时，威廉姆斯显得很兴奋，说起了他前些年曾经去过的地方。

“那时，拉萨还没有通火车。当然，坐飞机也能去，不过那没有意思。坐火车多好，沿途可以看到雪山，看到藏羚羊。”威廉姆斯执意要让我们介绍推荐甘肃省的旅游胜地，我们说了几处，他摇摇头：“NO，NO。我去过了。”听说天水麦积山石窟是世界上有名的古艺术雕塑馆，他如获至宝，说道：“去，去！我们这次一定去。”

和威廉姆斯有着一样想法的还有那位加拿大“老顽童”理查德。他说他将乘坐拉萨到兰州的火车返回甘肃，去敦煌莫高窟看看。

我们在火车上还采访了许多到西藏旅游的国内游客，他们普遍表示，甘肃是去西藏的必经之地，既然来到了西部，看看敦煌，转转麦积山，何乐而不为！特别是来自东南沿海海拔较低地区的旅客，他们都有一个共同的心态，那就是在甘肃境内多滞留几天，让自己的“海拔适应系数”提高一些，以免在青藏高原出现高原反应。

“不管怎么样，(高原反应)至少会减轻一些。”来自海拔仅有几十米的厦门游客廖某说：“甘肃无疑是一个比较理想的缓冲地带。”

随着青藏铁路的开通运营，作为中国铁路枢纽，兰州市再次凸现出她的中心作用——通往西藏、青海、新疆少数民族地区的交通咽喉，中国通向欧亚各国的国际通道，它已成为新亚欧大陆桥的主要支点。特别是在旅游方面，缓冲地带将会给甘肃带来颇为可观的客源。这种优势在一年后的今天，已经显现出来。一年来，从兰州进入青藏线的中外旅客高达13万人次，这是过去从来没有过的。预计到2020年，这个数字将会改写为1500万人次。

调查分析人士认为，青藏铁路的开通，对甘肃旅游业来说无疑是一次新的发展机遇。有关资料预测，陇海线(包兰线)—兰州—陇藏线的客运量将会逐年增长。特别是2007—2010年间，青藏铁路客运量每年将以20%—30%以上的速度递增。从兰州开始，沿线附近就有兰州—塔尔寺—日月山—三江源—鸟岛—万丈盐桥—昆仑六月雪—瑶池—可可西里等旅游景观。

分析人士进一步说明，青藏铁路贯通后，将“丝绸古道”与雪域高原连接起来，“青藏旅游线”将成为全国乃至全世界的黄金旅游线路。甘肃处在全国铁路与青藏铁路的节点上，条件得天独厚，旅游业将迎来新的发展机遇。其次，来自世界各国及全国各地的进藏旅游者途经甘肃，调整身体，以适应高原环境，同时游览甘肃丰富的人文和自然景观，必将带动甘肃旅游业发展。

不过，游客选择甘肃休整，这是人家的事。怎样留住他们，吸引他们旅游观光、消费，则是我们自己的事情。不要忘记，没有“卖点”的旅游业，只能使他们成为“匆匆过客”。

威廉姆斯来了，他需要独特的甚至怪异的景观。

“老顽童”理查德来了，他喜欢休闲甚至狂野的山川。

你能满足他们的口味吗?

最后，以著名歌手韩红的一曲《天路》作结吧：

“黄昏我站在高高的山岗，盼望铁路修到我家乡，那是一条神奇的天路哎，带我们走进人间天堂，青稞酒酥油茶会更加香甜，幸福的歌声传遍四方……”

主编点评：

1919年，孙中山先生发表《建国方略》。书中规划了“高原铁路”等七大铁路系统，其中“拉萨至兰州线”，由兰州向西南通达西藏。1943年至1945年，国民政府先后派陇海铁路局勘测甘青铁路，实施了甘青铁路的部分具体工作。新中国成立后，在毛泽东、周恩来、邓小平等同志的关怀下，甘青铁路开工建设。同时，青藏铁路的建设也拉开了序幕。2006年7月1日，举世瞩目的青藏铁路正式开通运营。这是一条世界上海拔最高、里程最长的高原铁路，被美誉为“天路”。青藏铁路通车一周年之际，作者踏上青藏铁路，深入雪域高原，寻访青藏铁路为甘肃、西藏两地带来的巨大变化，撷取其中的片断，组成了这篇青藏铁路通车一周年特别报道，以飨读者。

借得大风通天力

陈　华

一

12年前的今天，在距玉门镇不远的戈壁滩上，矗立起几架高高的“风车”，随着巨大叶片的转动，一项纪录由此诞生——甘肃开发利用风力发电实现零的突破！

这4台300千瓦的风力发电机组，是甘肃最早建设的试验性风机。人们不会想到，相隔12年之后，风力发电已成为甘肃炙手可热的投资项目。在河西走廊的最西端，被当地人称之为“风车”的风力发电机组群雨后春笋般拔地而起，昔日寂静而荒芜的戈壁滩，因为有了这些“风车”的存在变得生动而美丽。中国国电龙源集团、大唐集团、中国电力投资集团、中广核集团、中国节能、华能国际、中水投、中水建、国投华靖、中海洋、国电电力、甘电投、华电、华能新能源等20多家知名企业，纷纷在荒凉的戈壁滩安营扎寨，开辟战场，投资开发风电。当地人告诉记者，去年3月以来，酒泉市平均每个月就有一个5万千瓦级的风电场开工建设。据悉，2009年我省风力发电总装机容量将突破100万千瓦。

100万千瓦装机与当时的4台300千瓦装机相比，12年增长了近1万倍。而这并不是甘肃的终极目标，甘肃风电最终的规划目标是在2020年实现3000万千瓦以上风力发电装机容量。

2006年，甘肃省委、省政府提出“建设河西‘风电走廊’、再造西部‘陆上三峡’”的战略构想。这一事关甘肃经济社会未来发展大局的战略构想，是甘肃省坚持以科学发展观为指导，不断创新发展理念，全面转变发展方式，推动甘肃科学发展的一项重大举措，得到国家大力支持。在甘肃提出此构想不久，国家发改委批准了建设酒泉千万千瓦级风电基地的规划，风电产业由此被提升到战略高度。

风电装机容量2009年突破100万千瓦已毫无悬念，而2010年计划建成投产的516万千瓦风电项目也已全部落实。与此同时，酒泉千万千瓦级风电基地二期建设规划已获准通过；值得一提的是，2015年1271万千瓦风电项目的前期工作陆续启动；2020年增加到2000万千瓦以上装机容量及2020年以后3000万千瓦以上装机容量的规划也正在编制之中。

二

甘肃自然条件差，自然灾害多，风灾是其中之一。在河西走廊，风，留给人们太多苦难的记忆。“一年一场风，从春刮到冬”、“风吹石头跑，地上不长草”等民谣形象地道出了人们对风的憎畏情绪。科学发展观的提出，开放了甘肃人的思维，开阔了甘肃人的视野。全省上下很快形成共识：借风的力量，做电的文章。

2001年6月5日，“世界环境保护日”那天，在距玉门镇20多公里一个叫“三十里井”的小地方，玉门人利用480.4万美元西班牙政府贷款，又建起了一座风电场。他们向外界宣称，这是甘肃省最大的风力发电场。其实，这座风电场装机容量不过7200千瓦。饱尝风灾之苦的玉门人，这时候对风已没有了抱怨。他们说，玉门风多风大，不让它白白刮，而要让它刮出效益来。

还有，在瓜州，在肃北，在敦煌，在河西走廊，风能资源非常丰富。整个河西走廊的风能资源理论储量约2亿千瓦，位居全国第五位。其中，仅酒泉市初步测定可开发利用的风能就在4000万千瓦以上。得天独厚的自然条件为河西走廊发展风电产业奠定了坚实的基础。

三

甘肃电力有着辉煌的历史，新中国第一座百万级水电站——刘家峡水电站就在甘肃。新中国成立后到改革开放前，甘肃电力总装机容量达270多万千瓦，名列全国第一。除了满足自身需要外，甘肃电力曾连续14年向陕西、青海、宁夏、四川4省区供电。20世纪80年代后，仍陶醉在“电力大省”光环里的甘肃，电力建设步伐放缓，1980年之后的7年时间里，甘肃没有增加一台新的发电机组，以致造成后来严重缺电的局面，工农业生产和人民群众生活受到影响。

饱尝缺电之苦的甘肃，此后抓紧了电力建设。1987年后，一大批电源建设项目建成投产。到2008年年底，全省总装机容量达到1496万千瓦，比改革开放前增加了1200多万千瓦。尽管我省电源建设有了长足发展，但并不可因此高枕无忧。据介绍，2008年甘肃电网负荷12次创下新高，最高负荷达803万千瓦，预计2009年全省最大负荷将达到950万千瓦；近几年来，全省全社会用电量每年都以10%以上的速度向上攀升。从长远看，甘肃电力仍需加快步伐建设发展。

而就目前情况看，传统的水、火电项目开发受到很大制约。受流域条件所限，甘肃水电开发已接近饱和，未来在大流域建设大型水电的可能性极小，小流域水电开发尽管仍有空间，但只能是小打小闹；而火电开发受环保因素及煤炭资源限制，开发成本日益增大。水路走不通，而“火”路又难走，甘肃电力发展的重任，无疑落在了风力发电上。

四

建设千万千瓦级风电基地，是甘肃经济社会加快发展的必然选择。2008年，随着酒泉千万千瓦级风电基地规划的批准，建设河西走廊风电基地进入全面实施阶段，成为国家能源战略的重要组成部分。

初夏，戈壁风自由地穿行于祁连山与马鬃山之间的广大地区。在素有“世界风库”之称的瓜州县，昔日谈风色变的人们，已不再抱怨风给他们带来的种种伤感与尴尬。高大的风车在戈壁清风的吹拂下有节奏地转动着，当地老乡用夸张而诙谐的语气向外来者介绍着旋转的风车：“那可是钱啊！转一圈就是两毛钱，你数数看，一天它要转多少圈？”目前，瓜州县已建成干河口大梁西风电场、瓜州北大桥风电场等4处风电场，风电总装机容量已达50万千瓦，并网发电的有30万千瓦。县上领导如数家珍地对我们说：“等再过10年，我们这里就是千万千瓦级能源输出基地，风电装机容量达到1275万千瓦，配套的核电、火电、光电、水电、生物质发电等调峰电源装机规模突破600万千瓦，能源产业和相关产业增加值达到140亿元，工业占全县GDP、财政收入比重分别达到70%和80%。”

在诞生我省第一家风电场的玉门市，风电基地建设更是如火如荼。在国家首个千万千瓦级风电基地启动项目——甘肃玉门昌马20万千瓦风电项目的建设工地上，300余台风机塔筒已安装完备，工人们正在吊装风机叶片。毋庸置疑，风电开发给油城玉门带来滚滚财源，仅2008年，玉门开工建设的风电就有110万千瓦，大唐、华能、国能、洁源等国有大中型企业在玉门的投资累计达到40

亿元，安装风机400多台，并网发电的风电装机容量已达21万千瓦，累计发电量约9亿千瓦时，实现销售5.5亿元，创利税1亿元。

在酒泉风光电装备制造产业园，已有华锐科技、新疆金风科技、中航(保定)惠腾、中材科技、中国复合材料集团等9家国内风机装备制造企业入驻园区。在未来5年里，园区将形成150万千瓦的风机成套设备生产能力，实现产值100亿元以上，成为中国最大、世界领先的风光电装备制造产业基地。据悉，年产100套风机叶片的中航惠腾风机叶片制造项目、年产300套叶片的中复连众风机叶片制造项目、年产500套风机叶片的中材科技风机叶片制造等项目即将建成。截至目前，入驻企业已完成投资32.3亿元，到2009年年底，园区风电装机能力可达到150万千瓦，销售收入将达到50亿元以上。

为保障风电顺利上网，酒泉市电网和煤电基地的建设也在紧锣密鼓进行。目前，白银至永登750千伏输变电工程、永登至金昌750千伏工程已开工建设；嘉峪关至瓜州的330千伏输变电工程已投入运营，玉门330千伏电网也已开工。

五

好消息一个个传来，令人振奋。“追风”的脚步须臾不停，“逐日”的渴望已在燃烧。作为清洁能源家族的新生代——太阳能在我省的发展也有了长足的进展。

早在1984年，我省就开始了利用太阳能的尝试。那年，在日本三菱商事株式会社赠送了一套太阳能光电装置后，太阳能发电首次在甘肃出现。通过光能转化，人们将太阳的光芒转变为电力，送往乡镇和农户。这种装置最早出现在榆中县园子乡，后来又在阿克塞县广阔的草原上安家。当时仅有的49个太阳能装置，使牧场和附近的公路道班大放光明，由此填补了甘肃太阳能发电的历史空白。

坦率地说，当时的太阳能发电，其能量功力以及覆盖范围都很有限，但在此后20多年时间里，甘肃人一直没有放弃对太阳能的追求。

2008年12月19日，我国第一个荒漠化并网型光伏电站——大唐武威太阳能电站，在地处腾格里沙漠边缘的武威市城东科技示范园区建成投产。2300个太阳能电池板摆放在一大片沙砾地上，敞开怀抱接受阳光普照。电池板上四通八达的网线，通过若干个逆变器将电流输送到变电器，再并入10千伏电网。这一工程总规划装机1兆瓦，分两期建设，一期建设容量为0.5兆瓦，年发电量约85

万千瓦时。

时隔仅仅两个月，即2009年2月，甘肃敦煌10兆瓦光伏并网发电示范工程特许权招标获准通过，这标志我省太阳能发电进入一个新阶段。这项工程总投资约5亿元，人们将在敦煌市七里镇215国道北侧一带，建造一座年均发电1637万千瓦时的太阳能电站。而在此前，敦煌已分别在玉门关、雅丹国家地质公园等旅游风景区建成了总装机容量7千瓦的光伏发电项目和光电100千瓦、风力发电100千瓦的风光互补发电站，为探索太阳能开发利用做出了贡献。

像风能一样，我省太阳能资源在全国也有着独特的比较优势，是全国第二大太阳能资源丰富区。气象局材料表明，我省年日照时数为1700～3300小时，年太阳总辐射达4800～6400兆焦耳/平方米。我省太阳能资源开发利用潜力非常大，年太阳能总储量为72万亿千瓦。

72万亿千瓦，这将是何等巨大的财富。尽管当下还缺乏成熟的技术和充足的财力开发这巨大的宝藏，但甘肃人已经为此做好了准备。

在肃北蒙古族自治县马鬃山镇，大山挡住了电路，却无法阻挡太阳的光芒。太阳能光伏发电让大山深处的人们告别了祖祖辈辈用的油灯。眼下，居民们用起了电视机、冰柜、洗衣机，冬天也能烧电暖气了。

35岁的蒙古族居民苏尔力格说，前几年，镇上曾试着用柴油机发电，烧很多油，一晚上才能发5个多小时的电，太不方便了。现在，有了太阳能发电，一天基本上都有电。

在苏尔力格赞叹太阳的时候，远在2000多公里外的合作市佐盖曼玛乡岗岔村村民拉玛杰也在赞叹着太阳的神奇："这东西真神。我们都用它烧开水，还能用它做饭。"他正在自家的太阳灶上烧开水。

在甘南藏族自治州，随处可见闪闪发光的太阳灶，太阳灶正在改变着藏家人的生活方式，并给他们带来幸福安康的生活。

专家研究证明，如果利用甘肃省荒漠面积的百分之一安装太阳能光伏发电系统，在目前的技术条件下，折算装机达1.2亿千瓦，每年发电1000小时的发电量，相当于1.5座三峡电站的年发电量。

我省是国内最早研究、开发利用太阳能的省份之一，我国第一个专门的太阳能研究机构、第一栋太阳房、第一个太阳灶都建在兰州。2007年11月，联合

国工业发展组织国际太阳能技术促进转让中心项目，也在兰州开工建设。

太阳能电源本身作为一种方便的移动式电源，在偏僻的农村、牧场得到居民们的青睐。近20年来，甘肃利用资源与技术优势，以太阳能为主要手段，解决了部分无电村和无电户的供电问题。除此之外，太阳能还大面积应用于邮电通信移动设备基站、电视微波信号塔站。2002年至2003年，我省专门实施了“送电到乡”工程，在11个乡镇政府安装了光伏发电设备，使偏远农村、牧区近1万户居民看到了光明。目前，我省已成为国内光伏发电大规模应用示范基地。据不完全统计，截至2006年年底，我省安装使用太阳能光伏发电总容量约3.8兆瓦。

太阳能不仅仅用来发电，我省还在永登等大部分县市的农村中大力推广、安装和使用太阳灶、太阳能热水器。据测，这一举措，每年可节省能源折合标准煤约10万吨。在甘南合作师专、武威市凉州区，人们还建起了不用烧煤的太阳能建筑。

在建设风电、光电等新能源的过程中，甘肃人表现出前所未有的开放的眼光，开放的胸怀。省上以及各地纷纷出台相关政策，与众多国内外投资者建立了良好的合作关系。

水能、火能、风能、太阳能，各尽所能；你来，我来、他来、大家来，新风扑来。从发展风电产业入手，开发利用清洁能源，甘肃打造能源大省的号角，已在陇原大地吹响！

主编点评：

在甘肃，自然条件的特殊性给经济社会发展带来了负面影响，但同时巨大的开发潜力也蕴藏其中。这就需要一双慧眼，变废为宝，变害为利。风力就是这样一种具有特殊性的自然能源，在倡导使用清洁能源的今天，给它再高的评价也不为过，因为大力发展风力发电，既是世界趋势，更是中国急需。但必须看到，人类规模开发利用风能资源还不到30年时间，在一个区域内连片开发建设千万千瓦级风电基地在世界上也没有先例。这就需要我们进一步解放思想，坚定信心，遵循规律，科学实施，不断总结自身发展的经验，借鉴国外成功的做法，把这件关系甘肃长远发展的大事办实办好。

除风能之外，水能、火能、太阳能，在甘肃也各尽所能。借得东风行大船，戈壁大漠起春潮。能源大省正在向我们走来。相信，在不久的将来，“陆上三峡”也将与水上三峡一样造福人类。

西北西南“大动脉”

张　鹤

61岁的何根须老人，大半辈子了还没有见过火车——年轻那阵子，村里的男人去兰州，要走个十天半个月。到了现在后生们这一代，尽管公路修得平平整整，坐汽车去省城也得两天多功夫。听说铁路要从家门口经过，坐火车三四个小时就能到省城了，何根须和村子里的老人们笑了——到时，咱们也坐上火车进一趟兰州城！

何根须家住陇南市武都区，规划中的兰渝铁路正好经过这里。在陇南地区，像何根须一样没有见过火车的老人非常普遍。打开交通地图，你就会明白，这里正是铁路交通的“盲点”。东西横亘的陇海铁路与南北贯通的宝成铁路以宝鸡为交点，形成了一个“夹角”，我省陇南、甘南地区正处于这个“夹角”之内，从而使这里成了铁路交通的“死角”。如果在兰州和重庆之间画一条线，你会发现，从西北到西南，距离原来是这么近！这条目前现实中根本不存在的线路就是即将动工修建的兰渝铁路。它将是西北、西南两个区域间最便捷、快速、大能力的铁路“大动脉”。

兰州到重庆的铁路，在孙中山先生《建国方略》中，被列入了“中国铁路系统中最重要者”，认为其“经过物产极多，矿产极富之地区”。在这条铁路线上，集中着10多个国家级和省级贫困县。在这条铁路线上，有数千万人口，绝大部分都是贫穷的农民。在这条铁路线上，10万多平方公里的土地下埋藏着金、铜、铅锌……

兰渝铁路申建的台前幕后

修兰渝铁路，坐火车出门，是何根须老人多年的梦想，也是甘肃几代人梦寐以求的工程。兴建兰渝线是沿线各地群众期盼已久的政治线、经济线、扶贫线、希望线，对促进甘肃经济社会快速发展和提高人民生活水平具有非常重要的意义。多少年来，全省上下为争取兰渝铁路立项建设作了大量工作，尤其是省委、省政府将兰渝铁路作为“十一五”省上一号重点工程来抓。省委书记、省人大常委会主任陆浩，省委副书记、省长徐守盛多次指出，兰渝铁路是甘肃省历史上投资规模最大、带动性最强、社会政治影响最大的项目，省委、省政府已下定决心，无论有多大困难都要克服，尽最大努力筹措资金，促使项目尽快开工建设。

当我们回过头来，把目光沿着申建兰渝铁路的足迹追溯到10多年以前，发现在这个时光隧道中闪烁的那一簇簇亮光，灿烂夺目，如一幅经典难忘的画卷，镶嵌进骨髓里，奔涌在血脉里。掩卷沉思，那些曾经的人和事，依旧清晰而恒久……

1994年5月，兰渝铁路沿线8地（市州）、25县（市区）联合成立了“兰渝铁路立项上马协作会”，并共同形成建议报告，吁请修建兰渝铁路。修建兰渝铁路事宜，第一次以文字的形式正式摆到了中央及地方有关领导的案头。

随后，甘、川、渝三省市政府及有关部门先后10余次行文，恳请国家尽快决策修建兰渝铁路。三省市人大代表、政协委员连续11年在全国“两会”上提出关于修建兰渝铁路的提（议）案。全国政协原副主席杨汝岱曾两度带领考察团深入兰渝铁路沿线实地考察，并将形成的调研报告报送国务院及国家有关部门。

1998年，在申建兰渝铁路进程中最感人的一幕出现了。

是年12月9日，罗青长等105位曾在三省市战斗工作过的老红军，联名上书时任国务院总理的朱镕基，恳请修建兰渝铁路。其言恳切，其情真切：兰渝铁路沿线当年有10万儿女随红军转战南北，建立新中国，正是为了让人民过上好日子，而这些地方至今依然贫困交加。我们当中一些人亲眼目睹了沿线老区人民所过的食不饱餐、衣不蔽体的贫困生活，实在叫人寝食不安，这愧对了曾与我们浴血奋战的先烈们和曾用生命掩护我们的父老乡亲们。究其贫困的原因，主要系受制于交通不便，因此在我们的有生之年，恳请国家将兰渝铁路纳入跨世纪铁路建设计划，使老、少、边、穷地区人民早日走上脱贫致富之路！

2001年“两会”期间，朱镕基同志在甘肃代表团听取兰渝铁路前期工作汇报后指示：兰渝铁路应该修，它像南疆铁路一样，政治意义大于经济意义。2004年初，在国务院通过的《国家中长期铁路网规划》中，兰渝铁路被列入2010年阶段性建设目标。至此，兰渝铁路首次进入全国人民的视野，105位老人和沿线数千万各族群众欢呼雀跃——他们的梦想终于向现实迈进了至关重要的一步！

兰渝铁路进入《国家中长期铁路网规划》后，各项工程前期准备工作便紧锣密鼓地陆续展开——

为了争取完善西部铁路路网结构，形成西北、西南间便捷通道及对我省影响较大的兰渝宏观走向方案，2005年全国“两会”期间，省上主要领导主动邀请四川、重庆党政主要领导与铁道部，就加快兰渝铁路建设进行会谈，并签署了《关于兰渝铁路建设的会议纪要》，提出按照多元化投资、市场化运作的方式。铁道部和三省市合资建设兰渝铁路，标志着兰渝铁路作为西南、西北新通道的宏观方案得以确定，也标志着该项目由规划阶段进入了实施建设阶段。随后，铁道部与甘、川、渝三省市成立了兰渝铁路建设协调领导小组，专门负责协调兰渝铁路建设事宜。

2006年9月，铁道部和甘、川、渝三省市政府联合向国家发展改革委员会上报了兰渝铁路项目建议书，提出了建设兰渝铁路的必要性、布局合理性。

2007年2月，铁道部同甘、川、渝三省市党政主要领导在北京再次会谈，就加快推进兰渝铁路建设前期工作签署会谈纪要，明确了线路走向方案、合资公司组建及资金筹措比例等主要内容。根据该会谈纪要和2007年初省政府重点建设项目专题会议部署，省发展改革委积极衔接协调中咨公司，加快完成了项目建议书咨询评估报告。5月，国家发展改革委员会批复了兰渝铁路项目建议书。铁道部随即成立兰渝铁路公司筹备组，我省有关部门与筹备组就公司组建和协调沿线省市共同推进可研相关前置性工作等进行了多次衔接。

8月，省上主要领导专程赴京，就进一步加快兰渝铁路建设有关问题与铁道部领导进行了会谈，对我省线路走向方案、主要技术标准、兰州枢纽投资和征地拆迁费用等问题达成了一致意见，并确定了前期工作的节点目标。8月27日，省政府决定组建甘肃投资集团铁路公司，由该公司作为省政府出资人，参与兰渝铁路等项目投资、建设、经营及管理，以及与其他出资人代表尽快完成兰渝铁路公司的组建。会议还明确了各有关领导和部门的责任与工作进度，以确保兰渝铁路早日开工。

9月，铁道部和甘、川、渝三省市政府联合向国家发展改革委员会上报了兰渝铁路项目可研报告。12月，铁道部和甘、川、渝三省市政府出资人代表，在兰州共同签订了兰渝铁路合同章程，通过了设立兰渝铁路有限责任公司的决议。会后，兰渝铁路有限责任公司组建成立，全面负责兰渝铁路建设工作。同时，国家有关部门先后对建设方案的可行性、建设用地的合理性及对环境的影响等进行了充分论证、评价，为批准兰渝铁路可研报告提供了科学依据。

2008年8月29日，国家发展改革委员会批复了兰渝铁路可行性研究报告，标志着兰渝铁路项目前期准备工作画上了圆满的句号，兰渝铁路将进入施工阶段。

记者在采访中深深地感到，在我省，无论是老一辈革命家，还是现在的开创者；无论是前任的领导干部，还是后来的继任者，都对兰渝铁路给予了充分关注。有些老干部在离开工作岗位后还在继续为修建兰渝铁路奔波呼吁，倾注了他们后半生的全部心血。他们的目的只有一个，那就是尽快修建兰渝铁路，造福陇原桑梓。

每一次呼吁、每一次勘查、每一次商谈，都凝结着陇原父老乡亲支持的力量；每一次规划、每一次决策、每一次落笔，都凝聚着甘肃几代人智慧的结晶。终于，在21世纪初的这个秋天促成了这一千秋伟业的顺利成行！

“梅花香自苦寒来”。想必那些穿越历史隧道十数年，苦苦追寻申建兰渝铁路的跋涉者们，更能体会到这句话的寓意。

兰渝铁路的三条线路图

对于兰州到重庆的这段铁路走向，人们从不同角度给予了充分关注，这种关注最终体现在了几种不同的铁路行经路线图上。

作为一条沿线数千万群众翘首以待的百年梦想之路，人们都希望兰渝铁路经过自己的“家门口”，享受交通之便利。于是，在兰渝铁路规划初期，出现了三条走向不同的线路图。第一条线路图：从西宁出发，开发甘肃省的甘南地区，然后直接入川到达成都。第二条线路图：从兰州出发，甘肃境内沿夏河流域绕道白龙江流域，依旧开发临夏、甘南等地，然后入川。第三条线路图：从兰州出发，沿洮河流域、白龙江流域，开发渭源、岷县、武都等地，尔后入川，经广元、南充等地，最后到达重庆。

许多当年参加过相关活动的人士告诉记者，那时，人们对第三种方案普遍看好，因为这条线路拉动地区经济最大，涉及范围最广。并且也是甘肃、四川两省有关部门和铁道部专家意见比较倾向的线路方案图。

对于第一种和第二种方案，大家都有一个共同的观点，那就是“和第三种方案比较起来，铁路的拉动作用显得弱了一些”。

兰渝铁路有限责任公司总经理徐双永在9月24日接受媒体记者联合采访时

说，铁路建设考虑的因素很多，“为了达到一定的运行速度，铁路在设计规划中不能有太多的弯道，必须符合铁路自身规律。”第三个路线更适合这方面的考虑。

——第三种方案沿洮河流域走，那里人口稠密，有丰富的矿产、农产品及旅游资源，且这些地区公路、水路都不畅通，沿线大多数地区经济发展长期滞后，沿线25个县（区、市）中，有10多个国家级、省级贫困县，贫困人口近千万，占全国未脱贫人口的10%以上，建设铁路能够发挥到其开发、激活、辐射的最大作用。

省发展改革委员会副主任康军进一步解释说：“其实，人们所关心的新建兰渝线没有经过的地区，在其他铁路网规划中已有涉及。譬如，兰州到哈密、兰州到临夏和合作铁路，都将对我省铁路空白区实施新的布局。”

而且，第三种线路方案更符合全国铁路交通网的建设和完善。

近年来，特别是实施西部大开发战略以来，西部省区的交通基础设施建设进度加快，交通运输条件明显改善。但西北与西南的铁路客货交流主要经由陇海线、宝成线、西康线运输，呈“之”字形布局，线路迂回绕行，运输能力紧张，不能满足大区间客货运输需求。为进一步扩大西南与西北间客货运输能力，自1994年起，甘、川、渝三省市及有关部门曾多次探讨建设宝成复线和新建兰渝线、天（水）阳（平关）线、西（宁）成（都）线方案。通过综合比较，因宝成铁路复线提升运输能力有限，不能根本解决西南与西北间客货迂回运输等缺陷，推荐建设新通道方案。在三种线路方案的遴选过程中，铁道部安排铁道第一、第二勘察设计院开展了西北至西南铁路通道规划研究工作后认为：“第三种路线图”是西北、西南通道的首选方案，由此形成西北至西南新通道，进一步完善我国西部铁路网络格局。

在随后的研究对接中，铁道部和三省市对兰渝铁路的走向及功能定位等方面的认识逐步趋向一致——

新建兰渝线北与陇海线、兰新线、包兰线及兰青线相连；中间与宝成、达成线相接，并通过宝成线、成昆线连接成都、川西、云南地区；南端沟通沪汉蓉通道、渝怀线、川黔线等，形成自西北、西南至华南、东南沿海的一条纵向大通道，有利于改善铁路网结构，在我国铁路网中，有着填补空白、通江达海的作用。在项目预可研及可研评审过程中，专家组和各有关部门都充分肯定了兰渝铁路建设的主要功能定位，认为兰渝铁路是西北西南区际间客货并重的便捷、快速、大能力运输通道，同时具有国土资源开发和国防安全意义的重要铁路干线。

另外，在国家获批的兰渝铁路建设可行性研究报告中，一个不容忽视的细节是，作为配套工程，兰州铁路枢纽也被纳入到了兰渝铁路整体项目之列。记者从铁道第一勘察设计院了解到，兰州铁路现为区域性铁路枢纽，衔接陇海、包兰、兰新、兰青4条铁路干线，是我国西部铁路网中的主要枢纽、陆桥通道的主要支点，也是陆桥通道中主要的客货集散中心，承担着西北与内地、西南地区以及西北地区内部的物资交流，主要发挥承东启西的作用。即将建设的北编组站以及兰州集装箱中心站，将使兰州铁路枢纽提升为全国路网性铁路枢纽，并对提高目前铁路运输能力、促进地方经济和对外开放、疏通西北地区路网具有非常重要的作用和意义。

随着青藏铁路的建成运营和兰渝铁路的开工建设，以及西（安）兰（州）铁路客运专线压力不断加大，兰州铁路枢纽位置日益凸显。在这个背景下，兰州铁路枢纽建设中的北编组站和南客北货格局的构架被及时提到了议事日程。北编组站将“落户”兰州市西北角的沙井驿乡，站址西靠柳忠高速公路，东邻安宁堡，建成后与城市及公路交通融为一体，更大程度地吸引周边地区客货，充分发挥兰州商贸物流中心作用。

兰渝铁路，可能是甘肃人民最神往的一条铁路，想象一下它在陇之南蜿蜒游走，跨越中国50%的疆域，通向西南及距离南方海边最近的地方，很多人都忍不住会有想去坐坐的冲动。6年后，这种冲动就会彻底梦想成真，汽笛声将响彻陇之南！

同时，这种冲动也将演化成我省经济发展的无限商机……

兰渝铁路的“洼地”效应

毋庸置疑，铁路交通在陇之南构架成的“死角”，也使这里的经济社会发展形成了“死角”。因为交通不畅，出入困难，甘肃南部经济社会很难实现快速发展。“躺在金山上受穷、端着金饭碗讨饭”的现象使这个被火车遗忘的角落经年受累。省经济研究院副研究员张涛说：“兰渝铁路将使陇之南从根本上摆脱这一尴尬处境。”

显然，兰渝铁路的建设，不仅对加快甘肃老、少、边、穷地区脱贫致富步伐、加强民族团结、保持社会稳定具有重要作用，而且对推进西部大开发、促进甘肃经济社会可持续发展具有重要意义。

张涛说，按照生产力布局学说的基本理论，沿交通线路、特别是在交通线路的十字交叉点上聚集生产要素，是进行生产力布局的重要形式。在现有的省域生产力布局中，地处甘肃中南部的陇南以及定西南部的部分地区，仍然是一个“死角”，区位劣势明显。现在，兴建兰渝铁路的计划，将甘肃中南部处于落后状态的多个县区纳入到吸收区当中，有望改变这些县域的弱势地位。

由此不难设想，新建兰渝铁路不仅能够为这些国扶贫困县带来新的发展契机，对于调整甘肃全省的生产力布局，推进甘肃的工业化、城镇化进程，为省域经济振兴构筑新的骨干力量，缓解铁路沿线燃料供求紧张的矛盾，实现陇煤入川，促进资源的有序开发等有着非同寻常的现实意义。从地缘关系上分析，整个兰渝铁路吸引区内的10多个城市同属秦巴山系，是同珠江三角洲一样自古以来经济、文化、风俗就相对统一的区域，其发展一直是互相交融、互相补充的。从水系分布上来看，兰渝铁路将黄河流域和长江流域连接起来，形成了两个流域上游地区的一座“钢铁”桥梁。因而不仅能够在较短时期内有效地缓解甘肃中南部地区的交通“瓶颈”、改善区域经济发展的硬环境，还能够拓展地缘合作的深度和广度，为区域经济的繁荣与发展提供持久、强大的动力。并且，沿线每隔几十公里和几公里就是一个县城和乡镇，铁路的修建对吸纳农村富余劳动力向城镇转移极为有利。我们有理由相信，在不远的将来，这里将会形成一个新的区域经济联合体，为我省乃至全国经济社会发展注入新鲜血液。

一条铁路能够催生一个经济带，可见兴建兰渝铁路的重大意义所在，而经济效益位居其首。孙中山先生曾指出：兰渝沿线是“物产极多，矿山极富之地区”。我省素有“有色金属王国”之称，仅陇南就拥有铅锌、锑、金矿带，储量达1200多万吨。前不久，文县境内发现了亚洲储量最大的金矿。并且，这里的中药材、马铃薯产量居全国前列。沿线白龙江、洮河及其支流水能资源丰富，保有储量达1200多万千瓦。这一线及其辐射区20多个县又是我国重点商品粮、生猪和经济作物基地，农副土特产品外运量很大。同时，该地区劳动力资源十分丰富，目前，每年外出务工人员往来已达百万人次。随着西部大开发战略的实施，北上南下的民工流、商务流和南北物流逐年大幅度增加，沿兰渝线经济带正在逐步形成，其客货流增长潜力巨大。被称为“旱码头”的岷县，位于定西、甘南、陇南、天水的中心地带，自古就有“西控青海、南通巴蜀、东去三秦”之说，是甘肃南部重要的商品集散中心。但是，由于近几十年来区域交通枢纽地位不断下降，岷县错过了许多吸引外来投资重振物流集散中心地位的机会。优质中药材“岷归”也因交通条件恶劣，缺少同一些拥有雄厚资金和科技力量、市场营销能力较强的制药企业加强合作的机会，难以形成产业化优势。

在旅游方面更是如此。兰渝铁路所经市、县均具有悠久的历史，山水地貌奇特，旅游资源极为丰富——临洮马家窑古文化遗址、宕昌官鹅沟、陇南先秦古墓群、万象洞、诸葛北定中原的祁山堡、近距文县70多公里的九寨沟、白龙江自然保护区和岷县腊子口、宕昌哈达铺以及老一辈革命家故居等众多中外驰名的自然和人文景观，吸引着越来越多的人前往观光旅游。特别是旅游资源异常丰富的武都，是一个拥有六月冰泉、太白积雪、五凤松云、锦屏叠翠等佳景名胜的旅游胜地，是发展旅游业的理想之地，但受到落后的交通条件限制，尚未形成与天水麦积山、甘南腊子口、四川九寨沟等旅游热点成线连片发展的形态。

辩证地看，是“空白点”，就会成为“增长点”。兰渝铁路的修建，无疑会使陇之南形成新的经济热点，无疑会给各县域打造独具特色、快速崛起的经济区域带来极为难得的历史机遇。

作为我省第一家上市的医药企业，甘肃独一味生物制药股份有限公司洞察这一商机后，决定将陇南的药材开发列为重中之重，并将上市募集的2.19亿元，投入到企业在陇南的药品生产基地改扩建、现代化产业基地建设和药品研发中心等项目中，努力把陇南药材做大做强。

6年后，人们就要听到火车声了，甘肃独一味生物制药股份有限公司总经理段治平预言，这6年时间，甘肃中南部将会迎来一轮新的投资热潮。

张涛从理论的角度也支撑了段治平这一预言。他说，改善投资环境力度更大的区域，往往会显现出吸引生产要素的“洼地”效应，更容易形成经济社会发展与投资环境改善之间的良性循环。并且，在铁路修建期间、特别是施工高峰期的集中投资，必然拉动我省中南部地区生产总值增长速度的大幅提高——施工队伍对农副产品和服务业的需求、铁路建设对建筑材料和人员的需求，直接推动沿线第三产业的快速发展。铁路建设对大批工程技术人员和非技术工人的需求，还将创造更多就业机会、增加居民收入，实现铁路与地方和谐共进。

历史上，兰渝铁路沿线地区是汉族与少数民族的接壤地和过渡带，铁路的修建有利于维护民族团结，保持社会稳定。同时，兰渝铁路经过曾在中国革命过程中起过重要作用的甘川陕革命根据地，以及朱德、邓小平、罗瑞卿等老一辈革命家、老红军的故乡和革命圣地宕昌哈达铺、腊子口战役遗址。这些地方经济十分落后，人民生活水平低下，建设兰渝线正是为老少边穷地区人民“雪中送炭”的扶贫工程，对加快革命老区建设，弘扬革命传统等具有重要的政治意义。

像一条大河，兰渝铁路承载着巨大的人流、物流、信息流和资金流，承载着沉甸甸的机遇与挑战，承载着甘肃人民多年的夙愿与梦想，承载着各族群众的团结与和睦，奔腾在陇之南。

陇之南的坎坷天堑从此而改变。

主编点评：

一条钢铁大动脉，即将从兰州出发，穿过陇原大地，跨越巍巍秦岭，打通蜀道天险，直达重庆，蜿蜒在祖国西部的千沟万壑，崇山峻岭。兰渝铁路的梦想，在经历近一个世纪的伟大穿越之后，终于成真。

兰渝铁路是几代人梦寐以求的政治线，是西部大开发期盼已久的经济线，是为贫困地区雪中送炭的扶贫线，是沿线各族人民翘首以盼的希望线。有了这条从崇山峻岭中开辟的钢铁大道，脚下的这片黄土地，将遍地黄金，希望永驻。伸向远方的路轨，在拓展发展空间的同时，也拓展了人们的希望空间。所到之处，它将唤醒沉睡的山丘，迎来火热的建设场面，释放无穷的发展能量。在这里，脱贫致富奔小康的希望在升腾，民族团结进步的力量在凝聚，西部大开发的未来愈发精彩。

沙与人

李 峰

民勤绿洲像一个楔子，插在巴丹吉林沙漠和腾格里沙漠之间，成为保护河西走廊东部生态的一个桥头堡。

目前，这个楔子越来越小，一旦民勤绿洲挡不住两大沙漠会合，后果不堪设想。而且民勤县已成为我国四大沙尘暴发源地之一。

为了保护民勤绿洲，温家宝总理掷地有声地指出，“绝不能让民勤成为第二个罗布泊。”为了保护民勤绿洲，国家投入40多亿元，正在启动石羊河流域综合治理项目。

那么，民勤目前沙化程度怎样？沙化的根本原因是什么？民勤人正在做什么？未来人们还能做什么？

带着这一系列问题，2008年3月，记者到民勤进行了大量采访，并从中得出了一个结论：人类完全有能力防治民勤绿洲的沙化，并有望在将来恢复较好的生态环境。

沙尘很多

3月下旬的一场小雨，把河西的天洗得瓦蓝。

从武威市凉州区向民勤县城驱车而行，心情很好。沿途还能看到枯黄的芦苇。但是，猛然间，天变得灰蒙蒙的。同行者说，沙尘来了。

猛然间风沙肆虐，不远处的车都看不清了。当地的司机说，越向北走，空中沙尘越严重。据说，三四月份正是沙尘易起的季节，很多白天都是灰色的。

民勤县城的行人都急匆匆的，没有其他县城常见的那种悠闲，很少有逛街的人。天黑了，看不见空中的沙尘了，但是街上的车灯看起来像是透过层层雾气一样。商店都在营业，但也都关着门，进出时人们都自觉地把门关上。

目前，流沙正在以每年8到10米的速度吞噬绿洲腹地。荒漠化面积已经占据全县国土面积的94.5%。

沙化的最根本原因是水少了

民勤人曾经成功地防治过风沙。

2000多年前西汉时设置的连城、古城等军事屯垦地，就已开始对生态造成了威胁。

解放后，民勤人开始防风固沙。他们的主要手段就是在绿洲边缘种植梭梭等耐旱植物。

根据科研人员几十年的研究，一亩地种80株梭梭，就能百分之百固沙。据说，那时在绿洲上拿铁锹挖几下，就能挖出水来。当时民勤就靠着地下水，种植大量的梭梭等植物，守住了绿洲，守护着家园，挡住了两大沙漠的夹击。

当时的生态环境不错。一位当地人说，他见过一张20世纪50年代的照片，有人在民勤北部的湖里游泳。

但是到了20世纪80年代，民勤地下水位快速下降。

没有地下水，仅靠民勤大部分地区每年110毫米的天然降水，每亩只能存活38至40株梭梭，根本就不是沙漠的对手。于是民勤流沙再起。

那么，地下水为什么变少了？

民勤的水，不管是地表水还是地下水，主要来自石羊河。石羊河发源于祁连山，经过武威市凉州区等人口稠密地区，才来到下游的民勤绿洲。

石羊河每年出16亿立方米水（也有15亿立方米的说法）。以前民勤绿洲每年能得到5亿多立方米水。

而20世纪80年代以来，上中游用水量大幅增加，民勤绿洲最少的一年只从石羊河得到0.8亿立方米的水。

来水少了，再加上民勤本身用水量增加，于是民勤绿洲上出现了1.1万眼机井。这些窟窿每年从地下提走约6亿立方米水。

民勤地下水补充本来就少了，再加上提取多了，地下水位快速下降。

如今别说用铁锹能挖出水来，就是打井，在绿洲中部地下30米、绿洲边缘地下20米才能找到水。

民勤绿洲的地下水现在变成一个漏斗形状。中部低，边缘高。再向外到荒漠，地下水位反而从20米上升到2至5米。荒漠的地下水位比人类居住的绿洲地下水位高，这种违反自然的现象，是过度抽取地下水造成的。

大自然不曾亏待生命。民勤周边的沙漠，很多地区几米深的地下就有水，有的地方还冒头成了“海子”。不过，荒漠地下水水量少，而且补充极其不易，希望这点可怜的资源不会再被人类盯上。

那么，以前那些水被用到哪里去了？

在石羊河中上游，农业用掉了约80%的水。在下游的民勤绿洲，农业用掉了约90%的水。

农业大量用水，是因为耕地太多、人口太多。

民勤绿洲究竟能承载多少人口？

目前，民勤县约有31万人口，加上流动人口，约为33万。

那么，民勤绿洲究竟能承载多少人口？

这是一个难以回答的问题。

在一个级别很高的学术会议上，一位国内权威沙漠专家曾被这个问题难住了。

从历史上看，民勤几次较大规模的人口迁移，均发生在人口超过20万以上。看来，20万很可能就是民勤绿洲的人口承载上限了。

不过，也可换一个角度来看民勤绿洲究竟能承载多少人口。

如果有充分的水，民勤的耕地面积增加一倍不成问题。也就是说，能种多少土地，能养活多少人口，取决于民勤绿洲能得到多少水。水量决定着人口数量。

当然，这是针对目前民勤以农业为主的经济结构来说，如果民勤不再以农业作为主要产业的话，就能大大减少用水，承载更多的人口。所以，从某种意义上来说，民勤绿洲不是过度发展引起了生态问题，而是发展程度不高导致了生态问题。

但是，毫无疑问能下的一个结论是：在目前生产力水平下，民勤的人口过多了。

不过，如果现在民勤人口外迁，也是难题。

省外没地方，省内可迁的地方比民勤贫困。而其他省动员农民迁移的事例表明：成效未必显著，后遗症却不少。这与农民没有适应现代社会的劳动技能有关。

假设把10万民勤农民移到城市里，按低保者来对待，提供基本生活保障。且不说国家需要拿出多大一笔资金，就是到了城里，大量无工作技能的人口，会带来很多不安定因素。

或许，通过教育移民，尤其是发展职业教育来移民，是一条出路。如果民勤县的职业教育规模与高中教育规模相同，那么每年就可以毕业几千人，这些掌握技能的人就可以移民到外地。

民勤人正在关井压田

为了保护民勤绿洲的生态，民勤人正在全力奋战。

1995年，民勤县公布的耕地面积是60多万亩。实际上呢？使用卫星遥感技术后，发现竟然有160万亩至180万亩左右。

巨大的误差，误导了不少专家学者，他们大大高估了节水的空间，进而导致了错误的决策。耕地的不实数据，决不仅仅存在于民勤绿洲一地，在河西地区不同程度的存有此现象。

这些“多出来”的耕地，几乎全部是农民自己悄悄开垦的。甚至在沙漠边缘、防护林区间开垦荒地。对农民来说，垦荒只不过需要打眼井，就能浇灌出不少耕地。虽然大多数农民心里明白，用掉太多地下水，会造成沙化，但作为个体，很多人认为不关自己的事。

现在公共资源没有明确的划分与管理，带来了巨大危害。

民勤人真正认识到了这种危害，开始奋力关井压田。民勤全县的1.1万眼井中，2008年计划关掉约800眼。据说，为了不让农民悄悄扩大耕地面积，甚至实施了停电等强制措施。

从民勤当地电视台的晚间节目中，可以看到公布的关井进度表。一个乡镇当天关了多少眼井，完成了多少任务，一目了然。

一个朋友说，感觉民勤在打仗。的确，这是一场关井压田的战斗，一场民勤人与沙的战斗。

不过，光民勤绿洲节水还不行，更重要的是上中游的节水。民勤绿洲的石羊河地表来水从每年5亿多立方米锐减到1.5亿立方米，是因为上中游用掉了太多的水。

上世纪曾在祁连山沿山地区大力发展冷凉灌区。从经济效益上来说，这些用于灌溉冷凉灌区的水，在气候更热的下游民勤绿洲能产生更大的效益。

让人警醒的是，一位科研人员在石羊河上游草场发现了耐旱草类，这说明上中游的用水情况也不容乐观。

所以，战斗仅在民勤绿洲打响还不行，还得上中游一起来打这场节水仗。

从目前来看，上中游的节水虽然还没有像下游的民勤绿洲那样开展得如火如荼，但是已经有了不少动作。民勤绿洲短期内的生态改善，很大一部分希望寄于上中游。

有人提出在祁连山上游种树种草，涵养祁连山水源，以保护石羊河的供水量。可有一个难以掌握的平衡点是，祁连山水源涵养越好，出山的水越少。而且，保育一亩草地的水，比种一亩小麦的水少不了多少。

所以，找出这个平衡点，如何使上游保持良好的水源涵养的同时，又给中下游提供合适的水量，这还需要科研人员认真研究。

救急的治标与彻底的治本

根据监测，民勤20多年来地下水位每年平均下降0.6米，而且速度越来越快。

2007年有所好转。由于关井压田等措施的实施，2007年地下水位下降0.87米，比上年少下降了10厘米。

目前，国家投入40多亿元，正在启动石羊河流域综合治理项目。治沙专家判断，这个项目有望遏制住民勤绿洲生态恶化的势头。

但是，要看到，这是“遏制恶化势头”，而不是彻底治理。

民勤的防风固沙和生态危机事实上完全有解决的办法。根据一些专家的研究，这里试提供一个应急的治标办法和一个彻底的治本办法，供人们思索。

如果要救急，把石羊河流域408公里长的风沙线固定住，从目前的技术手段来说，完全可以办到。有专家算过，不靠地下水，不靠灌溉水，用目前民勤110毫米的天然降水量，可以一亩存活38至40株梭梭，固沙效果约25%。加上工程措施，固沙效果可以达到百分之百。总投资大概得20多亿元。

治本的办法是什么呢？在目前的生产力水平下，除节水、移民外，调水是解决民勤生态的最根本办法。

民勤绿洲目前要达到生态平衡，每年至少要补充5.7亿立方米水才行（其中仅地表的生态用水，不能少于1.7亿立方米）。

省治沙所所长王继和认为，我国南水北调工程东段已基本完工，中段工程正在进行。如果西段能够南水北调的话，从景泰境内的黄河段，短期内每年向民勤调6亿立方米水，长期内每年调10亿立方米水，这样的话就完全可以恢复民勤的生态，完全能挡住两大沙漠的会合。

他说，如果南水北调西段工程实施，西北干旱地区每年调入50亿立方米水，也将对国家粮食安全起到重要的保障作用。不过，弊端也显而易见，那就是成本太大。

何去何从？只能靠国家实力增强后，从根本上解决民勤的生态危机。这不仅关系到我们这一代人，也关系到下一代人，关系到子孙后代。

主编点评：

在中国北方，沙尘暴已经演绎成了另一个春天的象征。而民勤现已成为在全国耳熟能详的沙尘暴源区和特级告急的生态危机区，此非危言耸听！2001年，时任国务院副总理的温家宝，在7月30日新华社一份关于“石羊河流域生态环境恶化”的《国内动态清样》上严肃批示：“石羊河流域生态综合治理应提上议程。当务之急是建立流域统一管理机构，大力实施节水工程，有效地控制土地沙化和草场退化，决不能让民勤成为‘第二个罗布泊’。”至今，温家宝总理对民勤生态问题的相关批示已达14次之多。

民勤存亡系于水。而水对于民勤来说，是一个再沉重不过的话题。拯救民勤，是我们的一个梦想，因为那是我们的家乡，当我们在多年后再看今天走过的路，希望参与其中的每一个人都会说这样的一句话：我们在正确的路径上努力过！！！

点燃生命之光

王　鄙　岳海奎

新闻背景：近年来，恶性肿瘤（癌症）作为一种常见病、多发病，已经成为严重威胁人类生命安全的“顽疾”，并一直是困扰着世界各国的难题。据1995年世界卫生组织颁布的“国家癌症控制内容”显示，1990年全世界因癌症死亡的人数约为600万人，新增病例1000万。我国肿瘤防治办公室的调查资料也显示，全国每年因患癌症死亡人数约为140万，占到全国死亡总人数的20%，居于各种死亡原因的第二位，并且仍在以每年1.3%的速度增加。因此，预防和治疗癌症新方法的探索与研究，已经成为国家“人口与健康”战略目标的主要内容之一。

截至2009年3月份，中国科学院近代物理研究所（以下简称近物所），利用自主研制成功的兰州重离子加速器和重离子束治疗浅层肿瘤装置，与兰州几家医院密切合作，完成了8批（次）重离子束治疗浅层肿瘤临床试验，取得明显疗效。这意味着我国成为继美国、日本、德国之后世界上第四个实现重离子束治癌临床试验研究的国家。近物所研发的这一重大成果问世后，很快受到国内许多省、市的广泛关注与青睐。连日来，省城各大新闻媒体对该项目进行了全方位、多角度的连续跟踪报道，引起了社会各界的强烈反响。为深入了解这一重大科研项目的临床治疗效果、产业发展前景以及将来项目建设“花落何地”等诸多问题，我们对此进行了调查采访。

重离子束治疗浅层肿瘤临床试验显示良好效果

据统计，经手术切除、放射治疗、化学治疗和中药治疗等常规治疗方法的癌症患者5年存活率已达45%以上，其中有四成是经过放射治疗的。最近几年，癌症放射治疗方法作为一种主要手段，其治愈率和有效控制率明显提高，它使得某些早期局部性肿瘤获得根治，同时还对癌症所在部位的人体器官及其功能的完整保留，都具有重要意义。

尽管放射治疗对早期发现的某些肿瘤具有较好疗效，但是由于其物理性和生物性本身固有特性的不足与缺陷，导致常规放疗采用的射线，在杀死癌细胞的同时，也使周围健康组织受到较大损伤，从而造成明显的毒副作用，甚至引起一些并发症，使得疗效总是无法令人满意。尽管人们对放射治疗设备进行了非常严密的设计，但癌瘤周围的正常组织和器官仍然受到相当剂量的照射。为了避免肿瘤周围的正常组织、特别是对放射线敏感的重要组织和器官受到损伤，有时医务人员不得不减少照射总剂量，结果又使肿瘤靶区因得不到足够的照射剂量，而极大地降低肿瘤的治愈效果。据统计，在所有的常规放疗病人中，仍约有1/3病人局部肿瘤未能得到控制；另有报告称，在美国每年仍有10万名癌症病人，由于局部肿瘤未能得到控制，最终导致整体治疗失败。于是，国内外的科研人员一直对治癌新方法尤其是重离子治癌项目的研究，一直保持着浓厚兴趣。

重离子束治癌就是利用重离子加速器或重离子冷却储存环等装置提供的重离子束流，照射肿瘤，杀死癌细胞而达到治疗目的的。近物所研制成功的兰州重离子加速器冷却储存环（HIRFL—CSR）是一个集加速、累积、冷却、储存、内靶实验及高分辨测量等当代加速器先进技术于一体的多功能、高科技实验装置，能提供符合治疗深层肿瘤要求的重离子束。重离子束以其对健康组织辐射损伤小、对肿瘤靶区杀伤力大、可准确定位和精确控制照射剂量等独特优势，成为当今国际上最先进、最科学和最有效的放疗手段，被公认为21世纪治疗未扩散的局部肿瘤最理想的放疗用射线。

从2006年起，近物所在中科院和省、市党、政部门的大力支持下，便开始与兰州军区兰州总医院、甘肃省肿瘤医院等医疗单位密切合作，成功实现了浅层肿瘤的重离子束治疗临床试验。第一批4例浅层肿瘤患者临床治疗试验的初步成功，填补了我国重离子放射治疗恶性肿瘤的空白。

据近物所对外发布的资料，近年来，该所以自主创新为主成功研制出浅层肿瘤重离子束治疗临床试验研究装置，并与医疗单位一起制定了临床治疗试验研究的标准，依托“兰州重离子加速器国家实验室”，在甘肃省科技厅和甘肃省卫生厅的支持下，建立起了“甘肃省重离子束治疗肿瘤临床研究基地”和“甘肃省重离子束辐射医学应用基础重点实验室”。2006年11月，近物所在自主创新研制的浅层肿瘤重离子束治疗装置上，首次对兰州军区兰州总医院收治的4例癌症患者进行了小于皮下1.5厘米肿瘤的一个疗程临床试验治疗，约10天1个疗程后，肿瘤缩小40%—60%。

2007年1月，他们又对甘肃省肿瘤医院和兰州军区兰州总医院收治的10例患者进行了小于皮下2.5厘米肿瘤的临床治疗。这次适当提高了每天的治疗辐射剂量，在约8天1个疗程后肿瘤缩小40%—60%。

同年3月，在近物所进行了第三次重离子束治疗临床试验，对第三批共14例病人进行了治疗。在上次分野照射(注："分野"就是将肿瘤分为几个区域，"野"即"区域"之义)成功的基础之上，对病灶面积更大的肿瘤病人进行了分野照射（2—9个野），14例病人共46个照射野，进一步扩大了可治疗肿瘤的范围。同时，也增加了单次治疗剂量（总剂量不变），从而缩短了病人的治疗时间。

这几次重离子束治癌临床试验的绝大部分患者为常规治疗（手术、放疗、化疗）复发和/或无效的病例。整个治疗过程没有采用任何药物辅助治疗，患者均未出现任何皮肤反应，全身无任何不适，外周血化验正常。在第一批临床治疗的4例患者当中，有3例患者在进行完整10天一个疗程治疗的两个月后，肿瘤已经完全消失。

2009年3月2日至7日，近物所利用兰州重离子加速器提供的每核子100兆电子伏的碳离子束，进行了第8批共21例浅层肿瘤病人的临床治疗试验。患者中年龄最大者88岁，最小者只有10个月。至此，共完成了8批103例浅层肿瘤病人的临床治疗试验，前7批治疗的82例病人随访率达到了96%以上。据随访观察，治疗效果显著，而且照射部位及全身均无明显不良反应，这表明我国开展的重离子浅层治癌临床试验，已经取得重大阶段性进展。

经国内外专家反复论证，重离子束治疗癌症不仅具有物理剂量分布的优势，而且在生物学上的优势更为显著。一系列独特优势体现在：深度剂量分布好，可实现对肿瘤靶区的均匀照射，有利于高效杀灭靶区的癌细胞，提高疗效。重离子能量沉积的范围比较精确，剂量边缘清晰，有利于精确治疗（毫米量级）；传能线密度高，可以提高癌瘤内乏氧细胞的放射敏感性。同时，利用重离子的带电性，可以通过扫描磁铁来导向束流，使其按肿瘤断层的形状精确地进行照射，做到适形和调强治疗。应用正电子发射断层成像术（PET）可以监测核反应产物的正电子湮灭辐射，实现在线监控照射束流的动态。

近物所新近建成的兰州重离子加速器冷却储存环已成功实现了变能量慢引出，为临床试验治疗深部肿瘤解决了一项关键技术难题。在重离子冷却储存环上设计建造的水平束深层肿瘤治疗装置已完成安装调试，并成功进行了首批细胞和动物实验，获得了开展重离子深层肿瘤治疗临床试验必不可少的相对生物学效应基础数据。目前，重离子冷却储存环深部肿瘤治疗终端已具备了开展深层治癌的基本条件，不久便可对深部肿瘤患者进行临床治疗试验研究。

3月30日下午，兰州军区兰州总医院肿瘤放射治疗中心主任、重离子治癌课题专家委员会成员李莎接受了记者采访。她说，经过两年多的浅层临床试验，他们感觉重离子治癌装置与常规放疗手段相比，对肿瘤敏感性高，最大的特点就是治疗后不容易复发。她说除了第一批治疗时间略长一点，后来的治疗周期都很短，一个疗程大概在6天左右，这个科研项目的前景非常光明。当记者试图了解前期试验过的肿瘤患者的目前康复情况时，李主任爽快地说，他们局部恢复得都挺好，到现在也没有复发。前期的几批经过他们随访，发现局部控制率达到90%以上。她解释说，现在因为他们接受治疗才仅仅1—2年时间，还没有超过5年，所以准确地讲应该称作“有效率”，也就是经过重离子放疗后的肿瘤完全消失、得到控制或未见复发。

在谈到重离子治癌项目产业发展问题时，李莎高兴地说，她希望在兰州首先建起1台小型化的重离子治癌装置，然后每个省份也都应该拥有至少1台。她说，兰州军区兰州总医院目前的肿瘤放射治疗中心，是在国民党统治时期就建立起来的，新中国成立后被完整移交过来，所以在肿瘤治疗方面，拥有一支强大的专家支持队伍。如果有投资方的话，兰州军区兰州总医院希望率先与近物所合作建起这个治癌项目。

重离子治癌项目实现产业化发展迫在眉睫

世界上凡是进行重离子治癌研究的国家，都倾注大量的人力和物力，进行重离子束治癌装置的建造和治癌技术基础及临床应用研究，并走上产业化的发展道路，服务社会、造福人类。

重离子束治癌的先驱性研究，起源于美国的劳伦斯伯克利实验室(LBL)，该实验室于1975年就利用其高能同步重离子加速器，开始进行重离子束治癌临床试验研究。尽管当时的束流配送系统及治疗计划系统并不完善，但对于曾收治的2478例肿瘤患者，局部控制率较电子、X和g—射线等治疗提高了2—3倍，取得了很高的治愈率，与常规放疗相比具有明显的优越性。

日本于1993年在国立放射医学综合研究所(NIRS)建成了一台重离子医用加速

器(HIMAC)，专门用于重离子束治癌及放射医学研究。到2006年底已治疗肿瘤患者超过3000例，目前已扩大到4000多例。其头颈部肿瘤、非小细胞肺癌、原发肝癌、前列腺癌、宫颈癌、软骨组织肉瘤等的3年局部控制率分别达到63%—80%、63%—75%、80%、100%、50%—75%和73%，在所有治疗病人中尚未发现明显的并发症。日本政府已于2003年11月接受并承认重离子束治癌是一种高度先进的医疗系统，计划在全国兴建60个重离子束治疗中心，使日本国民受益于重离子束治癌。据悉，日本第一个使用紧凑型加速器及治疗设备的重离子束治疗中心，已于2006年4月在群马大学医学院开始建设。

在欧洲，重离子束治癌装置HITAG已于1996年在德国重离子研究中心(GSI)建成。GSI借鉴了美国及日本重离子束的治疗特点和治疗经验，开发和应用了先进的栅网扫描束流配送系统和PET治疗质量保证等两大技术手段，达到了重离子束调强放射治疗和束流实时在线监控。2002年，德国政府有关部门颁发了用重离子束临床治疗颅底脊索瘤和粒状肉瘤的治疗许可证，使得重离子束治癌在德国成为正式的治疗手段。GSI在开展临床治疗试验并取得显著成绩的同时，联合海德堡大学医院、德国癌症研究中心等机构，向德国政府提出建议在海德堡建造一台重离子束专用治癌装置。该项目获得德国政府批准，并得到了政府的1.417亿马克投资。2002年5月，该装置动工兴建，现已建成正在试运行，2008年起进行患者治疗，预计年治疗患者1000—2000例。

与国外相比，我国的重离子治癌研究也在加紧进行。1988年，近物所建成了我国第一台大型重离子研究装置——兰州重离子加速器（HIRFL），标志着我国的回旋加速器技术已经进入了国际先进行列。该装置1992年获国家科技进步奖一等奖，同年成立兰州重离子加速器国家实验室，向国内外开放。从20世纪90年代初至今，近物所就在我国率先开展了重离子束治癌技术的基础研究，通过重离子束辐射物理、辐射生物学研究及动物试验等，获得了一批重离子束治癌必要的基础数据和技术储备。

2000年9月，在第145次以“重离子束治癌”为主题的香山科学会议上，30多位不同学科、不同工作背景的科学家和专家经过深入讨论后一致认为，重离子束治癌是当今放射治疗中最科学、最先进与最优越的一种治癌手段；重离子束治癌的发展是衡量一个国家放射治疗整体水平是否进入国际前列的重要标志；它的临床应用不仅会影响放疗领域，而且还会带动相关科学技术的大发展，其中包括医学、生物学、物理学、影像学、加速器技术、自动控制技术等；我国发展重离子束治癌的条件已经成熟，尽快建立“国家重离子束治癌科学研究中心”的呼声也一浪高过一浪。

2007年10月12日，在兰州重离子加速器冷却储存环中央控制室，近物所的科学家们向新闻界宣布，国家重大科学工程——兰州重离子加速器冷却储存环(HIRFL—CSR)工程实验环调束取得成功，储存束流的强度超过了设计指标，标志着这个自主创新的大科学工程已胜利建成。建成后的兰州重离子加速器冷却储存环工程束流管线(即超高真空管道)总长约500米，磁铁总重量约1500吨，磁铁电源300多台，是一个集当代先进加速器最新技术之大成的高科技装置。2008年7月30日，该大科学装置成功通过了国家验收。

据介绍，目前，德国和日本的重离子束治癌已开始进行产业化。每套年治癌约1000多名患者的重离子束治癌专用装置，国际报价高达1～1.5亿欧元（约10～15亿人民币）。而我国已经具备了进行深部肿瘤治疗临床试验、实现重离子束治癌专用装置产业化的条件。实现产业化，不仅能促进大型医疗设备自主创新的跨越发展，而且将使患者的治疗费用减半，使重离子束治癌进一步造福人类，造福社会。

3月25日下午，近物所所长肖国青在接受本报记者采访时说，以他们目前齐全的人才队伍，加上大科学装备的优越性能与指标等条件，完全可以尽快建造出一批小型医用设备应用于临床治癌。他说，在欧洲已经计划建造10多台治癌设备的情况下，我们这个每年新增加200多万名肿瘤患者的人口大国，至今却连1台专用治癌装置都没有，他们内心特别焦急，感觉一天都不能再等下去了。据肖国青所长介绍，目前建设一个拥有4个终端的重离子加速器，总共需要6亿多元，两年半内就可以建起一个专用的重离子治癌中心，3年后即可调试装置投入使用，每个患者只需花不到20万元就可治愈癌病。据不完全统计，全国每年新增的肿瘤患者约200万人，按重离子治癌中心每年治疗2000名患者计算，一年就有4亿元的收益。有着如此巨大潜力的科研项目，无论从社会效益和经济效益来看，都应该尽快转化启动。

3月27日，记者又对近物所党委书记、副所长谢铭进行了采访。他告诉记者，由于德国西门子公司已经与上海、北京和广州等大城市有过密切接触。如此实力雄厚的国际大公司插手进来，一旦时机成熟就会从德国运来治癌装置大举占领国内市场，所以尽快在国内启动市场、大力发展产业化已经刻不容缓。谢铭动情地说，兰州重离子治癌装置从着手研发至今，其间凝聚了大批科研人员的宝贵心血，像魏宝文、詹文龙、夏佳文、张红等许多杰出的科技精英，为了使这个大科学装置早日造福人类，他们宁愿放弃更加优越的生活条件而来到兰州，扎根西部，默默奉献，不计个人得失，经过数十年日日夜夜的艰辛付出与努力，才有了今天的重大成果。如果再这样继续等下去，那我们就既无法面对这个科研群体，又会错失科研成果实现产业化的大好机遇。

我国重离子治癌中心究竟会“花落谁家”?

作为在兰州本土生根发芽、开花结果的重离子治癌装置项目，无论从现有的人才优势、研发条件及产业发展来看，兰州都是建造重离子治癌装置最理想的首选之地。谢铭告诉记者，重离子治癌装置能够率先在兰州顺利诞生，与省、市各级领导的重视和大力支持密不可分。他说近物所只是个科研单位，而要进行临床试验就必须由医院提供患者，这必须要经政府部门批准。他回忆说，当年为了建立重离子束治疗肿瘤临床研究基地，时任所长的詹文龙找了省上主要领导后，科技和卫生部门很快就前来授牌、立项，使这个课题研究顺利开展了起来。

近物所所长肖国青说，在兰州建造首台示范性装置，他们已经做好充分准备，只是由于兰州经济相对落后，至今也没有社会资金来参与建设，所以，为了使这一造福人类的“朝阳产业”早日服务社会、造福人类，他们才将目光瞄向到全国各地。

围绕兰州重离子束治癌项目的产业化发展问题，兰州市委、市政府一直都在积极地做着多种努力。3月18日，由兰州市规划局主持召开的“兰州重离子治癌项目选址论证会”上，省委常委、兰州市委书记陆武成反复强调了重离子治癌中心项目建设的重要性和迫切性。他说，我们要充分利用现有的人才资源、研发成果、产业前景、土地建筑等诸多优势，让重离子治癌中心项目，尽快在兰州落地生根，进入实质性的实施和开发阶段。他要求有关部门要把重离子治癌项目列到工作日程上，作为一个重点项目来抓。要尽快确定项目的运营方式，明确项目主体，通过招商引资吸收社会力量和地方资金共同参与建设，尽快根据规划，选点定址，特事特办，说干就干。

3月21日，当已经出任中科院副院长的原近物所所长詹文龙来到兰州后，有关重离子治癌中心的“落户”与选址争论，仍在省内外各地之间不断升级，围绕这场重离子治癌中心项目的“争夺战”，几乎也发展到了一种“白热化”的程度。

当天下午，詹文龙副院长和中科院院士、近物所研究员魏宝文，近物所所长肖国青在兰州市有关部门负责人的陪同下，驱车前往定远镇及榆中县城西南方向实地察看。榆中县有关部门负责人向考察人员详细介绍了定远地区的地质结构、周围环境和基础设施等方面的详细情况。目前，初步确定的5个选址考虑地区，有定远、九州、中川、阿干镇及榆中县城西南方向的一个地区。

3月23日，省委常委、兰州市委书记陆武成与中科院副院长詹文龙、中科院院士魏宝文及中科院兰州分院、近物所负责人，就兰州重离子治癌项目建设问题进行了座谈商讨，形成了重要共识。院地双方商定，成立项目协调机构，建立协调机制，抓紧落实项目的运营方式和在兰州的选点定址，以最有效的方式和最有利的条件，使重离子治癌项目尽早在兰州落地生根，尽快转化为现实生产力，造福人类，造福百姓。

座谈会上，詹文龙表示，近物所重离子治癌示范装置项目，是中科院25个大科学工程之一。中科院很支持这个项目的成果转化在兰州实施，并肯定要在兰州配置一套重离子治癌装置，以兰州为中心来制作研发。他说，近物所研制出的治疗装置的性价比是非常高的，敢同世界上任何一家公司的重离子治疗装置叫板，而整台治疗装置80%—90%的硬件是在兰州建设制作，包括磁铁、真空、电源等方面。同时，这个项目的科研团队工作、生活均在兰州，也便于项目的后续研究和产业化开发。

近物所所长肖国青告诉记者，广州市目前正欲联合中山大学附属肿瘤医院，在当地率先打造起一家“精品医院”。这家医院主要将针对东南亚等国及港、澳等地的特殊人群服务。肖国青说，3月18日他们赴广州考察期间，在进行了部分参观后，许多专家主要就重离子和质子的优越性进行了详细论证，大家认真讨论了究竟该建造哪种装置为宜。由于兰州重离子治癌装置本身就集重离子和质子加速于一身，所以最终被大家公认为是目前最先进的一种设备，并就技术路线和方案选择达成了基本共识。

据肖所长介绍，尽管北京、厦门、福州和重庆等国内许多城市，此前也曾主动联系过这项技术，但截至目前还都没有取得任何重大进展。

就省内多家媒体最近已经报道的兰州重离子治癌项目“建设启动实施”一说，肖所长不置可否。他对记者说，我们近物所正在考虑是否先和本地一些医院进行协作，共同向政府建议寻求新的解决方案，以促使该工程及早启动。首台治癌装置要启动就需6亿多元，这仅仅只是单纯的设备造价及土建所需的资金。他说，将来无论首台装置率先建在哪儿，但研发、生产肯定会以兰州为中心，毕竟我们的大科学装置以及职工的家在本地。作为兰州市来说，力争要将首台装置建在本地的愿望，也令他们深受感动，对省市领导的大力支持表示感谢。他说，实际上中科院早就做好了20年、30年甚至50年的远期规划目标，重离子治癌装置将来肯定不是只建1台，而是一定要在本地及国内多个省份建起很多台。首先，我们在兰州建设西部国家研究中心的构想，主要包括新建一家重离子治癌医院或多家医院；其次还有配套的医科大学、医用研究装置的研发和生产以及疗养基地等，从而形成一个集治疗、研究设计、生产、服务及疗养于一体的大型医疗类综合项目，初步估计占地在6平方公里左右。目前近物所地处闹市，周围已经没有多大发展空间，将来要考虑新建发展基地。

在谈到接下来的深层肿瘤治疗项目时，肖所长信心百倍地说，中科院已投入3000多万元建设深层治疗终端，目前，近物所的这个项目一直都在同步进行，科研人员也正在加紧进行加速器的调试工作，只需半个月到1个月之后，便可开展国内第一批深层肿瘤病人的临床治疗试验。

只是在提起目前产业化的实际进展情况时，肖国青所长似乎仍然有些担忧。他说，许多省、市目前都已达成了口头上的意向和共识，而要尽快启动建设这项大工程，将来第一个重离子治癌装置究竟会“花落谁家”，至今仍然是个未知的谜。

主编点评：

“宝贝出走”的戏，在甘肃并非第一次上演，而珠得乐、铁路第一勘察设计院等例子余音未了。又一个“宝贝”也即将出走?！对于“宝贝出走”，其实我们的心情是复杂的，一方面，本土意识让我们想把“土生土长”的好东西花开在家乡，成为家乡的骄傲；另一方面，优化意识又让我们想给好项目找一个好出路。孰是孰非，殊难定论。我只是想说，想让好项目留下，其实我们是有优先权的，就看我们能不能给她一个好的土壤。

决战宝天

胡殿弼　杨海军

甘肃的东大门由于秦岭连绵，长期以来被视为畏途。

“风萧萧，路漫漫，君恨余嗟行路难。”面对其他地区“小路小富、大路大富、高速公路快富”的局面，不甘落后的甘肃人无时不在自问，甘肃的高速公路何时能穿越秦岭，打开东大门？

大路穿秦岭，群山格外苍，一日行千里，遍地吼秦腔。多年来，这里的人民都在呼唤，呼唤着一条年轻的高速公路。

2009 年 9 月 25 日，有“陇上天路”之称的宝天高速公路甘肃段竣工通车，这意味着甘肃天水和整个陇东南地区的东大门真正打开了。然而意义并不仅止于此，省交通运输厅厅长杨咏中说，宝天路是连霍国道甘肃段最艰难的一段，它的通车标志着这条亚欧大陆桥全面实现了高等级化，成为沟通中亚的一条重要通道；宝天路的通车使甘、陕、川连接更紧密了，实现了西南与西北以与华北的高速对接，为三省构筑新的经济增长点提供了坚实的基础；宝天路所联系起来的文化区域极具观赏性，它的开通对有效开发黄河流域旅游、文化资源提供了强有力的依据；新疆、青海、西藏也由此获得了一条快捷进入中部地区的大通道，洞开了西北地区对外开放的门户。

打开“东大门”

位于甘肃东部的天水市，地处陇中黄土高原与西秦岭山脉的过渡地带，东邻陕西省宝鸡市，是甘肃的“东大门”。天水是中华民族和中华文明的重要发祥地之一，国家级历史文化名城，“羲皇故里”。天水境内历史文化古迹众多，旅游资源丰富，同时具有良好的自然生态资源，环境优美，气候宜人，素有“陇上江南”之称。

然而天水境内地势复杂、山大沟深、交通极其不便。西秦岭、小陇山以及黄土梁峁沟壑，一座座巨大的天然屏障阻隔着天水市发展的脚步，也阻隔着甘肃融入东部地区的脚步。

为了打通“东大门”，解决甘肃向东的交通“瓶颈”问题，甘肃交通人进行了一系列艰苦卓绝的努力。1993年11月，310国道牛背至北道（今麦积区）二级公路正式开工修建。在沿线施工条件异常艰苦的情况下，甘肃交通人用了6年时间，硬是在过去一直被地质界视为“禁区”的渭河大峡谷险峻陡峭的石崖上，凿开了一条长114.69公里的二级公路，初步打通了甘肃东出口。

然而，受特殊地质条件所累，牛北二级公路建成后，塌方、泥石流等地质灾害频发，道路时通时堵，养管工作艰巨。特别是2003年以来，随着降水量的增多，沿线水毁现象频繁，路基路面病害反复发作，多次出现交通中断，严重影响了行车安全。这段路成为连霍国家高速公路上唯一而又著名的“瓶颈”路段。

打通“东大门”，让甘肃向东有一条便捷、畅通的公路大通道，不仅是天水人多年来的一个梦想，更是甘肃省委、省政府多年的愿望。2003年9月，甘肃省委、省政府领导专程到北京与交通部领导协商解决甘肃东部交通“瓶颈”问题。两天后，交通部领导对宝天高速公路推荐线路进行实地考察调研，并明确表态支持宝天高速公路的建设。

宝天路的建设是一项复杂的系统工程，涉及的部门广、环节多、难度大。项目立项后，甘肃省交通运输厅立即成立了以厅长为组长的前期工作领导小组，确定专人负责项目前期工作。省交通运输厅领导明确要求，有关各方要转变思路，以时不我待的精神加快各项前期工作，力争工程早日开工建设。

在项目前期工作中，甘肃省交通运输厅厅长杨咏中两次赴天水实地考察宝天路选线及勘察设计情况，要求设计单位及建设单位一定要按照建设生态路、水平路、形象路的要求，创新设计理念，优化设计方案，提高设计质量和水平，并提出了成立省内咨询专家组进行全程设计咨询的举措，为加快前期工作进度和提高设计质量提供了有力保障。

在甘肃省委、省政府的正确领导下，在发改委、财政、国土资源、水利、林业、环保、文物、电力、电信等相关部门及天水市地方政府的积极配合支持下，在省交通运输厅工程处及项目办全体人员的共同努力下，宝天高速公路项目从立项到正式开工，仅仅用了一年多时间就完成了全部前期工作，创造了甘肃公路建设的一项纪录。

宝天高速公路是甘肃第一次大规模在崇山峻岭中建设的高速公路，工程建设的难度异乎寻常。秦岭和六盘山在这里形成了断裂带，宝天公路从断裂形成的渭河大峡谷横穿而过，线路穿越河谷和林地，地形错落起伏，地质、气候条件复杂，所经之地过去被认为是甘陕两省最难突破的天堑。

据统计资料显示，工程路线经过大的地质断层约有26条、145公里，断层通过处岩石破碎，坍塌、渗水、泥石流、边坡失稳和顺层滑移等不良地质病害丛生，可以说这里集聚了中国西部最为复杂的围岩地形，工程建设面临着极大挑战。

而此处又恰好是甘肃森林植被最茂密、考古资源最丰富的地区。宝天项目办主任李俊升介绍，宝天高速公路穿越甘肃省最大的天然林保护基地——小陇山林业自然保护区、麦草沟自然保护区和麦积山国家森林公园。保护区内动植物种类众多，仅国家一、二级保护动物就有30多种。

宝天高速公路甘肃段被国务院西部开发领导小组确定为2005年西部开发十大重点工程之一，同时被交通运输部确定为全国12个勘察设计典型示范工程之一。甘肃省委、省政府要求力争将这条路建设成国内一流的生态路、水平路、形象路。针对这些要求，甘肃省交通运输厅在工程建设之初就提出了“确保质量、安全生产、文明施工、环保节约、阳光实施”的建设思路，并提出确保“飞天奖”、争取“鲁班奖”的质量目标。

筑就大通道

2005年8月31日上午，甘肃人民翘首以盼的宝天高速公路甘肃段正式开工。甘肃省省长徐守盛（时任甘肃省委常委、常务副省长）亲自主持开工仪式。甘肃省委书记陆浩（时任甘肃省委副书记、省长）在奠基仪式上指出，宝天高速公路的建设，可以彻底打通甘肃的东出口，构筑甘肃连接东西的公路主骨架，对于完善甘肃路网结构，优化投资环境，加快西部与中部、东部的交流具有重要意义，要高质量、高标准、高水平建设好这条公路。

宝天高速公路甘肃段起始于陕甘交界处的牛背村，止于天水市麦积区甘泉镇，全长91.114公里，全线按全立交、全封闭、双向四车道高速公路标准建设，设计速度80公里/小时，路基宽24.5米，概算投资66.96亿元。如何确保工程质量和安全，是工程建设管理的重中之重。

按照地形选线、地质选线、安全选线、环保选线原则，90余公里的宝天高速公路甘肃段线路中桥梁和隧道比例占到全线的66%，共有大小桥梁111座、隧道44个，是当前甘肃省桥隧比例最高的工程。其中单洞长度12.29公里的麦积山隧道，位居世界双洞公路隧道长度第三。桥连隧，隧连桥，宝天高速公路是名副其实的“陇上天路”。

按照公路工程质量管理的有关规定，项目办成立了工程质量领导小组。质量领导小组通过建立质量责任卡，与施工、监理各方层层签订质量目标责任书，把质量落实到人。针对个别地质条件复杂的关键工程，项目办特别要求现场负责人及监理签订责任表，以细化质量管理工作职责。

宝天高速公路线路较长，为了及时协调解决问题，项目办在全线设立了三个现场办，时时跟踪工程建设动态情况，发现问题，及时处理。同时，项目办要求每周进行一次大检查，半个月召开一次工作会，一个月召开一次调度会，使整个项目的质量、安全进度在有效的监督、监控之中进行。

为了调动参建单位的积极性，项目办严格奖罚，对于不按工序施工的、使用不合格材料的、违反安全操作规程的，均按有关规定予以严肃处理。对于质量好、进度快的施工单位，则进行通报表扬，并予以适当的经济奖励。项目办还通过组织现场质量观摩会，将其好的作法及经验在全线推广。

在工程建设中，各施工、监理单位积极落实甘肃省交通运输厅和项目办的要求，并结合工程建设的实际与特点各出奇招，力保工程的质量与进度。甘肃新科公路工程监理事务所承担着21公里的监理工作，他们把重点放在施工前的准备和施工过程的工序质量控制上，最大限度地杜绝了质量事故和质量隐患，多次受到业主的表扬。

中铁十六局承担了宝天高速公路第五、第六标的施工任务，这两个标段的主要工程是麦积山隧道建设。中铁十六局宝天项目部精心组织、严格管理，在作业面极为狭窄的情况下，创造了单日最快掘进14米的纪录，并率先将2号竖井打通。项目办先后对他们进行了多次通报表扬，并累计奖励20多万元，还组织全线100多名工程技术人员到现场观摩学习。

第十三标段的施工单位是安通建设有限公司，该公司隶属于武警交通指挥部直属工程部第二工程处（原独立支队）。在工程施工中，项目经理部严格遵守项目办的各项规章制度，并建立了开工前检查、施工中检查、隐蔽工程检查和定期质量检查的“四查”措施，承建的各类工程项目合格率100%，优良率达到了90%以上。

“健全完善的规章制度是基础，严格落实规章制度是关键”，宝天高速公路项目办主任李俊升说，“全面细致的检查、督察以及奖优罚劣是手段。”自工程开工以来，项目办正是通过这些措施与办法，让宝天高速公路工程掀起了一波又一波“比、改、学、赶、超”的大干热潮，推动工程建设的顺利实施。

宝天高速公路既是甘肃建设难度最大的交通工程，也是甘肃技术含量最多的交通工程。根据甘肃省交通运输厅“体现甘肃公路建设水平”的要求，项目办在工程实施过程中不断完善、提高管理人员、技术人员的知识结构和水平，通过大量应用新技术、新设备、新材料、新工艺，确保工程又好又快建设目标的实现。

工程动工伊始，2005 年 11 月，项目办就邀请省内外隧道、滑坡专家对全线工程技术人员进行咨询授课。实施过程中，又邀请专家召开了隧道光面爆破技术培训会，并多次组织项目办、监理、施工单位的工程管理、技术人员到雪峰山隧道、老山隧道、秦岭终南山隧道考察学习，通过“请进来，走出去”的方式提高工程建设水平。

依托工程建设，甘肃省交通运输厅还开展公路修筑技术及相关领域的研究。针对麦积山特长隧道的建设与运营管理，与长安大学等单位联合开展了《宝天高速公路特长隧道修筑及管理技术研究》课题的研究与技术攻关，并设立了复杂条件下隧道施工灾害预防技术研究、复杂地质条件下隧道结构可靠性评价、特长公路隧道运营管理研究、特长公路隧道电效节能研究四个子课题。

提起宝天高速公路建设就不能不提麦积山特长公路隧道。隧道单洞长 12.29 公里，双洞总长为 24.58 公里，是宝天高速公路头号控制性工程。为减少对生态环境的破坏，麦积山隧道采取了独头掘进的方法，并创下了国内隧道独头掘进的施工之最。

麦积山隧道四个洞口分为四个标段，其出口段 BT7、BT8 标由中铁二十局集团承建，进口段 BT5、BT6 标由中铁十六局集团承建。由于采用独头掘进钻爆法施工，相应带来了施工通风和反坡排水两大难题。经反复研究，科学论证，项目办决定采用射流风机串联接力与竖井抽排风相结合的通风方案和“隧道多级抽排水”等措施解决这些难题。

隧道进口段标段比出口段标段地势低 200 多米，解决通风排烟问题尤为迫切。根据工程的实际需要，项目办决定在距隧道洞口 3 公里及 6.1 公里处设计了两个通风竖井。将射流风机串联接力和竖井抽排风相结合的通风方案，不仅解决了长隧通风难题，还降低了洞内环境污染，改善了洞内的作业环境，大大推进了工程的建设进度。

此外，隧道进口段施工单位还可以利用通风竖井辅助正洞掘进。在隧道掘进至 3000 米时，风枪掘进、喷锚围岩所需用水就是通过竖井用管道输向掌子面供水。据了解，采用这种方法，不仅加快了工程建设进度，还直接节约资金 50 万元以上。

隧道出口段标段地处反坡地段，解决反坡排水问题是个关键。技术攻关小组通过查阅大量资料及现场论证，最终决定选择"隧道多级抽排水"措施，在隧道掘进长度小于 2000 米时采用大型水泵一次性排至洞外；当掘进超过 2000 米时，设置水箱中转排水一次；当隧道掘进超过 4000 米时，中转两次将积水排到洞外，一举解决了隧道的反坡排水难题。

麦积山隧道所经地区地质构造复杂，建设难度巨大。在甘肃省交通运输厅和项目办的大力支持下，施工单位充分利用地质雷达、激光断面仪等先进设备，进行地质超前预报，测量围岩的变形，同时全面采用了新奥法施工。大量新技术、新设备、新工艺的采用，确保了工程质量，推动了工程建设。

经过广大施工人员的艰苦奋战，麦积山特长隧道 2009 年 6 月 1 日全部胜利实现贯通，宝天高速公路最后的"拦路虎"被清除。甘肃省交通运输厅厅长杨咏中在贯通仪式上表示，麦积山隧道的贯通是一个里程碑，不仅为宝天高速公路的全面建成通车奠定了基础，也开创了甘肃在山岭重丘区修建公路特长隧道的先河。

在四年建设期间，甘肃交通人为宝天高速公路付出了无数的心血与汗水，在秦岭北麓的崇山峻岭间谱写了一曲加快交通发展的壮歌。

为了保护农民群众的利益，宝天高速公路建设协调领导小组的工作人员一步一步测量了 5000 多亩土地和 4 万平方米的拆迁物。在树木统计工作中，他们一棵一棵数，还要测量胸径，测算出果、盛果时间，以便确定出合理补偿等级和补偿标准。队员们说，事关农民群众的切身利益，一点都不能马虎。

小组成员每天从 7 时一直工作到 21 时。由于在野外工作，饿了只能啃几口干馒头，渴了只能喝几口凉开水。林区草木茂盛，早上露水大，队员们身上都是湿漉漉的；中午酷热难当，队员们又是汗流浃背，而大家却毫无怨言。就这样，他们用 40 天时间完成了征迁任务，为工程开工创造了条件。

在宝天高速公路建设的关键时期，上万名建设者奋战在施工一线。这条路的建设情况也时刻牵动着甘肃省委、省政府领导的心。2006 年 10 月，甘肃省委书记、省人大常委会主任陆浩亲自到工地视察指导工作，亲切慰问了奋战在施工一线的建设者，看到井然有序、热火朝天的施工场面，他大为感动，与在场的施工人员一一握手，对工程建设予以充分肯定，对施工人员给予了极大的鼓励。

2007 年 4 月，甘肃省省长徐守盛到宝天路视察指导工作，认真听取了工程建设情况汇报，对进一步加强工程质量管理、安全生产及廉政建设等提出了明确要求。

自项目上马以来，甘肃省交通运输厅厅长杨咏中将宝天高速公路列为交通 1 号工程，先后 10 多次到现场调研办公，协调解决施工中的难题。他要求建设者们一定要以对人民负责、对历史负责的精神，以修一条路留一段光荣史的态度建设好宝天高速公路，为甘肃人民交上一份满意的答卷。

在四年建设期间，甘肃交通建设者不畏艰险，顽强拼搏，披星戴月，忘我工作，让宝天高速公路在崇山峻岭间不断延伸。这条路如同一座丰碑，记述着甘肃交通人的坚韧与顽强。

融入大自然

该工程地跨黄河与长江两大流域，区域内气候温和，沿线野生动植物种类繁多，自然生态景观和人文历史景观丰富。如何恰当地处理公路建设和生态环境保护之间的关系，使这条路完美地融入当地优美的自然环境和深厚的历史人文底蕴中，达到路与景的和谐统一，成了工程建设管理的重中之重，也是社会广泛关注的焦点。

初秋，驱车行驶在建成的宝天高速公路甘肃段，路面宽阔顺畅，一路车行如风。公路两侧小陇山自然保护区丰茂的植被绿意盎然，不远处烟云笼罩的群山如梦如幻。

在前期工作中，甘肃省交通运输厅针对项目面临的生态环境问题，邀请相关部门对沿线的生态、水保等环境情况进行了深入的调查。经过科学、缜密的研究和论证后，编制出环境影响评价大纲和环境影响报告书，提出了切合工程建设实际的生态环境保护方案，目的就是为尽量避免对公路沿线环境的扰动，最大限度地保护自然生态，这充分体现了甘肃交通“路通人和”的建设理念。

仙人崖是麦积山风景名胜区的五大景区之一，为了保护景区内植被及人文景观，建设者选择了从保护区边界通过的线路。旧庄沟内植物丰茂，动物众多，项目办通过优化设计，决定在沟内布设了一座特大桥和两座大桥，还预留了动物通道，尽可能地减少工程对主河沟的挤占和环境的影响。

在主线工程实施前，宝天高速公路项目办就对施工便道进行了专项设计，单独招标，并对临建设施、电力线路等进行统筹规划、统一实施，限制施工单位随意修筑便道，最大限度地保护了沿线植被。据了解，全线共建成施工便道98条81公里，此举在甘肃公路建设中尚属首次。

工程动工后，项目办要求参建单位积极落实“不破坏就是最大的保护”以及“最小程度的破坏，最大限度的保护，最强力度的恢复”的环保理念，并逐一签订了环境保护目标管理责任书。同时，通过办培训班、发放资料等手段加强环保宣传，增强参建人员的环保意识。

此外，项目办还通过现场检查、文件通告等各种形式要求施工单位尽可能地减少施工用地，在开挖、填筑路基时，严格按照设计边线控制；选好材料堆放地后，先对地面进行硬化，然后堆放材料，并专门为钢筋设棚、水泥设库。

项目办要求施工单位尽量租用当地林场、管养站作为施工驻地，需新建驻地的，要避开生态脆弱地段、植被恢复困难地段，同时采用二层活动板房，尽量少占或不占耕地。据介绍，全线19个施工单位、5个监理单位中仅有8家单位自盖了活动板房，其余单位都租用了沿线已有房屋。

隧道施工会产生大量的弃渣，建设者结合路基填挖情况，特别在条件适宜的地段设计了填石路基，并在工程靠山一侧设计了缓边坡，以便更多利用弃渣，力求达到挖填平衡。这样不仅对稳定路基有利，而且较缓的边坡覆土后更易于绿化，使整个路容与周围优美的自然环境和谐统一。

中铁十六局项目部承建的麦积山特长公路隧道左、右线含竖井施工，共计出渣113万多立方米。在项目办的支持下，他们积极与第三、第四标段协商，把可利用的弃渣用于路基填筑。此举不仅解决了弃渣的处理问题，还节约了用地，保护了生态环境。

对于不能避开河道的施工，为了保证沿线河道不淤泥，项目办要求施工单位必须采取沙袋围堰筑岛的施工方案，用钢管桩加固堰岛，并在两侧设导流坝，以减少水流对河堤的冲刷。工程完工后，施工单位要对堰岛周围的各类材料进行仔细清理，确保河道的畅通。

甘肃省交通运输厅工程处处长谈应鹏说：“‘适用的就是最好的’，‘自然的就是最美的’。为保护环境、减少开挖，宝天高速公路还通过变更设计，尽量避开村镇、环境敏感建筑物和不良地质地段，总共减少弃方100多万立方米，减少防护工程量10多万平方米，真正做到‘建设前绿水青山，建成后青山绿水’。”

针对项目桥隧众多的特点，项目办要求工程设计在满足安全通行的同时，尽量满足与自然和谐的景观要求。如路线在穿越百花河、党川河河谷时，桥梁布设顺势而为，以线条简洁明快的板式桥型与路基、隧道灵活结合，蜿蜒穿行河谷，既体现桥梁的力量感与曲线美，又保障了河道通畅，保护山坡植被的完整性。

在虹门子沟、水石崖沟、温家河、黑沟等靠近麦积山风景名胜区附近的桥梁设计中，针对路线线位较高的实际，考虑当地厚重的历史文化，建设者灵活采用连续钢构等桥型，在满足安全、舒适、环保的通行条件外，突出桥梁的美学效果，让原本风景秀丽的景区再添一道“彩虹”。

全长 2.6 公里的李子坪大桥，是宝天高速公路最长的一座大桥。大桥两旁绿水青山、奇峰耸立，景致变化万千。宝天项目办主任李俊升告诉记者，这里如今是欣赏“麦积烟雨”景观最好的地段。这样的桥，在宝天高速公路比比皆是。

桥梁锥坡和隧道洞口是景观设计的一个重点。隧道洞口除了采用削竹式外，在构造物的涂装上，宝天高速公路尽量使用中性色彩，力求自然、祥和、安逸。桥梁锥坡则是利用攀缘植物绿化，在植物品种的选择上，遵循“乡土化”原则，以本地植物为主，营造出原始自然的风味。

为了让宝天高速公路成为展现甘肃历史文化的窗口，项目办重点对麦积山隧道和与陕西接壤的渭河隧道洞口进行了景观设计，分别设计了敦煌莫高窟、酒泉卫星发射中心、天水麦积山、平凉崆峒山、嘉峪关城楼等景观，加大对甘肃旅游景点的宣传。

根据地方政府的要求，项目办结合旅游景点对全线隧道、桥梁名称进行统一调整，如将“大坪里”隧道更名为“麦积山”隧道，“温家河”大桥更名为“街亭”大桥，更加突出了地方特色。现在，仙人崖、净土寺、街子古镇、桃花沟、石门这些人文、历史、自然景观都在沿线桥梁、隧道得以冠名。

绿化是“最强力度的恢复”。项目办通过对中央分隔带、互通立交、隧道出入口、桥梁锥坡、取弃土场、服务附属设施、观景台等 7 个景观区域进行绿化，力争让宝天高速公路建成后，实现立交区绿树成林，花团锦簇；中央分隔带桧柏挺立，高低一线；路基边坡绿草茵茵，花冠丛生；全线三季有花，四季有绿。

据了解，宝天高速公路绿化工程投资达到 9470 万元。项目办主任李俊升告诉记者，该工程在绿化工程施工中有许多新亮点。路基边坡采取边施工边绿化，对破坏的植被及时恢复；边坡采用三维植被网防护和厚层基材植被防护及植苗相结合的形式，形成了多层次、乔灌草结合的景观效果。

“在景观绿化工程中，我们同样贯穿着‘安全、环保、舒适、和谐’的新理念。”李俊升说，“在保证车辆安全、便捷通行的前提下，我们要求宝天高速公路的绿化要与沿线的自然生态景观和谐统一，给人们带来一种视觉的愉悦，让人们有一种‘人在车中坐，车在画中行’的感受。”

汽车行进在宝天高速公路上，满眼都是苍翠的绿色，青山依然，绿水依然，草木依然，公路与自然浑然天成，很少能看到工程建设留下的“伤疤”。宝天高速公路的建设者在建设与保护中实现人与大自然在更高层次上的和谐。

主编点评：

宝天高速甘肃段的建成通车，在真正意义上打开了甘肃通往外界的“东大门”，这是一次伟大的创举。然而，其意义并不仅止于此，更重要的是，在一项工程的酝酿建设中，对一些细节的高度重视，比如线路的选择不光是为了缩短路程，还为了沿线的花草树木；比如征迁工作人员的严谨务实，不光是为了争取时间，还为了切实保护人民群众的切身利益；比如“不破坏就是最大的保护”、“最小程度的破坏，最大限度的保护，最强力度的恢复”等人性口号的提出和落实。从中，我们看到了科学、可持续发展的一次生动实践。

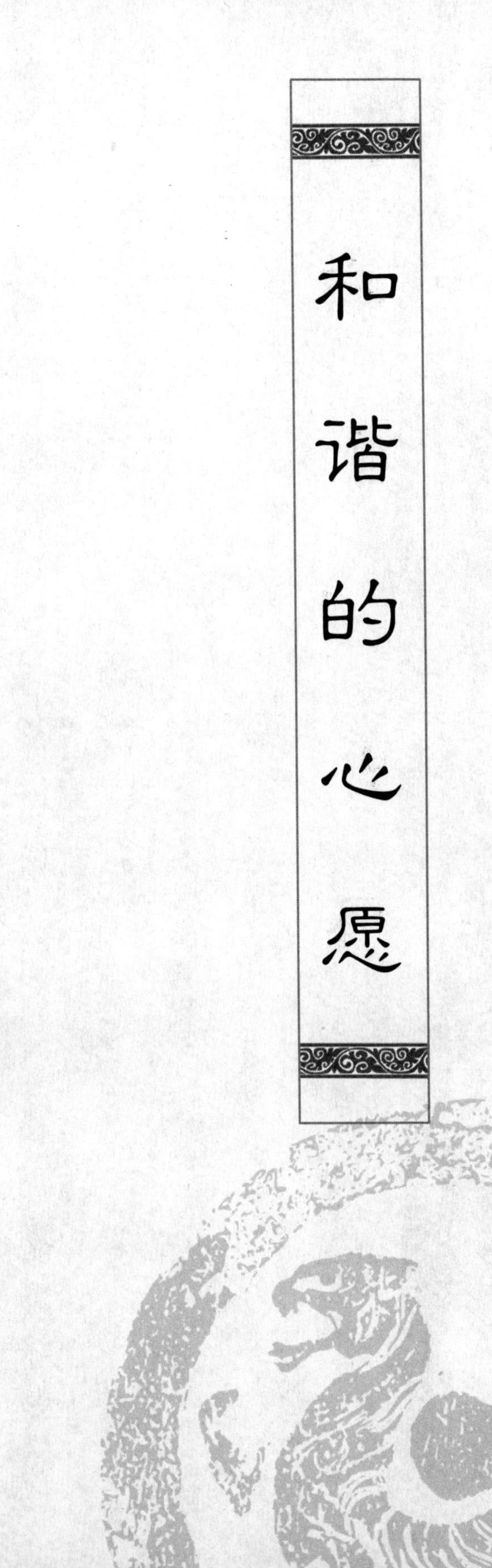

和谐的心愿

大手笔绘就新蓝图

周丹波

一条条通衢大道、一座座天桥全新亮相；新城区拉开框架，美丽轮廓初现；黄河风情线流光溢彩，赏心悦目；南河道疏浚治理一期工程告捷，实现全线通水；城市规划、城市经营管理走向规范化……兰州，正在展露新姿，一天天变得更加美丽。

在科学发展观理论的引领下，兰州市城市建设佳作叠出、亮点频现，呈现出和谐发展的良好局面。

高起点定位，城市建设挥写“大手笔”

兰州，被黄河润泽的城市，经过改革开放20多年的建设，已成为西部重要的工业城市和初具规模的现代化城市。

“今后要把兰州建设成为一个什么样的城市？总体思路和主要任务是什么？”兰州市委、市政府带领全市人民立足于科学发展的制高点，下决心要破解城市建设科学发展的课题。

2005年8月下旬，就在兰州市编制和论证“十一五”发展规划的前夕，由时任省委常委、兰州市委书记的陈宝生和省长助理、兰州市市长张津梁带领一行30余人的兰州市党政代表团风尘仆仆、不辞辛劳地奔走于西部省会城市银川、西安和西宁。

此行的目的是为兰州城市建设和发展“取经”。用张津梁的话来说，“整个活动无异于一堂生动、实际的观摩课”。

兰州市委、市政府组织如此高规格、大规模的学习考察活动，催生的是对城市科学发展的深入思考和全新思路。

正视差距，不回避差距。资金投入和城市规划是首要的差距和瓶颈。“十五”前4年，西安城建投资超过200亿元，银川130亿元，西宁120亿元，而兰州仅为49.3亿元，2005年，西安城建投资更是高达100亿元。因规划和实施滞后、监督不得力而造成的教训深刻：雁滩地区规划不到位、控制不严已经造成深深的遗憾；城关旧城区见缝插针式的乱搭乱建，严重破坏了城市形象。

就在活动结束一周后，一次对兰州城市建设和发展具有前瞻意义和深远影响的会议——兰州市城市发展工作会议召开，考察活动的成果在此结晶。

一个“跳出老区建新区，建设新区带老区，新区抓框架，老区抓美化，局部抓优化，整体抓规划，全面促提高”的城市建设新思路出台。兰州市高起点定位，确立了“城市科学发展”的新理念，首次明确提出把兰州建设成为区域性现代化中心城市。

为这一蓝图做支撑的是科学的操作方法——发展战略：东扩西展，南伸北拓；主要任务：拉开框架，扩展规模，提升功能，完善形象；城建工作基本原则：突出重点，量力而行，综合配套，适度超前；工作方法：坚持以人为本，做到山、水、路、桥、楼“五位并抓”，绿化、美化、靓化、净化、硬化“五化并进”，产业、物业、商业、交通运输业、旅游业“五业并举”，做好“山、水、天、地、人”的文章。

兰州市以大手笔、大动作描绘城市建设的新蓝图，确定未来5年城市基础设施建设投资不少于300亿元，年度投资额不少于60亿元。

2005年成为“十五”以来兰州市城建投资最多的一年，总投资达32亿多元，实施项目90项。2006年，兰州市城市建设再掀高潮，投资计划攀升至67.8亿元，重点实施102个项目，投资总量和项目实施规模都创造了兰州城市建设的历史之最。

规划是城市建设的灵魂和基本依据。张津梁多次严肃强调“规划面前人人平等”、“规划如法，执法如山”。坚持规划先行，突出城市规划的龙头地位，成为兰州城市科学发展中不可撼动的首要原则。

2006年6月上旬，在东方红广场，兰州市新城区的3套规划设计方案“走出”设计单位和政府机关，被制作成30多个展板公示展出，让广大市民评头论足，予以完善。这既让市民感受到了主人翁意识，更看到了政府强烈的规划意识。

2005年和2006年，堪称兰州市的“规划年”。一个个规划相继出台：完成城市东扩区总体规划、和平新区、榆中科教城中心地区和雁滩地区控制性详细规划；颁布了榆中和平地区发展建设规划、东方红广场规划、新城区规划；以启动第四版城市总体规划修编工作为龙头，编制城市重点地段设计、城市色彩研究、城中村改造规划、历史文化保护规划等。现在，大到城区构架，小到户外广告布局，均严格规划，用规划塑造起兰州新形象。

毫无疑问，兰州市城市建设驶入了科学发展的“快车道”。

科学发展，精心绘就“特色”、“亮点”城建工程

在兰州市安宁区，一个新城区日渐呈现出美丽轮廓：北滨河西路银沙段、世纪大道、520号路“揭开面纱”，世纪广场破土动工……一个充满生机和希望的兰州“浦东”正在崛起。

面对中心城区人口密度大、承载压力重的突出矛盾，兰州市跳出老区，建设安宁新城区，同时果断决定市级行政中心西迁，与目前中心区形成“一带两珠”的城市格局。

新城区建设坚持高起点规划、高标准建设，委托同济大学等规划设计出3套高质量方案，论证圈定最佳方案。兰州市确定，从2006年起，每年城市建设一半以上的资金用于新城区建设，2006年，新城区基础设施建设总投资22亿元，10多条道路同时开工，搭起骨架路网。

在新城区开发的铿锵步点中，榆中和平地区东扩、西固新型石化城建设也如火如荼。

以这三大区域的“隆起”为标志，兰州市调整城市功能，东扩西展，拉开了城市新的框架。

让城市美起来，靓起来。省城繁华商业街——张掖路步行街呼之欲出，即将竣工的步行街面貌一新，造型典雅、时尚，景观设计精致，缀串六大广场，集购物、旅游、文化、休闲等于一体，迈向“西北第一，全国一流”，成为兰州全新的“城市名片”。与此同时，秀丽宽展的七里河区建兰路步行街、西固区步行街已建成开放，兰州城市品位跨入新的层次。

一处建设形成一道风景，一项工程成为一个亮点。2006年，对市区东、南、北三大出入口环境进行综合整治，改善“第一印象”；整治市区交通咽喉梗阻的西关什字综合治理工程、美化、靓化城市中心区域的邓家花园综合整治工程、东方红广场改造工程全面启动；在庆阳路、酒泉路、天水路等3条标志性大道进行路灯改造工程，荷花灯、中华灯将使省城的夜晚更加迷人；“破墙透绿”工程让机关大院和公园封闭的水泥围墙被美观的铁栅栏取代，院内绿树和鲜花尽收眼底，形成绿化共享的新景观……

一个个亮点工程铸就兰州的“城市名片”，体现出浓郁的城市个性，“丝路重镇、黄河明珠、山水城市、水车之都”的城市特色彰显。

在城市建设中，兰州市有一条“温暖的”原则：以人为本，从群众反映最强烈、最紧迫的问题入手，向群众关心的热点、难点问题倾斜，打造“民心工程”。

在市区雁滩，有一条全长8.24公里的南河道。以前，这里河道淤积、遍地垃圾、污水直排，被称作兰州的“龙须沟”

市委、市政府顺应兰州发展所需，情系广大群众所盼，实施南河道综合治理工程，改善人居环境。他们坚持工程措施与生态措施相结合，计划用3到5年时间，预计投资12亿元，把南河道建成环境优美、具有地域文化特色的生态型河道。

2005年10月，一场众心所盼的南河道疏浚整治会战打响。其中下游2.8公里段实施“军民共建”，由兰州军区500多名参建官兵完成。施工作业区内道路狭窄、淤泥深厚，军民携手，顽强奋战，艰苦施工，当年即圆满完成河道全线疏通和全断面征地拆迁，沿线群众交口称赞。2006年，兰州市又将南河道整治作为“打硬仗”项目，投资4亿元，将完成防洪工程、污水截流管网工程、道路桥梁工程等。

国务院专项治理检查组在视察南河道时评价道：“南河道治理思路非常好，是很好的水环境综合治理工程，它将对改善兰州市民的人居环境起到积极作用。”

南河道综合治理工程堪称兰州市城市建设最大的亮点，也是兰州在新一轮城市建设中全力为群众解难题、改善人居环境的集中体现。

在兰州街头，一座座轻盈流畅、造型美观的天桥地道为市民过马路提供了便捷，并成为一道新的景观。这是兰州市下决心为群众解决“过街难”而实施的“惠民工程”。2005年，兰州市投资6897万元，在群众反映人流量大的路段一次性建设14座过街天桥地道，建设力度为历年之最，几乎相当于此前15年建成的总量。它们也是政府和市民之间的“连心桥”。

令人倍感温暖和感动的是，这些天桥地道的选址让群众“说话”，竣工通行又由群众来“唱主角”剪彩。2006年，兰州市又选择交通流量大的繁华地段，建设16座天桥地道。

让背街小巷靓起来。遍布于城区的上千条小街巷，虽然不在城市的“面子”上，却与百姓生活息息相关。兰州市既“扮靓”大马路，也“梳妆”小街巷，通过对道路、管网、路灯等基础设施的改造，2005年，让70多条小街巷换了新颜，方便了市民出行。2006年，又投资4000多万元，对82条小街巷进行改造，目标是“改造一条，成功一条，群众满意一条”。

城市建设重便民、重细节成为“主旋律”。兰州市把资金用在群众最需要的工程上，一个个“民心工程”造福群众：兰州市东扩供水工程夏官营大学城通水，从城区“长途跋涉”30公里的自来水滋润着大学城和沿线10万多名群众；新建40座公厕，缓解市民、游客“如厕难”的尴尬；实施酒泉路北段、武都路西段拓建等城区旧路改造，雁儿湾污水厂二期扩建、七里河安宁污水处理厂、城区老化供水管网改造、公交加气站建设……群众“行路难”、“吃水难”、“乘车难”得以化解。

走在兰州市区黄河两岸，一道蜿蜒、悠长的风景长廊伴着一河波光伸展开来。这里，鲜花盛开，绿荫满目，河风习习；这里，山水交融，移步换景，游人如织；这里，成为兰州市的标志、“名片”和兰州人的骄傲。

兰州人民亲切地称她为“黄河风情线”。经过多年坚持不懈的精心美化、靓化和绿化，目前已建成43.9公里，成为国内最长的带状性开放式公园和最大的市区滨河公园。2005年以来，在黄河风情线又新建百合公园、湿地公园、金城关文化风情园等20多处景点，特别是深入挖掘黄河文化的深刻内涵和独有的历史文化景观，投资3000多万元，在黄河风情线黄金地段建成古朴典雅的水车博览园。一架架水车伴随母亲河的涛声悠悠转动，兰州重塑着“水车之都”的城市品牌。

让母亲河的水更清。兰州市实施以护源、控排、畅流、治重、严管为主要内容的黄河兰州段污染综合整治工程。以“壮士断腕”的决心，果断关闭取缔20多家排污单位，先后否决10多个污染水体的建设项目，使饮用水源水质达标率稳步提高。督促实施90项工业废水治理项目，1600多家污水排放单位完成排污申报登记……母亲河逐渐呈现出新的容颜。

让兰州的天更蓝。一场清洁能源改造攻坚战“123”工程全面打响。从2005年起，用1年时间完成公交车辆天然气改造，用2年时间完成出租车天然气改造，用3年时间完成燃煤锅炉天然气改造。这项工程成了兰州环境保护的“一号工程”。与此同时，已完成265台燃煤锅炉和3360辆双燃料车的改造，全市公交车、出租车全部使用清洁能源。据监测统计，2005年全年三级和好于三级的天数达到342天，占全年总天数的93.7%，兰州上空的“锅盖”正在揭开，天空在一天天变蓝。

规范完善，管理让城市更美丽

2006年8月10日，整个省城街区都成了一个特殊的大会场：兰州市主要领导和近郊四区党政“一把手”走进街巷、小区、公厕、市场，察看市容，观摩分析城市管理情况。

这是兰州市城市管理现场会的生动场景，它将兰州市“城市管理年”大会战活动推向高潮。

市上从长期制约城市发展、影响城市形象的违法建设、户外广告、马路市场等“顽症”抓起，集中整治市容市貌，实施重点区域的亮化、美化工程，创建社区、楼院“硬化、绿化、净化、亮化、美化”，全面提升公民道德素质，塑造亮丽、文明的新形象。“从现在起，在若干年内，年年都是‘城市管理年’，年年都要开展城市管理大会战。”陈宝生郑重地说，“要把城市管理作为兰州市当前和今后一个时期最大的群众工作去抓。”

每月第一周的星期五，在兰州市街头，会出现一个生动的场景：党员干部带头，进行周末卫生大扫除活动。张津梁每次都亲临现场对环境卫生整治进行大检查。现在，兰州市已将这个日子定为全市“爱国卫生活动日”。

兰州市城市管理由领导推动逐步转向制度化，用制度规范完善。

一个新的机构——城市管理行政执法局成立。兰州市改革城市管理体制，将包括市容环境、城市规划、环境保护等8个方面的行政执法职责归口于一家，变“多头执法”为“一门执法”，探索出城市管理的新路子。近郊四区也相应组建了区城市管理行政执法局和执法大队。

城市管理体制改革走向纵深。调整城市发展投资公司，国土资源和规划部门实行机构和职能分设，建立“重心下移、管养分离”的环卫管理体制和市场化运作机制，引导社会各界和个人投资建设、参与运营城市环境基础设施，城市管理逐步形成“两级政府，四级网络”和“规划在市、管理在区、社会建设、市场经营”的新体制。

管理让城市更美丽。新组建的城市管理行政执法局接连打了几场漂亮的“硬仗”：规范户外广告、整治违法建设、清理街头野广告、取缔占道经营。2006年，清理拆除违法建设10.2万平方米。为城市“洗脸”，清理违法户外广告6.1万平方米，并对户外广告统一规划、统一风格，形成景观。

还校园以清净、安静。兰州市集中对大中专院校及中小学、幼儿园周边环境进行综合整治，张津梁亲自担任校园周边环境综合整治领导小组组长。取缔“黑网吧”，治理乱摆乱卖，整治出租屋、违法建设、环境卫生，使校园200米内的环境得以净化，并将在校园周边投资修建过街天桥和触摸式过街红绿灯，完善基础配套设施。

向环境脏乱差的“城市孤岛”——“城中村”进军。兰州市利用3年时间，对市区61个行政村进行“城中村”改造，使10万农民转变为城市居民。不久的一天，呈现在我们眼前的将是一个个新的现代化文明小区。

兰州市委、市政府引领城市向更高层次迈进。以创建全国文明城市为“龙头”，带动国家卫生城市、国家园林城市、国家环保模范城市及国家历史文化名城创评。“五城”联创，全面提升城市文明程度和市民文明素质。这是兰州“最大的发展目标”和全新使命，兰州市志在必得，志在必胜。

创新机制，城市经营拉开大幕

2006年9月22日，一场特殊的拍卖会在兰州举行：此次拍卖的不是物品，而是兰州市户外广告的经营权。买家竞相举牌叫价，场面热火，当场就成交繁华地段8个户外广告经营权，成交额240万元。

这场金秋时节的拍卖会，既是兰州市首次户外广告经营权拍卖，也象征着兰州经营城市拉开大幕。

经营城市的主力军是新改组成立的兰州市城市发展投资有限公司。

城市建设钱从何来？兰州市创新城建投融资机制，改组成立“三块牌子，一个班子”的兰州市城市发展投资中心、兰州市土地储备中心、兰州市城市发展投资有限公司，负责土地储备、资产经营、项目建设和融资开发，经营城市资产。以这一融资平台灵活的市场化运用，保障城市建设跨越式发展有了强大的经济后盾。

新的机制充满活力。城投公司除总经理、总会计师由市上任命外，所有工作人员均从社会招聘，全部为大学本科以上学历，平均年龄30.5岁，且能上能下，一位部门主任就因工作疲沓、平庸被辞退。

这支年轻、精干的队伍出手不凡：2006年，仅城投公司就承担了81个城建项目，总投资59亿元。收购储备土地8482多亩，协议储备土地6375亩，实现变现收入8亿多元。建设总投资10.2亿元2处经济适用房小区。

观念一变天地宽，兰州城市资产市场化经营“好戏连台”：2006年9月上旬，在酒泉路拆迁地段修建起临时性大型停车场、临时经营铺面；9月18日，13座天然气加气站经营权暨土地使用权公开出让拍卖；9月22日，首届户外广告经营权拍卖；10月26日，安宁区3宗国有土地拍卖……

记者在采访中深深体会到，兰州市又一个大规模城市建设的高潮正在到来。城市轻轨和兰山高速公路建设正在加紧论证、招商；高新技术开发区和经济技术开发区扩区建设和发展思路空前加快；3个新城区的规划建设紧锣密鼓；彭家坪、晏家坪等8个坪的改造已提上市政府议事日程；61个“城中村”改造全面拉开序幕；城区81条排洪沟的综合整治正在按照规划有序进行……

同时，随着兰州市基础设施条件的改善，兰州通往周边城市的高速公路、铁路、光缆等设施相继建成，“一小时都市圈”和“三小时经济圈”的发展目标正在变为现实。

在科学发展的时代强音中，兰州，正向着区域性现代化中心城市阔步前行……

转型迎来新机遇

李保荣

2008年3月17日，国家正式将白银市列为全国12个首批资源枯竭转型城市之一。这一消息的发布，无疑给白银乃至甘肃省的资源型城市带来了希望的曙光。

得知这一消息后，白银市委书记袁占亭深有感触地说："在争取国家转型城市过程中，我们是咬住目标不放松，一张蓝图绘到底，毫不犹豫地去干，积极大胆地去闯，坚持不懈地去争。能够在全国118个资源型城市中步入转型行列，是省、市各级部门、各级干部抢抓机遇、锲而不舍努力的结果。"

借得东风驶大船

因矿设企、因企设市的白银市，是一个矿产资源开发建设的工业城市。"一五"时期，国家在白银建设的白银公司和银光公司两大企业，都列入国家156个重点项目之中。在这两大企业建设过程中，国家又从上海、青岛等地向白银迁入一批配套企业。经过50多年的建设发展，白银形成了以有色、化工、煤炭、电力为主，轻纺、机械、建材为辅的工业体系。

在计划经济时期，白银为国家的建设做出了重大贡献，白银公司铜产量、产值、利税曾连续18年位居全国同行业第一。但同时，企业的环保投入欠账较大，多年来未进行大的技术改造，工艺落后，设备老化，长期以来污染物不能达标排放，高耗能、高污染、低效益的特征十分明显。经济体制改革以后，企业进入资源枯竭期，改革发展面临巨大困难，由此引发了一系列连带波及不良效应，社会问题和环境问题日益突出。特别是近些年来，一批资源型小企业相继破产，大中型企业发展也陷入了举步维艰的境地，城市可持续发展面临严峻挑战。

近年来，白银市针对有色金属资源枯竭的现状，不等不靠，勇于实践，积极探索资源枯竭型城市经济转型和持续发展之路，并初步取得了一些成效。特别是2005年以来，市委、市政府把争取国家支持作为转型工作的重要步骤，统筹安排，抓主抓重，一方面以治理环境污染为切入点争取国家项目支持，一方面主动整合社会各方面力量，争取进入国家转型城市行列。2005年3月，市上确定以白银公司铜冶炼制酸系统改造为突破口，对重点污染源进行治理，同时加快老城区改造和新城区建设，推进大环境绿化。当年，市上在财力十分困难的情况下，拿出6000万元——占当年本级财政收入的四分之一多，作为白银公司铜冶炼制酸系统改造的启动资金，带动了国家、省上和企业的投资，从而拉开了争取国家资金和多方支持的序幕。同年5月，全国人大常委会副委员长盛华仁来白银视察工作时，市上做了实事求是的汇报。同年7月，第七届中国矿业城市发展论坛在白银召开期间，白银市政府发出了“加快经济转型，打造和谐矿城”的倡议，得到了全国30多位资源型城市市长的积极响应，引起了各方面的重视。会后，省政府、全国政协环资委、中国矿联、中国城市发展研究会、中国有色金属工业协会等7个单位联合向国务院呈报了《关于将白银纳入全国资源型城市经济转型试点及促进矿业城市可持续发展的请示》，得到了时任国务院副总理曾培炎的批示，引起了国家发改委高度重视。

2007年春节期间，胡锦涛总书记来会宁视察工作时，对白银资源型城市转型作出重要指示，强调要高度重视资源型企业的生产与经营，着力改善困难群众的生产生活条件。2005年10月，白银市在北京举办了“白银市经济转型产学研项目对接会”和“白银厂外围找矿院士论坛”，以八大支柱产业为抓手，改造提升传统产业，培育发展接续产业，使国家部委领导和有关专家对白银的转型思路有了深入了解。在2006年的全国“两会”上，十届全国人大代表王锡武、任继东分别提出“将白银市列为全国资源枯竭型城市经济转型试点”和“对白银市污染综合治理”的建议，两项建议整合后被列为全国人大委员长督办的12项重点提案之一。

记者了解到，几年来，全国人大、全国政协、国家发改委、国务院东北办和西北办、国家财政部、国土资源部、国家环保总局、国务院发展研究中心等给白银的转型工作都给予了高度关注和多方支持。

白银市委、市政府紧紧抓住进入转型行列这一历史机遇，重新研究和制订了围绕转型，加快经济全面发展的一系列举措，市委研究制定了《关于加快推进转型工作的决议》，确定了当前和今后一个时期，一切发展思考都要围绕推进转型来谋划，一切发展措施都要围绕推进转型来进行，一切发展力量都要围绕推进转型来凝聚的思路。市上以强化基础、培育产业、改善民生、加快转型为主题，提出了积极培育“八大支柱产业”、解决民生“七件事”、实施“四大民心工程”的具体思路，以期实现经济社会的全面协调可持续发展。

转型着眼于建立经济支撑，培育发展多元支柱产业。国务院38号文件强调要建立健全资源型城市可持续发展的长效机制，支持资源型城市培育壮大持续产业。为此，市上把培育发展多元支柱产业作为转型的根本，按照“大项目—产业链—产业集群—产业基地”的模式，坚持传统产业与持续产业的有机统一，延伸传统产业链条，做强产业，做大基地。市上加快培育“八大支柱产业”、坚持以产业链延伸为突破口，着眼培育强势产业，选择好产业发展方向，加快建设“五大基地”。近几年，市上一手改造传统产业，一手抓培育新兴产业，一批多元支柱产业蓬勃兴起。2008年，“八大支柱产业”完成投资46.83亿元，占全市固定资产投资的50.35%，实现增加值87.27亿元，占到了全市生产总值的43.64%。同时，从白银工业的基础和优势出发，以白银公司、银光公司、靖煤公司、靖电公司和稀土公司为龙头，加大科技创新力度，突出做大产业规模这个关键点，加快有色金属、新型化工、复合型能源、特色农畜产品和物流仓储基地建设。从2008年全市的经济情况看，经济发展整体上呈现出增长较快、效益较好、运行较稳的良好态势。

锲而不舍谋求发展良策

进入国家转型城市，对于加快白银经济社会发展是一次难得的重大历史机遇。国务院38号文件出台后，国家明确了对进入国家转型城市的支持政策。这些支持政策，是争取重大项目、争取优惠政策、争取财力性转移支付的平台，同时也为承接国内外产业转移创造了新的条件。进入国家转型城市，非常有利于白银积极适应国内外产业发展的新趋势，承接发达地区的产业转移，也为我们参与世界分工、吸引外资、引进技术、获取比较利益提供了有利条件。为此，全市上下不断破除体制机制障碍，下功夫改善软硬环境，进一步扩大开放、促进招商引资，在推进转型中深化改革开放，在深化改革开放中加快转型。白银市各级领导干部切实增强紧迫感和责任感，坚持上下协调、部门联动，扎实推进城市经济转型工作。抓紧抓好项目筛选凝练，坚持把项目凝练作为经济转型的核心和争取国家政策资金支持的关键，精选一批产业链条长、生成速度快、带动效益显著的重大产业项目。目前，市上精心筛选凝练的一批重点转型项目已经得到了国家和省发改委的重视，包括基础设施建设、工业、农业、社会事业、生态环境治理等符合国家产业发展政策的重头项目已全面开始启动。

同时，市上坚持以经济转型为根本，统筹社会、生态、文化转型和城乡发展。转型是一项庞大的系统工程，经济转型是根本，社会、生态、文化转型是保证。只有在加快经济转型、建立起强有力的经济支撑的基础上，才能带动社会、生态、文化转型；而社会、生态、文化转型的同步进行，又可以对经济转型起到积极的促进作用。

白银市委、市政府一班人以对历史和未来负责的胸怀，制定了当前和今后一个时期全市工作的中心任务，确定了一切发展思考都要围绕推进转型来谋划、一切发展措施都要围绕推进转型来进行、一切发展力量都要围绕推进转型来凝聚的长远目标。市上各级干部全面落实科学发展观，以强化基础、培育产业、改善民生、加快转型为主题，以改革开放和自主创新为动力，以经济转型为根本，带动社会、生态、文化全面转型，培育“八大支柱产业”，解决民生“七件事”，实施“四大民心工程”，转变发展方式，优化经济结构，完善城市功能，统筹城乡发展，加快工业化、农业产业化、城镇化、信息化、市场化进程，实现经济社会的全面协调可持续发展，努力把白银建设成为发展循环经济的示范城市、资源枯竭转型的示范城市和落实科学发展观的示范城市。与此同时，市上着眼于促进社会和谐，认真解决好民生问题。坚持以改善民生为转型的落脚点，围绕人民群众最关心、最直接、最现实的利益问题，努力解决好围绕人民群众最关心、最直接、最现实的利益问题，努力解决好就业、就医、就学、收入、社会保障、物价、住房“七大民生问题”。

项目是推动转型的主要抓手，没有项目的支撑，影响城市经济社会发展的突出问题就难以有效解决。白银市被列为全国首批资源枯竭城市以来，市上把抢抓机遇、筛选凝练项目作为争取国家支持的主要抓手。集中时间，集中人力，充分调动依靠部门、企业和社会各方面的积极性，共收集筛选转型项目10大类、540多个，确定中期（2008年至2012年）项目200个、投资1000多亿元。在此基础上，优选近期（2008至2009年）项目150项、投资580亿元。其中工业项目48项、投资228亿元；城市基础设施项目29项、投资135亿元；社会事业项目30项、投资16亿元；农村项目23项、投资23亿元。能源项目12项、投资164亿元；交通项目3项、3.68亿元；其他项目5个、投资11亿元。截至2007年底，已上报国家和省上项目46个，上报省直有关部门24个。已争取落实国家和省发改委系统各类项目资金3.51亿元。

中央出台扩大内需、促进经济平稳较快增长的10条措施以后，市委迅速作出重要安排，要求用最快的速度落实扩大投资的措施。在谋划项目上快人一拍，在上报项目上早人一步，在争取项目上先人一筹。市政府有效对接，就做好争取工作及时落实责任，提出了明确要求。市委、市政府召开了全市经济形势分析暨项目建设工作会议，就贯彻落实中央决策部署、全省市州和省直部门主要负责同志会议进行了全面安排部署。由于项目准备比较充分，目前，已衔接落实资金2.77亿元，扣除直接划拨相关行业部门9.6亿元资金，全市争取资金占全省已落实资金总量的10%。其中，保障性安居工程方面，初步落实廉租房6.5万平方米，2000万元；农村民生和农村基础设施方面，初步落实各类项目资金4350万元，涉及农村沼气、农村饮用水安全、农村公路、农村电网完善改造、病险水库除险加固、动物防疫体系建设、农产品质量安全检测等项目；城市电网建设改造方面，上报国家发改委城市电网改造项目总投资2.4亿元，初步落实国债资金4800万元；医疗卫生和教育文化方面，初步落实资金3360万元，涉及基层医疗卫生设施、乡镇计划生育服务中心、中西部农村初中、中西部特殊教育、乡镇农综合文化站、村村通广播电视等项目；节能减排和生态环境建设方面，初步落实资金1.14亿元，涉及城镇污水、垃圾处理、重点防护林、天然林资源保护、工业技术改造等项目；产业技术进步初步落实资金2600万元。两项投资总额达6.28亿元，比2007年全年争取资金翻了一番。

在争取国家支持的同时，不断加大招商引资力度。中国中信集团注资32亿元，对白银有色集团实施战略重组，组建了白银有色集团股份有限公司，为重塑白银有色工业辉煌注入生机。中科宇能年产200套1.5兆瓦级风电叶片项目第一片叶片于10月初下线，并同美国华平投资集团签订了扩大投资、搬迁总部协议，投资增加到4.5亿元，年生产能力扩大到1000台(套)；中国水电三局白银风力发电机塔架一期工程建成投产，西北永新12万吨有机溶剂等项目开工建设。北方三泰年产10万吨氯碱、鑫大公司5万吨电解锌、双赢公司26万吨磷复肥等项目建成投产。南京雨润集团决定投资4亿元，在白银建设150万头生猪屠宰生产线和万头种猪养殖场项目。与中国中材集团签订了建设年产300万吨干法水泥生产线项目。酒钢集团投资勘探开发平川黄峤铁砂矿等项目即将签约。同时，成功举办了资源型城市可持续发展论坛暨产学研项目对接会、中国石油和化工协会东西部合作洽谈会，组织参加了重点招商节会，扩大了白银影响，促进了项目落实。

白银市市长吴仰东告诉记者，下一步，将突出项目工作这一主线，积极争取国家支持，不断扩大招商引资，以2009年开展“项目建设年活动”为契机，在政务公开、效能建设等方面营造宽松的投资环境，精心运作大项目、好项目，加快推进城市全面转型。同时，制定了“631324”的阶段性转型目标。到2012年，全市生产总值达到600亿元以上，年均增长20%；工业增加值达到300亿元以上，年均增长25%；全社会固定资产投资五年完成1000亿元以上，年均增长25%；地方财政收入达到30亿元以上，年均增长30%；城镇人均可支配收入达到2万元以上，年均增长15%；农民人均纯收入达到4000元以上，年均增长12%。城镇化水平达到40%以上；城镇失业率控制在6%以内；城乡社会保障基本实现全覆盖，人民生活水平显著提高。

转型之路才刚刚迈出一步，转型的道路依然漫长，我们期待着——白银，在转型中发展，在转型中腾飞，犹如凤凰涅槃、浴火重生。

和谐文化馨香扑面

李政魁

文化润泽生活，文化丰富心灵。

如今在嘉峪关，文化生活不再是一个单纯的节日符号，它早已成为广大城乡群众生活中不可或缺的一部分。

漫步嘉峪关市城乡，浓浓的文化气息扑面而来，开心的锣鼓敲起来、欢快的秧歌扭起来。每年群众性的演出达100多场，观众达40多万人次，是该市文化艺术事业繁荣发展、社会和谐进步的一个缩影。

2005年，嘉峪关被中央和省委确定为文化体制改革试点城市。近年来，在政府主导下，全市形成了地方企业共建、社会参与的良好的文化投资氛围，据统计，全市“十五”以来公共文化设施建设已累计投资15.5亿元，其中社会和企业投资就占到了8亿元。嘉峪关被评为“全国创建精神文明工作先进城市”和“全省文明城市标兵”。

“几年的实践证明，公共文化服务体系建设在促进社会和谐方面具有巨大的调节功能。文化越繁荣，对经济发展越具有推动力，对政治文明越具有影响力，对社会矛盾越具有调和力，对城市形象越具有塑造力。”嘉峪关市委书记马光明深有感触地说。

推动文化的大发展大繁荣，已成为嘉峪关社会各界的文化共识。

政府主导，企业参与，创新公共文化建设投入机制

2009年2月23日，在嘉峪关市新城镇长城村农家书屋，整墙书柜，藏书2000多册，免费向村民们开放。10多名村民正坐在桌前，静静地看书。村党支部书记方兴玉告诉记者：“过去农闲的时候，村里人都喜欢打麻将消遣，自从有了‘农家书屋’，我们就有了读书休闲的好去处！种植养殖方面的书最吃香，很多

书刚还回来就又被借走了。”嘉峪关市政府2008年列支20万元用于设备购置，目前20家农家书屋全部建成，标志着该市农家书屋在全省率先实现了村村覆盖。

“不打麻将不打牌，农家书屋转一转，富了口袋富脑袋，净了环境净思想。”嘉峪关市农民自编的顺口溜，真实地道出了农家书屋给农民生活带来的可喜变化。记者为之欣慰，仓廪实而知礼节，以知识充实自己，以文明提升自身。

乡村如此，城市亦然，公共文化服务体系建设不断推进。2008年，嘉峪关投资兴建的一个个实实在在的文化设施，完善了基层公共文化服务体系，保障了人民群众基本文化权益——

2008年8月20日，全省第一座全面展示城市建设风采的博物馆——嘉峪关城市博物馆隆重开馆；9月24日，嘉峪关市具有国内一流水平的标志性建筑——嘉峪关大剧院举行落成典礼仪式，从当日起嘉峪关大剧院正式对外开放；年底，东湖生态旅游景区矗立起目前中国最高气象塔“碧海明珠”，塔的外型宛若一只从碧海中跃出的“海豚”。

加大对公共文化服务体系的投入力度，是百姓的期盼，也是政府的职责。近年来，嘉峪关在政府主导下，吸纳企业和社会资金，通过多种途径，加大对公共文化服务体系建设的投入。市委、市政府多次召开会议，专题研究文化发展和文化体制改革工作，制定了加快文化事业发展的规划，设立了宣传文化发展专项资金，专项资金按照全市当年财政支出的2%提取，列入政府预算，经人大审议后，作为一项长期制度固定下来。“十五”以来，市上充分利用财政资金、国拨省补资金、世行贷款等资金，建成了雄关广场、长城博物馆、文化馆、体育场等公共文化服务设施，提升了城市的文化品位，增强了城市的文化魅力，丰富了城市的文化底蕴。与此同时，在政府统一规划和主导下，大中型企业和驻嘉单位积极进行公共文化设施建设，酒钢集团公司、中核四〇四总公司等企业，先后投入资金，建设了水准一流、功能完善的嘉峪关体育馆、嘉峪关大剧院、森林公园、英雄广场等大型精品文化工程。

“文化是一个城市的灵魂，是一个城市区别于其他城市最内在的要素。创新则是文化事业取之不尽、用之不竭的源泉。”嘉峪关市委宣传部部长郭成录介绍说，这是构建公共文化服务体系的核心要义。

因地制宜，各显特色，构建公共文化服务网络

文化，如春风化雨，滋润着百姓生活，也滋养出一方文明。

在嘉峪关，由于构建了完善的公共文化服务网络，无论是居民、农民还是在此打工的新嘉峪关人，闲暇时总能找到属于自己的一方文化天地。

嘉峪关把公共文化设施建设纳入城乡建设的总体规划之中，大型文化设施与基层文化设施建设并重。在建设博物馆、文化馆等大型公共文化设施的同时，加大力度建立和完善基层文化服务设施，形成了比较完善的社区和农村公共文化服务网络。全市所有社区都建立了文化活动室和休闲娱乐区。城市每个小区都有文化活动小广场，主要街道都有阅报栏、宣传栏、信息栏。每个乡镇都建立起了集图书、阅览、信息查询、娱乐、健身为一体的文化活动中心。有线电视覆盖全部农村、宽带网络通到了村组，体育健身路径实现“一村一场”。城乡文化活动相互交流，互相融通，各显特色，共同繁荣。

嘉峪关还将现代文明与传统文化融合。该市地处长城文化和丝路文化的交接处，又是现代化工业城市。在公共文化服务设施建设中，嘉峪关因地制宜，一方面打造现代工业文化：建设雄关之光城市标志、钢城创业纪念碑、雄关广场大型雕塑墙等来反映钢城创业历史，在东湖旅游景区依托多普诺气象雷达塔建立科普知识教育基地，在迎宾湖景区绕湖一周制作了1108幅被称为百科全书的文化长廊等；另一方面开发、保护和挖掘历史文化，维修了嘉峪关关城，建设了长城博物馆、城市博物馆，开发了魏晋墓地下画廊等。一系列承载现代和传统的文化设施形成了嘉峪关地方特色城市景观，让人们在潜移默化中领略和感受着独特的城市文化。

开展活动，寓教于乐，丰富群众精神文化生活

歌声，让生活充满阳光，让人们心头洋溢甜美。

循着歌声，记者驱车来到嘉峪关前进街铁南社区。社区文化中心的指导员陈桂兰正在紧张地排练歌舞《康定情哥》。台上吹拉弹唱，台下笑语不断。歌舞队队长葛群高兴地说：“现在我们活动有‘中心’，学习有‘书屋’，看电视用‘有线’，社区里还时不时放场电影，老百姓的日子越过越滋润了。”

近年来，嘉峪关充分发挥公共文化设施的作用，通过举办丰富多彩的文化活动，活跃了群众文化生活，满足了群众精神需求。嘉峪关市委常委、宣传部长郭成录告诉记者：“市上按照大文化的思路，不断拓宽视野，将文化、体育、旅游等资源有机整合起来，先后举办和承办了一系列体育比赛、文艺演出、会展博览。连续四年举办了国际铁人三项赛，承办了省运会、民运会、残运会、

国际汽车摩托车场地拉力赛、国际舞龙舞狮节、国际滑翔节、丝绸之路旅游文化节等大型活动，丰富了群众文化生活，促进了经济社会全面进步。同时，还以现有的文化设施为依托，采取走出去、请进来的方式，扩大文化交流，推动文化发展。雄关艺术团代表嘉峪关多次到省内外、国内外进行演出，受到广泛赞誉。市上还多次请国内一流的文艺体育队伍来嘉峪关举办‘魅力雄关’、‘明星演唱会’、‘酒钢杯全国男子篮球甲A精英赛’、‘全国甲级女子乒乓球邀请赛’等高水准的演出和比赛，让人民群众享受高水平的精神文化生活。”

当然，嘉峪关并未满足。嘉峪关市委副书记、市长郑亚军对记者说：“从2009年开始，市财政先安排1800万元，作为启动资金，今后将随着地方财政收入的增加而不断提高。”目前，该市正在规划建设高规格的嘉峪关市图书馆、以丝绸之路历史文化为主题的明珠河公园等一批文化设施项目。

曾经是生活点缀的文化，已成为嘉峪关普通百姓的日常“三餐”。闲暇时，你、我、他，都可找到属于自己的一方文化天地，让自己的生活更加精彩。愿嘉峪关人的生活更滋润、更和谐。

科学发展绘新图

刘兴元

万物复苏的春天，地处金昌市区东部的戈壁滩上，呈现出一派热火朝天的建设场景：塔吊林立，机声轰鸣，新建的道路和管网纵横交错，一座座现代化厂房拔地而起……总投资140亿元、占地10平方公里的金昌新材料工业园区正在加紧建设。园区已吸引包括世界500强之一的中化集团公司、国内500强之一的新希望集团等众多大企业大集团的项目入驻。昔日不毛之地，如今春潮涌动，成为了金昌新兴接续产业的“孵化园”和经济转型的主战场。

金昌是一个典型的资源型工业城市，依托资源优势使发展势头上扬。在这样的情形下，市委、市政府并未一味乐观，他们从国内外不少资源型城市“矿竭城衰”的教训中，冷静思考着资源消耗与可持续发展的辩证关系，尽早谋划未来发展大计。

记者采访了金昌市委、市政府主要领导。他们认为，破解资源型城市经济转型的难题，就必须以科学发展观为指导，走一条科技含量高、经济效益好、资源消耗低、环境污染少，人力资源优势得到充分发挥的新型工业化路子，不断优化经济结构，转变发展方式，培育多元支柱产业，实现资源型城市可持续发展。具体目标是：继续做大做强有色金属、无机化工、能源三大支柱产业，加快培育和发展以新材料和化工深加工为主的接续产业，打造硫化工、碱化工、煤化工、磷化工“四大化工”产业集群，配套发展与优势大企业相关联的产业，形成支撑金昌未来可持续发展的多个产业体系。

在这一总体思路下，金昌市大力倡导创新思维加实干作风，在经济转型和接续产业发展上迈出了坚实的步伐。

实施资源多元化配置战略，延长自有矿山服务年限，为经济转型赢得时间和空间。市委、市政府积极支持金川集团公司实施国际化经营战略，参与国内外矿产资源的开发和建设，并面向两个市场，实施规模化、国际化经营，不断扩大两种资源的利用量，加大外购原料的规模。这两年，金川集团公司镍、铜、钴原料总量的50%、75%和70%从国内外购进。同时，以技术进步为动力，不断提高矿产资源利用水平。在自有矿山开采中，坚持“贫富兼采”，一吨贫矿也不丢失。2008年，金川集团公司矿石回采率超过96%，低品位矿石开采量超过290万吨，占总出矿量的45.3%，采矿损失率和贫化率均控制在5%以下，达到国际同行业先进水平，大大延长了自有矿山的服务年限。

高度重视节能减排工作，着力建设“低投入、低消耗、少排放、能循环、可持续”的资源节约型社会。全市各重点企业广泛采用节能新技术、新设备、新工艺、新材料，实施重大节能技术进步项目，大力推动循环经济和清洁生产。仅2007年一年，全市用于节能减排项目的投资就达54.64亿元，实施技改项目24项。金川公司富氧顶吹镍熔炼项目、铜系统节能降耗技术改造、日产1.4万吨选矿扩能技术改造、金化集团22万吨合成氨扩能改造、金铁集团2号高炉改造等一大批工程的相继投产，大大提升了工业企业节能降耗的整体水平。同时，爆破拆除了高耗能、高污染的永昌发电公司9.9万千瓦1—5号小机组和金泥集团公司8.8万吨立窑水泥生产线，对全市不符合国家产业政策、污染物不能达标排放的12家造纸厂、17家土法石灰窑、2家小化工企业、2家小炼焦企业和5家硅铁厂全部依法关闭，淘汰分散供热小锅炉53台。2008年，全市万元GDP能耗同比下降4.2%，二氧化硫排放量同比削减2.11%。

大力发展循环经济，为可持续发展打牢坚实基础。以资源综合利用和废弃物“吃干榨尽”为目标，重点打造工艺相互依存、物料近距离转运、“三废”集中处理和资源循环利用的循环经济产业链，全市现已形成了企业小循环、产业中循环、区域大循环的循环经济格局。在企业层面，组织各种工艺流程之间物料的循环利用。如金川集团公司回收冶炼过程中产生的二氧化硫烟气制硫酸，用尾矿和粉煤灰生产的水泥回填矿洞等。在产业层面，加强企业间的横向联合，形成企业产品互为原料、内部废弃物外部循环利用的产业链条。如利用有色金属冶炼过程副产的二氧化硫烟气制硫酸配套发展硫化工和磷化工产业，同时产生的镍弃渣用于冶金产业等。在区域层面，以金川工业区、河西堡工业区、永昌工业区为平台，通过加强产业集群之间的区域分工与合作，构建了“三废”及物料综合利用、工艺相互依存、产业衔接紧密的区域大循环系统。如区域内副产的硫酸、氯气、电石渣、镍弃渣都能得到充分利用，形成了硫化铜镍矿开采—冶炼镍铜钴—镍铜钴压延及新材料产业链，二氧化硫—硫酸—化工产业链，烧碱—氯气—PVC—电石渣—水泥等产业链条，极大地提高了资源综合利用水平。

加快新材料工业园区建设，搭建接续产业发展平台。2003年，金昌市被科技部确定为国家新材料产业化基地。2007年6月，又被国家发改委确定为新材料产业国家高技术产业基地。为此，市委、市政府立足资源优势和产业基础，按照接续产业发展的思路和产业调整与配套的需要，规划建设了占地10平方公里的新材料工业园区，目前已有20多个新材料接续产业和循环经济项目陆续入驻园区、开工建设，总投资约140亿元。今后5至10年内，新材料工业园区年总产值将达到300—500亿元，成为新兴产业、接续产业、循环经济发展的先导区和示范区。

扩大开放，引进国内强势企业加盟接续产业发展，为加快经济转型注入了强大的生机和活力。近两年，金昌市以资源综合利用、新材料接续产业为方向，成功引进了四川新希望集团、贵州宏福公司、中国化工化肥公司、内蒙古太西煤集团等国内强势企业。新川化工公司是四川新希望集团在金昌组建的一家新公司。2007年8月，该公司投资兴建的20万吨PVC工程在金昌新材料工业园区破土动工。一期建设的2万吨硫酸钾已建成投产，10万吨PVC项目正在紧张建设。今后10年内，新希望集团还将在金昌投资30亿元，形成年产80万吨PVC和120万吨硫基复合肥的规模，打造年销售收入过百亿的中国最大PVC基地和硫基复合肥基地。

以金化集团合成氨、金川集团公司硫酸、贵州宏福磷矿石为纽带组建的甘肃瓮福公司，是瓮福集团、金化集团和中化化肥公司三方共同投资的股份公司。2007年12月，甘肃瓮福化工24万吨磷铵工程已顺利投产。2007年7月，甘肃瓮福公司年产12万吨磷酸一铵工程开工建设。今后3至5年内，瓮福集团公司三期技改项目实施后，销售收入将达到50亿，成为西北最大的磷化工基地。

金川集团公司作为国内有色冶金特大型骨干企业，在坚持做大做强主导产业的同时，围绕延伸主导产业链，加快实施烧碱、海绵钛、羰基镍、精密铜镍合金管棒以及铜材深加工和镍盐系列产品等项目，作为新材料工业园区的主体项目入园建设。引进国内知名企业，充分利用公司副产品硫酸、液氯以及工业尾气发展相关产业，新上有色金属深加工项目，建设年产80万吨PVC、120万吨硫酸钾以及印花镍网、高温合金铸造、镍铝合金催化剂、雷尼镍催化剂等新型接续产业项目。这些项目的实施，对于不断延长产业链条，扩大产业集群，推进经济转型和实现可持续发展发挥了重要作用。

优化环境，改善基础设施条件，为可持续发展创造有利空间。市上按照生活区北移、工业区东拓的城市发展思路，以80平方公里城区面积进行规划，修编调整了城市总体规划和城市景观规划以及控制性详细规划，特别突出了规划的前瞻性、科学性，城市空间布局更有利于可持续发展。同时，结合创建全国文明城市和国家卫生城市，切实加大城市基础设施建设和环境综合整治力度，近几年共投入10亿多元，先后实施了城市道路、城市供水、集中供热、污水处理、垃圾处理和给排水管网等基础设施项目，城市生活垃圾无害化处理率达到95%，生活污水无害化处理率达到75%；建成了金水湖景区等一批城市环保景观工程，城市道路绿化普及率达到98%，市区绿化覆盖率达到28.79%，人均绿地面积达到16.03%平方米，城市功能逐步完善，环境质量显著提高。目前，金阿铁路正在建设之中，金永高速公路已动工建设，金昌支线飞机场即将开工……这一切，必将为金昌资源型城市经济转型和可持续发展提供强有力的支撑。

青山绿水唱和谐

周者军

陇南，山大沟深，交通不便，贫困人口覆盖面广。多年来，经济社会发展水平在甘肃省14个市州中一直排在靠后位置。

然而，近几年陇南市坚持开放开发，加快推进资源优势转化，大力调整产业结构，培育壮大特色产业，绘就了“举特色旗，走富民路，建小康市”的新蓝图。

2007年，陇南市大口径财政收入达到16.12亿元，比上年同期增长39.16%，增收4.54亿元，增幅居全省第一；2008年，尽管遭受了“5·12”特大地震灾害的影响，但陇南市经济社会发展步伐依然矫健，经济社会保持了平稳较快发展势头。全市完成生产总值122.6亿元，同比增长9%；完成全社会固定资产投资118亿元，同比增长139%；完成大口径财政收入16.7亿元，同比增长3.6%，完成地方财政收入7.6亿元，同比增长33%。

陇南，何以在短短几年时间取得如此好的发展成绩？初春时节，记者走进陇南，看到了特色产业装点着这里的青山绿水，看到了城乡群众热火朝天建设家园的火热场面，更感受到了这里落实科学发展观的生动实践。

做好山水文章谋出路

阳春三月，走进陇南就仿佛走进了特色林果的世界。在康县、成县、两当等核桃主产区，沟沟峁峁、路边地边、房前院后，随处可见大片大片的核桃林；在文县、康县、武都三个产茶区，碧绿的茶园把色彩斑斓的山林，点染得分外美丽；站在全市花椒主产区之一的武都区马街镇下南山上，从山顶往下望去，只见山山峁峁，沟沟岔岔，花椒树一行一行，绿盈盈、齐崭崭，把昔日光秃秃的大山装点得煞是好看；而白龙江沿岸四季常青的橄榄树随风摇曳，像是告诉人们又一个丰收的好年景。

谁能想到，30多年前，就在这片土地上，广大群众靠种传统的农作物为生，连基本的温饱都没法解决，农民人均纯收入长期位列全省14个市、州之末。

陇南自然条件独特，既有山高沟深、土地条件差、人均耕地少、自然条件严酷的一面，又有光热水资源丰富、海拔低、山青水秀堪称“陇上江南”的一面。复杂的自然禀赋构成了资源的多样性，形成了发展特色产业得天独厚的优越条件。

要改变农村贫穷落后的面貌，必须从本地区的实际出发，必须充分认识陇南加快科学发展的客观条件和现实依据。而自然条件严酷但特色资源富庶的陇南，只有紧紧围绕增加农民收入这一根本，顺应天时地利，顺应市场经济规律，把特色优势做大做强，才能早日实现富民强市的目标。

为加快特色产业开发，近年来，市上成立特色产业开发领导小组，把抓特色产业的任务落实到市、县、乡3级领导干部身上，同时建立全市农业特色产业分类指导体系，按照三江一水川坝河谷区、丘陵盆地地区、半山干旱及高寒阴湿地区三大块进行深入研究，提出了发展重点及近、中、远期发展目标，并树立一百个发展特色产业的乡镇和典型，以鲜活的发展经验，启迪全市农民的智慧。市、县、乡3级抽调1500名农业科技人员，作为科技特派员进村入户，为群众进行科技服务。

为拉长产业链条，提高特色资源的附加值，目前，全市已建成礼县长城果汁厂、成县华龙恒业公司核桃加工厂、武都祥宇油橄榄开发公司、文县御泽春茶叶加工厂等一批特色产业加工及储藏、保鲜、运销的龙头企业20多个。同时，建成特色农产品专业市场163个，发展农民专业合作经济组织645个。

把资源优势转化为经济优势，把青山绿水变成百姓的绿色银行。祖祖辈辈守着金山受穷的陇南人，找到了发展“瓶颈”的突破口，变土里刨食为点土成金。

一个“特”字富山乡

“种特色林果的收成是种粮食的五六倍。”武都区马街镇姜家山村村民姜合合对种粮食和种花椒做了一个对比：以前种粮食，年景好时，一亩地能收250多公斤小麦、500多公斤玉米，两季收成最多600元，除过籽种、化肥、农药等本钱，所剩无几；年景差一点，那就连籽种钱都收不回。现在种花椒，他家3亩地每年收入近万元。“这都是政府引导扶持发展特色产业给我们带来的好处!”姜合合由衷地说道。

甘肃省著名茶乡文县碧口镇李子坝村村支书马小龙告诉记者，李子坝有上百年的种茶历史，但多年来，只有零星种植，自1989年政府号召因地制宜种植茶叶以来，目前，村上4000多亩地全部种植茶叶，80%的农户靠种茶收入住上了漂亮的小洋楼，不少人家还买了小汽车，李子坝成了远近闻名的小康村。

如今，和姜合合一样，陇南市有20多万群众靠特色产业走上了富裕的道路；和李子坝一样，经过多年的发展，全市涌现出了文县碧口镇李子坝村、礼县雷王乡山坪村、康县阳坝镇宋沟村、武都区城郊乡渭子沟村、成县陈院镇大垭村、文县尚德镇尚德村、武都马街镇姜家山、徽县嘉陵镇田河等一批依靠特色产业发展，增加农民收入，实现小康目标的茶叶、花椒、核桃、银杏等特色专业村120多个。

通过发展特色产业，陇南把农业特产转化成为快速崛起的“亮点”；通过发展特色产业，把农业这个安天下的产业，转变成富天下的产业，把陇南的光热水土等资源优势通过发展特色产业买成钱，转化为财富。“举特色旗，走富民路，建小康市”，已成为全市科学发展的战略部署，也成为280万陇南群众的共同意愿。

目前，全市核桃种植面积295.17万亩，产量2313.4万公斤；花椒种植面积达233.25万亩，产量1973.36万公斤；茶叶种植面积达到15.12万亩，产量108万公斤；银杏种植面积16.988万亩，产量达到104.6万公斤；油橄榄种植面积15.515万亩，产量100万公斤。其中，花椒、油橄榄种植面积和产量都跃居全国第一，核桃种植面积和产量居全省第一、全国第四。宕昌当归、武都油橄榄、康县神龙茶等已成功申报原产地保护认证；茶叶、橄榄油、花椒等特色农产品先后获得“后稷奖”等36个国家级奖项；武都油橄榄、礼县大黄、文县的当归获国家质检总局颁发的地理标志产品保护；西和、康县、武都分别被全国特产之乡推介委员会命名为“中国半夏之乡”、“中国核桃之乡”、“中国花椒之乡”。

2008年3月6日，在十一届全国人大一次会议上甘肃代表团审议政府工作报告时，原陇南市委书记王义在人民大会堂向温家宝总理汇报了陇南特色产业——油橄榄产业的发展情况，并拿出包装精美的油橄榄系列产品向温家宝作了介绍。温家宝说：“橄榄油是一种非常高档的产品，如果甘肃陇南能把这个产业继续发展下去，做大做强，是一件非常有希望的事情，要继续努力发展中国的油橄榄产业。”

目前，该市特色产业累计总面积达到932万亩，特色产业总产值达到26.5亿元，农民人均特色产业收入达到804元，特色产业农民人均纯收入占农民人均总纯收入的50.2%，初步形成了以农业特色产业为主体的农业和农村经济新格局。

在陇南特色产业这张名片上，旅游也是一项不可或缺的内容。陇南森林覆盖率高，气候温和，江河溪流密布，犹如一棵温润翠绿的宝石镶嵌在甘肃省的东南边陲。这里“一山有四季，十里不同天”，犹如一幅原生态的山水画，享有“陇上江南”之美誉。有棕榈当风、竹林摇曳，充满山水神韵的康县阳坝原生态风光；有曲径通幽、鬼斧神工的武都万象洞地质奇观；有飞瀑如练、奇峰竞秀，被誉为“小九寨”的宕昌官鹅沟；有碧波潋滟、水天一色的文县洋汤天池；还有飞瀑流泉、云海雾岚的成县鸡峰山国家级森林公园……

大自然给陇南人民馈赠的山水风光，吻合了当下“回归自然、放逐性情”的旅游时尚，使陇南的山水大有文章可做。近年来，该市投入大量资金，打造精品景区和景点，不断完善旅游服务功能，旅游发展水平跃居甘肃省前列。2007年，康县阳坝、武都万象洞、宕昌官鹅沟、成县西狭颂被国家旅游部门认定为4A级景区。2008年，全市接待游客204.5万人次，实现旅游综合收入3.75亿元，并被第二届中国旅游发展论坛评选为“中国最佳生态旅游城市”。

绿产业带来新变革

陇南人走活了特色产业这步棋，吹响了经济发展新号角，改写了“一方水土养活不了一方人”的历史。不仅给当地的山川披上了绿装，引来了天南海北的游客，还给当地的生产方式、劳动方式、生产关系带来了深刻的变革和影响。

发展特色产业是实现人与自然的和谐发展的必由之路。在陇南，发展特色产业，既是经济建设，能够增加农民收入，拉动经济增长；又是生态建设，可以改善生态环境，再造陇南秀美山川；同时又是促进人与自然的和谐相处，是和谐发展之路，是“多赢”的发展之策。

近年来，陇南市利用退耕还林生态建设的大好时机，全市干旱山区的低产粮田全部被经济林果置换。同时，每年号召全市各县区根据不同的气候条件，在荒山荒坡栽植花椒、核桃、油橄榄、银杏等林果。在为农民带来丰厚收益的同时，保养了水土，使当地的森林覆盖率连年提高。“这几年，陇南的降雨量逐年增加，原来断流的一些河流恢复了涓涓清流，特色经济林果功不可没。”陇南市林业局局长刘高潮说。

特色经济林果的管理大多集中在成熟采摘时和采摘后的修剪管理上，平时不需要过多劳力，这样一来，还解放了大批劳动力，一批批年轻人走南闯北外出打工，2008年，全市劳务输出人数达62万，实现劳务收入28亿元。

通过发展特色产业，不仅鼓起了农民的“钱袋子”，而且激活了群众的“脑瓜子”。广大农民群众的市场观念、商品意识、竞争意识明显增强，应对市场风险的手段日益增多，涌现出了一批带领群众脱贫致富的乡村干部和能人大户。

成县小川镇小川村农民张恩军以前是村里有名的困难户，在政府发展特色产业的号召下，他在村上大面积种植核桃的同时，搞核桃加工和贩运，2006年，投资80万元，注册成立了核桃加工公司，年加工核桃500吨，年收入超过20万元。

特色产业开发，既为广大农业科技人员提供了施展才华的平台，又让更多的农民群众认识到科技的力量。学科技、用科技已成为广大农民的强烈愿望。为此，市科技和教育部门依托现有的职业教育、社会教育资源，在全市创办了1000所农民技术学校，根据特色产业发展的要求，对农民进行大规模、有针对性的培训。目前，参加过培训的农民有10多万，不少人还成了特色产业发展的“领头雁”。

和谐发展让老百姓过上好日子

经过多年探索，“生态立市，实现可持续发展”的思路，已使陇南大地展现出人与自然和谐相处的美好景致。但有了良好的生态环境还不够，还要实现人与人，人与社会的和谐相处，让老百姓过上舒心、幸福、和谐的好日子，才是最终的目的。

事实上，在陇南经济突飞猛进、GDP等主要“硬数据”一路攀升的同时，全市百姓的幸福指数等“软指标”也得到了明显提高。关注民生、重视民生、保障民生、改善民生已成为各级部门工作的重中之重。“发展为了人民，发展依靠人民、发展成果由人民共享”已成为各级领导的共识。

过去的5年，陇南市城镇居民人均可支配收入，以每年10个以上的百分点的速度增长，而农民人均纯收入的增长幅度也打破一度停滞不前的局面，2006年达到1780元；全市新增财政更进一步地向民生问题倾斜，城乡“低保”和困难群众救助保障水平“水涨船高”。同时，全市文化体育卫生教育事业的投入，也占到整个财政支出的半壁江山。

为了改变群众行路难，从2007年开始，陇南不等不靠，发动全市广大群众投入公路大会战，修通了连接6县区、35个乡镇的305个行政村的龙昌公路，惠及西汉水流域25万人。

为了解决“三江一水”流域川坝河谷区群众过河难问题，2008年，市上筹资8000万建成了103座便民桥，惠及518个村、110所学校、41.46万人。

为了让广大群众有一个良好的人居环境，2007年开始，各县区城市建设步伐明显加快。武都长江大道、东江新区、礼县秦汉大道、西和伏羲大道、徽县金徽大道等一批市政建设项目相继开工建设。

陇南市始终把为老百姓办实事、办好事作为工作的出发点和落脚点，每年都兴办与民生密切相关的实事10多件，力图让老百姓住得起房、看得起病、上得起学、养得起老。

陇南，这颗镶嵌在陇原大地上的绿宝石，正以它特有的光彩，散射出迷人的魅力。

的确，在科学发展观的引领下，这几年的陇南，山更绿了，水更清了。生活在青山绿水之间的百姓，日子也越过越红火了。陇南已经彻底一改以往“山多、水多、收入不多”的被动局面，靠发展做主旋律，靠绿色做主基调，在2.79万平方公里的陇南大地上，奏响了一曲和谐优美、激情四溢的大交响乐。

蓝天碧水新平凉

惠程华

初夏，科学发展观的暖风吹拂着平凉大地，泾河两岸绿了，崆峒山下秀了。与此同时，一场淘汰落后产能、发展高效节能产业的战役在平凉市和崆峒区拉开帷幕。上百家有百年历史的石灰窑，有上千名职工的45万吨水泥生产骨干企业，在短时间内被淘汰。在这场壮士断腕般的战役中，由安徽海螺水泥股份有限公司投资15亿元建设的2条日产4500吨新型干法水泥熟料生产线和由民营企业投资新建的60万吨新型节能环保石灰生产线，开始在崆峒山下动工。

淘劣引优50年企业下课

平凉市太统水泥厂曾是崆峒区的利税大户，年上缴利税达近千万元，先后安排就业职工1500多名。然而传统的生产工艺和落后、高耗能的生产线，使企业在创造高利税的同时，也给当地环境造成严重污染。

近年来，平凉旅游产业方兴未艾，纷至沓来的游客在游览崆峒山和太统山美景的同时，对景区内耸立的滚滚浓烟、粉尘飞扬的大烟囱颇有微辞。平凉市和崆峒区人大代表、政协委员也多次提出治理太统水泥厂环境污染的议案和提案。然而，面对一个有着50年历史且又负债累累的老企业，面对1500多名职工的安置，确实困难重重。崆峒区委、政府在困难面前没有退缩，2007年9月，在听取各方面的意见后，崆峒区委、区政府提出了引优淘劣、在年底坚决关停太统水泥厂的议案。区上抽调一批工作能力强、有高度责任心的干部组成工作组，进入企业开展清产核资、安置职工工作。在企业改制方案出台那天，工人党员带头含泪签字。身患重病的工人党员李建平多次来到企业，告诉工作组的同志："我是一名党员，要为企业改制站好最后一班岗，需要做什么工作，一定尽心尽力完成。"在企业停产的半年内，100多名留守职工精心护厂，把一个完整的企业交给了通过公开竞拍胜出的业主。与此同时，崆峒区与全国百强企业安徽海螺水泥股份有限公司签订了建设2条日产4500吨新型干法水泥熟料生产线项目。太统水泥有限责任公司4条落后生产线被彻底淘汰，每年可节约标煤5.059万吨，减少二氧化硫排放171吨，减少粉尘排放897吨。

脱胎换骨百年产业更新

平凉市崆峒区境内自然资源十分丰富，地下矿藏有16种、12大矿点，其中水泥石灰岩和化工石灰岩品位较高，储量达5亿多立方米。

早在清代末期，这里就开始烧制石灰，距今已有上百年的历史。20世纪80年代，崆峒区峡门乡土法生产石灰的小企业异军突起。到2007年初，当地土立石灰窑已多达120孔，是农民增收的主要渠道。当年，全乡以石灰烧制为主的民营经济占农民人均纯收入的60%。但是，在一部分人率先富起来的同时，周围的环境却遭受着前所未有的污染。在长不足10公里的山沟里，整日烟雾弥漫。老一辈村民饱受小石灰窑之扰，孩子们更是深受其害。峡门村贤太小学五年级学生兰小娟说："我们这里，早上起来看不到蓝天白云，到处是灰蒙蒙的烟尘。课间活动的时候烟尘被吸进嘴里，嗓子疼，下午头晕，课都上不好。"同时，由于无序生产，小石灰土立窑对峡门乡石灰岩资源的浪费也极为严重。

面对群众的呼声，平凉市委、政府和崆峒区委、区政府领导把关闭小石灰土立窑作为践行科学发展观、为群众解决实际问题的重点工作来抓。市长陈伟多次召开会议，要求把解决环境污染作为实践科学发展观为群众办的重点实事来抓，限期督办，要给群众一个满意的答复。崆峒区区委书记杨军语气坚定地说："我们虽然是欠发达地区，但绝不能急功近利，发展经济也绝不能以牺牲环境为代价！"区委、区政府提出了"破""立"结合、关小上大的治理小石灰窑的方案。2009年4月14日，崆峒区委副书记闫耀杰带领8个工作组、50多人赴峡门乡，开展土立石灰窑关闭工作。工作组采取"包村、包点、包窑主"的工作方法，上门入户做窑主的思想工作。唐庄村党支部书记马平广率先垂范，第一个关闭了自家的2孔石灰窑。支部书记带了头，村上有小石灰窑的39户人家看着样子走，在20天内关闭了全部52孔石灰窑。在一个月内，峡门乡境内的120孔土立石灰窑全部关闭、拆除。与此同时，总投资8000万元、年产60万吨节能环保型石灰生产线项目，于8月12日在峡门乡吴坡村开工奠基。国土和林业部门对拆除的石灰窑用地进行复垦、植被恢复项目论证，峡门沟生态环境将得到彻底改善。

据环保部门检测，如今，崆峒区内空气质量明显提高，尤其是土立石灰窑集中的峡门沟改变了过去粉尘到处飘落、烟气笼罩全沟的局面，出现了很少见到的蓝天白云。据初步计算，全区土立石灰窑的关停，每年可消减二氧化硫920吨。省委书记陆浩在平凉市崆峒区调研时，在听取了崆峒区领导关于淘汰落后产能、建设高效节能项目的情况汇报后，高兴地说，峡门沟淘汰落后的小石灰窑生产，引进节能和现代化的生产线项目，耗能少了，污染少了，生产规模扩大了，效益也好了，最终带来了又好又快发展，体现了科学发展观，这个路子是好的。

改进工艺节能项目升级

2008年初，甘肃省最大的脱硫项目在华能平凉发电有限责任公司开工建设，这是平凉市坚持发展与节能同步、开发与节约并举，以淘汰关闭落后产能、工艺为突破口，以产业结构调整为依托，以节能新技术、新工艺的引进推广为重点，构建节能型产业体系走出的第一步。

2007年，平凉市在辖区的重点用能企业实施了47项节能技术改造项目，总投资3.38亿元。华能平凉发电有限责任公司共实施技改节能项目39项，项目建成后，年可节约标煤6034.37吨，一期脱硫项目建成后，年可减少二氧化硫排放量3万吨。虹光电子有限公司2008年重点实施了压缩空气生产设备及管网改造、制氢设备更新、电镀废水回收再利用等3项节能技改项目，年可节约标煤1548吨。这些节能技改项目的实施，极大地降低了企业生产成本，提高了企业经济效益。与此同时，平凉市还在企业中普遍开展了清洁生产，从生产工艺流程的各个环节有效防治工业污染。百兴集团实施制革造纸废水处理工程，采用生物降解技术对制革、造纸废水进行综合处理，年处理废水200多万吨。宝马纸业公司废水处理工程，采用黑液浓缩焚烧、碱苛化回收和生化法中段水处理技术，年处理废水400万吨。日处理污水5万吨的城区生活污水处理回用工程已经投入使用，城区管道燃气工程、集中供热工程和医疗废水处理工程正在加紧实施之中，这些项目的实施，极大地改善了城市能源结构。

蓝天碧水新平凉，今日的平凉，正在成为甘肃省东部一座新型的集生态旅游与煤电化工为一体的环保型城市。

定西马铃薯，崛起的朝阳产业

王　雨

“黄灿灿的薯条油炸溜溜的片，白生生的洋芋粉卖上了好价钱。黄土地培育出新品种，新品种抢先把市场占。火车那个专列直通销售站，汽车那个联营天天跑专线……千年大山万年塬，洋芋开花赛牡丹；昔日不起眼的洋芋蛋，如今变成了金蛋蛋”。

从原始、单一的种植方式到现在的种植地膜早熟洋芋、专用脱毒种薯；从不起眼的“洋芋蛋”到一个个品牌在全国的打响；从“灰头土脸”的编织袋，到如今精美的各式包装；从“提篮小卖”到如今大批量的专列发送；从“以洋芋充饥”、小作坊加工到现在的一大批加工企业应涌和全粉、变性淀粉及休闲食品的畅销——在经历了20多年的扶贫开发后，“中国马铃薯之乡”的定西，终于有了在全国市场打得出、叫得响的支柱产业。

目前，马铃薯产业逐渐形成的区域“块状经济”，已名副其实地成为广大农民脱贫致富的“黄金产业”，不仅为全省农业产业化的发展树立了一面旗帜，而且在甘肃农业发展史上成为一个创举。温家宝总理高度评价为“小土豆、大产业、管大用”。

打出陇原马铃薯第一品牌

“种了一坡，收了一车，打了一斗，煮了一锅”，这是以前定西干旱少雨、自然条件恶劣下种植马铃薯的真实写照。多少年来，马铃薯一直被视为定西农民度荒充饥的作物。种植马铃薯挣票子，一直是农民遥远的梦想。1996年，当时的地委、行署结合当地实际，做起了既增粮又增收的“马铃薯工程”这篇大文章，由此开始了它的“商品”历程。2003年，撤地设市给定西的新一轮发展带来了契机，市委、市政府以把定西建成全国最大的马铃薯种植加工及销售基地作为目标，把马铃薯产业作为立市富民的战略性第一主导产业，使马铃薯产业历经自给自足、产业培育、块状经济雏形3个阶段，成为了全市群众脱贫致富奔小康的富民产业、黄金产业。

做大做强洋芋产业是定西市经过多年实践探索，顺应天时，遵循自然规律；顺应市场，遵循经济规律；顺应时代，遵循科学规律的结晶。近些年来，全市按照“发挥比较优势，发展特色经济”的既定战略，对农业结构进行大幅度调整，全力扩充洋芋产业总量，提升质量，打造产业化发展的新平台。壮大洋芋商品生产基地规模是引领产业化发展首做的大文章，全市上下根据气候、自然特点，因地制宜、不遗余力地建设区域化布局的洋芋生产基地。到了2008年，全市的洋芋面积由1995年的不到100万亩迅速扩大到了338万亩，产量超过500万吨。

为了提升马铃薯质量，定西市致力于良种繁育推广和专用型马铃薯新品种引进组培快繁，努力依靠现代农业新技术改造嫁接传统栽培方式，不断创新高产栽培技术模式，使全市马铃薯高淀粉型良种覆盖率达到90%以上，形成了具有国内先进水平的新大坪、渭薯系列、陇薯系列、专用薯系列等30多个品种。还建成了以市旱农中心为龙头的种薯繁育推广体系，具有了年产脱毒种薯苗2000万株，脱毒微型种薯3000万粒的组培室、现代化智能温室和网棚繁育基地，脱毒型薯生产能力约占全国的70%。作为“中国马铃薯良种之乡”的渭源县，在全县范围内建立优质脱毒种薯繁育基地，推广粮菜、淀粉高产型当家品种，并从国外引进荷兰“费乌瑞它”、“美国大西洋”、“蝉内贝特”、“斯诺登”、“台湾红皮”、加拿大“夏波蒂”等品种进行脱毒生产和繁育，有力促进了马铃薯产业质量的全面提升。安定区通过政府推动、龙头带动、中介促动、市场拉动、科技驱动，到2008年，全区马铃薯种植面积达到100万亩，成为全国马铃薯种植第一县；3年来全区每年外销鲜薯35万吨左右，仅铁路外运1万多个车皮、60多万吨，成为全国最大的马铃薯销售基地；全区精淀粉年加工能力达到15万吨，消化鲜薯30万吨，成为全国最大的马铃薯加工基地；全区农民人均从马铃薯产业中获得收入达到1500元，成为全国马铃薯产业收入最多的县(区)之一。

打响品牌，实施标准化生产，提高市场占有率，这是定西市为占领马铃薯产业制高点而主唱的戏。全市改变由原来单家单户分散种植为主向集中连片的产业带建设为主转变，不断提高种植的连片化和标准化程度，同时抓住在全国形成的“中国马铃薯之乡”的地域品牌，注册了“金定”、“鲁家沟”及“新大坪”等数十个马铃薯重点品牌，并在定等分级、精细包装上下功夫，有效加深了市场的认可度。同时，全市各县区积极动员经销大户与各大终端市场联系，特别是在东南沿海发达城市设立直销网站，使生产基地与终端市场直接对接，提高了市场的占有率。市上和安定区还连续四年组织举办了全国马铃薯贸易洽谈会，极大地提高了定西马铃薯的市场知名度，使定西的无公害马铃薯享誉全国，逐步走向世界。

马铃薯成为农民增收的第一产业

如何有效组织处于弱势地位的农民进入市场，是产业发展、农民增收的关键。而政府遵循市场规律、强力推动是对发育不成熟的市场机制的一种有机的“补位”。在种植环节上，市上大量调研产地和终端市场，坚定实施扩大种植规模，提高良种覆盖率，推广标准化生产种植。在营销环节上，政府强势介入马铃薯销售，积极协调车皮解决运输瓶颈，确定指导价格；搭建交流交易、信息发布、物流配载、价格监控平台，提高农民的组织化程度。在加工环节上，政府出台优惠政策，创建淀粉行业协会，发展龙头企业，形成拳头打市场。

全市从建立健全良种扩繁的市场机制入手，通过整合项目资金，建立了引进推广体系、脱毒扩繁体系、提纯复壮体系三大良种繁育体系，全面加强良种引进、示范和推广普及工作，使马铃薯的品质大幅提高，为提高鲜销薯及其淀粉产品的市场竞争优势、进一步扩大农民增收空间打下了坚实的基础。到目前，全市淀粉及其制品加工企业达450多家，马铃薯精淀粉及其制品生产能力已达35万吨，其中万吨以上生产能力的马铃薯加工龙头企业20多家。产品已发展到精淀粉、变性淀粉、全粉、薯条、膨化食品等10多个品种系列。形成了以精淀粉、全粉、变性淀粉、休闲食品为主的比较完整的加工体系。全市通过窖藏贮存均衡上市增加利润，实现均衡上市，开挖各类贮藏窖（库）达80多万眼（座），贮藏能力达到250多万吨，增大了利润空间，增加了农民收入。

随着规模的扩大，总量的增加，全市大抓流通体系建设，带动农民增收。已建成了临洮康家崖、陇西文峰、安定马铃薯综合交易中心、安定巉口、渭源会川、岷县梅川6个较大规模的马铃薯专业批发市场，初步形成了以六大专业市场为主体，中小型市场和相关农贸市场为补充，以购销贩运大户为依托，以收购网点为基础的马铃薯交易批发和购销服务网络。全市中小型马铃薯交易市场发展到30多个，参与马铃薯交易的农贸市场180多个，有2000多个收购网点遍布全市乡村，马铃薯贩运大户达到3200多户。安定区通过几年培养，造就了一批活跃在产地市场、实力不断增强、充满竞争活力的本地营销家队伍。区委、区政府通过实施“品牌+专列+团队精神”，组织本地营销主体联合起来主动出击，扩大市场占有份额，使之在终端形成规模效应，形成“以多对少”的群体竞争优势，使安定区马铃薯在广州、上海、成都等终端市场的占有份额迅速提高并巩固。为了拉动农民增收，全市外销和加工“两驾马车”并驾齐驱，在外销方面，安定区提出了“稳定占领低端市场、巩固提高高端市场、研究开拓超级市场(超市)、逐步挺进国际市场”的营销战略，坚持打造优势品牌。先后注册了“新大坪”“陇上大坪”等10多个商标品牌，获得了脱毒种薯原产地、绿色A级食品、有机食品、定西马铃薯原产地商标等国家级认证。成功实施了品牌营销、抢占终端、终端直销、均衡销售、加工转化、政府调控六大举措。先后在广东、上海、成都、福建、湖北、四川等省市建立直销窗口30多个，向广州、上海、四川、天津等地发送了数十列马铃薯和淀粉专列，每年外销马铃薯4000多个车皮，年外销总量达35万多万吨。目前安定区马铃薯已经成功进入了北京、南京、广州、武汉等大中城市超市，并取得了直接进出口自营权，与中东、俄罗斯及东南亚等国家和地区建立了贸易关系。在扩大市场占有份额的同时，也有力地拉升了马铃薯的产地销售价格。马铃薯鲜薯销售价格从2003年的0.18元/斤连年大幅上升，到2007年达到0.35元/斤。全区加工能力也猛增到15万吨。“两驾马车”的并驾齐驱，拉动了马铃薯价格不断攀升，拉动了广大种植户收入的不断增加。2008年，安定区农民人均马铃薯纯收入达到了1660元。

做大做强打造“中国薯都”

一个产业走活经济一盘棋。如今，享有“中国马铃薯之乡”美誉的定西，马铃薯种植面积已占全省面积的一半，成为全国马铃薯三大主产区之一；每年都有装满马铃薯、淀粉的专列发往全国各地；450多户马铃薯加工企业形成了35万吨精淀粉加工能力；马铃薯及其精淀粉、变性淀粉、全粉、速冻薯条等已远销广州、深圳、上海、四川等20多个省市和美国、日本、新加坡、韩国等国家；全市农民从马铃薯产业中获得的收入占到年人均纯收入的30%以上。定西的马铃薯产业已经初步形成了区域化布局、标准化生产和产销加一条龙、科工贸一体化的产业化经营格局。马铃薯不仅成为田野的主角，而且也成为农村经济的主角，成为定西农业增效、农民增收的“金蛋蛋”。

为努力开创定西市马铃薯产业发展的新局面，定西市2008年明确提出了把马铃薯产业作为全市三大战略性主导产业之首，着力打造“中国薯都”，确立和谐文明的特色经济强市的目标。市委、市政府将扎实贯彻省委、省政府促农增收“六大行动”，在推进马铃薯产业开发中，着眼于打造中国薯都。一是努力提升马铃薯产业发展水平。进一步加快良种繁育、提升精深加工水平、构建完备的市场营销体系，积极构建影响力大、吸引力强的“三基地一中心”，即全国最大的马铃薯良种基地、商品薯生产基地、马铃薯加工基地和全国马铃薯及其制品价格形成中心，努力实现“三个转变”，即从重视量的扩张向重视质量和效益的提升转变，从重外销向外销与加工并重进而向以加工为主转变，从重均衡发展向重扶优扶强、强强联合和品牌经营转变。二是大力实施马铃薯良种工程。积极扶持建设良种繁育体系，努力提升马铃薯产业科技含量，加快农业先进技术推广应用。三是推动马铃薯精深加工上规模、上水平。要以龙头企业为重点，大力引进新设备、新技术、新工艺、新成果，加快扩建和技改步伐，在增加精淀粉生产总量的同时，推动企业向精深加工方向发展，力争用3到5年时间使全市千吨以上企业产品综合指标达到国家一级以上，80%的企业产品品质达到国家优级标准。大力支持发展变性淀粉、全粉和休闲食品加工业，重点抓好安定区20万吨一期6万吨变性淀粉生产线项目建设，使全市马铃薯淀粉加工形成较为先进的加工体系和品质优良、品种丰富的产品体系。四是全面提高马铃薯及其制品市场营销的质量和效益。通过健全完善贮藏体系、市场体系、运销体系，逐步把定西发展成中国马铃薯及其制品的价格形成中心和信息发布中心。今后3年通过贷款贴息、项目投资、财政补贴等办法，投入扶持资金5000万元，协调银行贷款5亿元，重点实施良种工程，支持精深加工、贮藏设施和市场体系建设，倾力推动马铃薯产业又好又快发展。

河湟古地翻新曲

宋振峰　邹海林

2008年春天，对于临夏回族自治州来说，具有不同寻常的意义。

3月，在全国少数民族地区中，临夏州被中央确定为学习实践科学发展观唯一一个试点单位。

如激越的战鼓，如劲吹的东风，科学发展观，这个富有深刻内涵的名词，开始通过动员部署、学习调研和分析检查阶段，急切地叩动临夏发展的脉搏。

伴着春的脚步，收获夏的繁茂。7月，当这一学习实践活动进入解决问题阶段时，记者走进太子山下，大夏河畔。发展模式转型的探索和创新活动，正在临夏如火如荼地开展。全州干部群众牢牢把握“科学”这个关键，紧紧抓住“民生”这个根本，向着经济社会全面协调可持续发展的目标努力奋斗。

思想是行动的先导

思想解放的程度，决定着科学发展的思路、改革开放的深度和社会和谐发展的速度。以科学发展观为指导，临夏开始以新理念看待问题，以新视角剖析原因，以新定位谋划思路。

3月初，临夏州州级、州直和临夏市西关街道、拱北社区等部门、单位心手相连，共同拉开了深入学习实践科学发展观试点活动的帷幕。

然而，对此，不要说广大群众，部分党员干部都大为不解。

一些人说，临夏一个少数民族地区，自然条件差，经济底子薄，加快发展都来不及，还强调啥科学发展？

一些人说，临夏多民族、多宗教，稳定第一，只要不出乱子，不捅篓子，不给上面找麻烦就行了。

一些人说，科学发展观，是中央和省上的事，是经济发达地区的事。民族贫困地区要缩小与发达地区的差距，实现科学发展，还得靠上面来解决。

“解放思想、统一思想、提高认识，成了民族贫困地区贯彻落实科学发展观的当务之急。”时任临夏州州委书记、州试点工作领导小组组长王玺玉说，民族贫困地区与先进地区的差异虽然体现在经济社会发展上，但深层次的问题还是思想观念上的差距。

解剖临夏商贸流通发展历程这只“麻雀”，颇具典型意义。改革开放初期，临夏人正是靠大胆突破思想禁锢，东进西出，南来北往，赢得八字荣耀：东有温州，西有河州。可近年来，正是思想观念的原因，这一优势正在削弱。

思想落后，观念陈旧、封闭保守已经成为临夏科学发展、和谐发展的内在阻力。

临夏州开始了“民族贫困地区要不要贯彻落实科学发展观，能不能贯彻落实科学发展观，会不会贯彻落实科学发展观”三个问题的大讨论，并将其作为重要载体，贯穿于学习实践活动的各个环节。王玺玉说，“要不要”重在解决认识问题，“能不能”重在解决信心问题，“会不会”重在解决能力问题。

调研、讨论、座谈、交流，还有“我为科学发展进一言”活动……一条条坦诚相见的意见，一份份畅所欲言的建议，似涓涓细流，从四面八方汇聚而来。

边学边改、边议边改、边整边改……

思想的碰撞，观念的更新，思路的调整，认识的提高。在对比反思中人们形成了共识：贫困的地方虽然落后，但贫困的地方同样能干成事，贫困的地方更需要科学发展。这次试点，不奢望短期内缩小与发达地区的差距，而要在思想解放程度、改革开放深度、工作落实力度上全力突破。

要金山银山，更要碧水青山

按照科学发展观谋划发展，“好”字为先，找准发展中的薄弱环节重点突破，绝不能以资源和生态为代价换取暂时的发展。

一方面，面对的是各族干部群众渴盼发展的强烈愿望，另一方面又要追求发展的科学性。临夏，突破口在哪里？新思路又在哪里？

曾经，为了加快发展，增加税收，扩大就业，临夏引进了一批高耗能、高污染的工业项目。一度这类企业数量超过百户。前两年，按照国家有关政策规定，相继关停了一些，但仍有54户企业"幸存"了下来。

深入学习实践科学发展观活动一开始，临夏州便以壮士断腕的决心，坚决要让这些不符合国家产业政策的企业销声匿迹。王玺玉说："牺牲的是眼前利益，换来的是长远利益。那种以牺牲环境为代价，换取一时经济增长的路子再也不能走了！"

"好"字当头谋振兴。在这个问题上，临夏的决策者有清醒的认识，他们深深地懂得，走什么路，比如何走路更要紧。

临夏要发展，但临夏要的是全面、协调、可持续发展。

为此，按照科学发展观的要求，他们紧密结合实际，发挥比较优势，进一步深化"打民族牌、走民营路、谋富民策、建和谐州"的战略。

临夏素有"小麦加"之称，清真品牌在全国穆斯林群众中有较高声誉。但临夏人尴尬地发现，眼下，清真品牌在临夏，产品生产却在外地。

全力打好民族牌，在清真食品、民族用品、民族工艺品等民族特需用品上大做文章，成了临夏人的一大抉择。借此，临夏人力争把临夏建成全国清真食品和民族用品集散中心，重振临夏商贸流通雄风。

妙棋一着，满盘皆活。一个"特"字活了河州大地。

"东乡手抓"赫赫有名，可临夏的畜牧产业一直上不了台阶，症结就在于牲畜存出栏低，良种化程度不高。上半年，临夏开工建设了50个养殖小区，2008年还要投入资金200多万元，完成3.2万头肉牛、1万头奶牛的冻精配种。

临夏，回藏风情旅游线的黄金地段。瞄准特色旅游，临夏人大展拳脚。7月6日，来自日本的77岁世界建筑大师矶崎新与和政县签约，为有6项"世界之最"的和政古动物化石博物馆三期工程进行概念设计，并负责监理，河州大地又添一道耀眼光环。

还有，成立砖雕工程技术研究中心，重新部署清洁能源发展，通过培训壮大劳务产业……一个个新的发展思路注入到新的发展实践中，临夏作为落后地区，正在显示其后发优势。

在发展中创造和谐，在和谐中加快发展

在发展中创造和谐，在和谐中加快发展，让广大百姓共享改革和发展的成果，人与自然和谐、城乡统筹发展的大文章开始破题。

2007年，临夏州贫困人口还有57.51万人，贫困面33.08%；边远山区的群众依旧饮水难、行路难、住房难、看病难……临夏，不协调发展行吗？

要以发展求和谐，以和谐促发展，再不能重走经济与社会、发展与环境、城市和农村“一条腿长一条腿短”的弯路，这是临夏人从学习实践科学发展观中得出的深刻认识。

临夏州委、州政府开始静下心来“瞻前顾后”，夯实发展基础，以并不富足的财政统筹城乡，关注民生、惠及民生。

一个全新的“民情直通车”服务工程在临夏市西关街道推出。在走访千家万户的同时，他们以民情联络员为桥梁，一个个民情连心卡，一本本民情档案，记录着群众的困难和心声，解决了群众关心的热点难点问题。

翻开拱北社区党员马筱芹的民情日志，里面写得密密麻麻：“拱北村77号党员马海者，丈夫患病，女儿得了甲肝，儿子还在上初中，希望落实低保。”“耳聋的马兰芳，丈夫拉三轮车，无力供儿子上学，希望解决低保。”

……

通过这一“连心桥”，临夏州发现，一些不符合低保条件的人，通过种种手段享受低保政策，而一些最需要救助的应保对象却没有吃上低保，他们进而完善了低保制度，解决了群众关心的问题。在拱北社区，经过核实，包括马海者、马兰芳在内的21户困难户拿上了低保金。

不仅如此，解决干旱山区人畜饮水工程，3000户农村特困群众住房困难，失地农民生活困难等30多项民生问题，也一个个成为州委、州政府领导试点活动中整改解决的突出问题，并明确了完成时限。

由此，通往大山深处的积石山县银川乡张家村道路目前已完成前期准备，临夏州行政村不通汽车的历史也将画上句号。

上半年，临夏州新开工项目255项，投资71.14亿元，比2007年同期增长73%。其中涉及基础设施建设、生态环境建设、改善民生等方面的项目占到了89%。

大江东流去，风正一帆悬。临夏州的发展还面临许多困难，但临夏人谈的最多的却是如何迎难而上，科学发展。科学发展的理念已为这片承载着深厚文化传统的河湟古地注入了新活力，临夏已经踏上了新起点，正在聚集所有人的力量，向着全新的目标奋进。

黑河的故事

股尚清

夏日的阳光使杨柳披上了翠绿的盛装，亭亭玉立的果树又结上了青嫩的幼果。张掖市境内的黑河又全线闭口、集中下泄分水。清澈流水穿过了山峦叠嶂的祁连山峡谷、越过了蜿蜒漫长的戈壁河床，下泄到了内蒙古额济纳旗的东居延海。在此之前，黑河已连续9年累计向内蒙古额济纳旗居延海分水88亿立方米，潺潺流水为下游的生态绿洲注入了生机和希望。

黑河，古称弱水，是我国第二大内陆河，发源于祁连山区，流入下游的居延海，自古以来就被张掖市城乡人民誉为生命之河。从2000年开始，黑河弱水又承载着党和国家领导人的深情关怀，带着张掖人民的深情厚谊，流入了饱受断流之苦的内蒙古自治区额济纳旗，到2009年已进入了泄流分水的第十个年头。

“金张掖”用水新政发生了深刻变革。雍正时期，陕甘总督年羹尧动用军事力量强行推行黑河均水制度，官员不从者罢官，百姓抗拒者杀头，但也没有从根本上解决向下游分水的矛盾。如今全面推进的节水型社会建设，不仅使黑河流水下泄到了内蒙古额济纳旗的东居延海，而且进入了干涸40多年的西居延海，为下游生态绿洲注入了生机和希望。水利部的领导动情地赞叹，张掖市的节水型社会建设，是我国治水史上前所未有的成功探索，创造了彪炳史册的新辉煌，为全国解决水资源问题提供了宝贵经验。

无须讳言，国务院规定张掖市每年向下游分水泄流的任务后，干部群众都感到了沉甸甸的压力。然而，压力变动力的实践行动是顾全大局、科学测报、精心组织、合理调度。到2009年已经连续8年完成了向下游额济纳旗分水泄流的任务，使进入东西居延海的水域面积逐年扩展，干旱的生态绿洲林地再次呈现出了生机和希望，阔别多年的水鸟又在湖面上展翅相戏，巨大的成就得到了国务院和省政府的肯定和赞扬。2003年3月，在全国十届人大会议召开期间，中共中央政治局常委、国务院总理温家宝在参加甘肃代表团讨论时，听了张掖市委领导关于黑河向下游分水泄流的情况汇报后，高兴地说："黑河分水的圆满成功是可歌可喜的事情，当地的老百姓顾全大局，很不容易。"

水到用时方恨少。张掖市连续8年向下游完成分水任务后，并不能掩盖水资源紧缺的沉重压力，亩均、人均占有水量只是全国平均水平的57%和29%的严峻现实，使干部群众越来越感受到了缺水的困窘，城市在喊"渴"，农村也在喊"渴"，水荒的阴影正在悄无声息地加快了步伐。为此，水利部的领导和专家学者多次到张掖市调查研究，明确提出了建设节水型社会、实现节水灌溉与增收发展"双赢"的目标要求。这既是缓解当地自身水资源供需矛盾的内在需要，也是向下游分水泄流的客观要求，干部群众为此既承担了巨额的代价，又进行了有益的探索和积极的实践，使节水型社会建设试点率先在梨园河、洪水河和盈科、骆驼城等大型灌区及重点中小型灌区启动实施，积极探索一套与市场经济体制相适应的节水型社会运行机制，其主旋律是深化水资源管理体制改革，构筑以水权为中心的水资源管理体系，建设"政府调控、市场引导、公众参与"的节水型社会运行机制。所谓政府调控，就是政府在科学确定和合理分配水资源总量的基础上，核定行业用水定额，明晰水权，并以此确定国民经济和社会发展规划布局，推动经济结构的战略性调整；市场引导，就是在水资源管理利用和经济社会发展中引入市场机制，推动结构调整和节水实践，促进水资源向高效益的产业和行业配置；公众参与，把民主政治的思想贯穿到水资源管理和经济社会发展全过程，民主选举产生的用水者协会参与初始水权的分配和管理监督，推进节水型社会的制度建设，以市场为基础配置水资源，提高水资源的承载力。

张掖市的农业以90%的水资源只换取了42%的社会财富，而工业却以3%的水资源换取了29%的社会财富。面对这种不合理的经济结构和用水结构，市委、市政府围绕实施工业强市、产业富民、推进城镇化进程三大战略，积极构筑与水资源承载能力相适应的经济结构体系，其重点是依靠当地得天独厚的资源优势，建设具有特色的工业主导型经济结构，从根本上改变工业短腿的状况；依托龙头骨干企业群体的带动优势，对种植业结构进行战略性调整，严禁开荒扩田、严禁移民、严禁种植高耗水量的作物，以高效低耗水的经济结构促进富民产业的蓬勃发展，减少用水量，增加农民收入；在推进城镇化进程中不断完善和增强综合服务功能和容纳功能，促进非农产业的蓬勃发展，减轻农业和土地对有限水资源的沉重压力。政府在推进水资源管理体系中，依据水权总量核定各行各业的用水量和基本水价，制定总量控制、超用加价、节用奖励的政策，并积极培育用水市场，制定交易规则、指导交易价格，放开生产经营用水市场，但生态用水不得交易，促进人与自然和谐相处的生态环境建设和经济社会的可持续发展。用水者协会直接参与水权的确定、水价的形成、水量水质的监督、水市场的监管，保护公民用水的合法权益。

张掖市在建设节水型社会的探索实践中，抓住国家实施黑河流域综合治理的机遇，对农业灌溉系统进行全面整合、改造、优化，积极推广综合节水新技术，为提高水资源的有效利用率提供工程和技术保障；依据可利用水资源的承载能力，向各级用水户分配水权，以节水定产业、以节水调结构、以节水增总量、以节水促进发展，构筑与水资源承载能力相适应的经济结构体系；在对祁连山水源涵养林实施封育保护工程的同时，浅山区和灌溉农业区大面积退耕还林还草，加强水源涵养林的保护，改善区域生态环境，抑制水源减少趋势，防治水害、水质污染、生态恶化，积极营造增加水源的生态环境，确保用水安全。

实践探索创新了运行机制，使节水型社会建设在机制创新中循序渐进，谱写了现代农业节水与增收的新篇章，促进了经济社会的发展和深刻变革，为水资源紧缺地区提供了有益启示。其一是围绕节水型社会建设而驱动的经济结构战略性调整，促进了工业强市战略的蓬勃发展，使农业“一头沉”的产业结构发生了明显变化，工业总产值已经超过了农业总产值，三大产业比重由2000年的42：29：29调整为2008年的30：37：33，每立方米水的GDP产出由2.81元提高到了5.84元，得到了社会各方面的肯定和赞扬。其二是以新时期水权理论为依据，明晰了水资源的所有权、使用权、经营权、转让权，增强了全民的节水意识。过去农民习惯于大水漫灌，如今实行定额水价、超定额用水加价收费后，家家明白了自己的用水权和配水量，像珍惜自己的财产一样珍惜用水，提高了水资源的利用率和产出效益，使水资源的渠系利用率由过去的57%提高到了62%，被水利部授予“全国节水型社会建设示范市”称号，并且大面积压缩了高耗水量的小麦玉米带田和水稻种植面积，用水量大幅度下降，为下游分水创造了良好条件。现代农业蓬勃发展，高效经济作物实现了区域化规模布局，使农民连年获得了增收的实惠，人均纯收入增加到了2008年的4134元。其三是下游生态恶化趋势得到有效遏制，通过持续不断地推进节水型社会和8年水量调度，黑河下游额济纳旗的植被逐步恢复，林草面积有所增加，植被覆盖度逐步提高。河海大学《黑河近期治理后评估报告》显示：2000年以来，黑河下游胡杨林面积增加了5.35平方公里，灌木林面积增加了32.61平方公里，草地面积增加了14.91平方公里，黑河下游天然绿洲萎缩和生态退化的趋势得到有效遏制。

随着节水型社会建设的深入推进，张掖市新一届市委、市政府对黑河治理的认识也在不断深化。提出了“坚持特色方向，走好三条路子，推动三大战略，实现科学发展”的总体思路，作出了实施“十大工程”的工作部署，即：顺应自然，建设生态张掖，塑造张掖新形象；开放创新，围绕钨钼和农畜资源，夯实工业强市基础；举节水旗，发展现代农业，加快新农村建设。实施中国黑河流域湿地保护工程、中国钨钼产业基地、河西风电走廊500万千瓦发电工程、中国金张掖玉米制种基地、中国西部马铃薯加工及种薯繁育基地、现代农业示范工程、河西百万头肉牛基地、黑河流域综合治理工程、30万农村劳动力技能培训工程、城乡就业医疗社会保障一体化等“十大工程”。其中对推进黑河流域综合治理，关键是保护沿岸生态，核心是实现水资源可持续利用，重点是举节水旗，发展现代农业，转变农业生产方式，调整优化经济结构，配套完善水资源管理制度，逐步建立黑河水资源的开发、利用、配置、节约和保护综合体系，科学指导，统筹兼顾，实现上游涵养水源、中游有水可节、下游有水可调的治理目标，推动全流域经济社会的可持续发展。为此，科技人员仁者见仁、智者见智，认为加强黑河流域的综合治理，既是改善“金张掖”水资源生态环境的需要，又是向内蒙古额济纳旗泄流分水的客观要求。纷纷呼吁要建立国家投入、地方投入和社会各方面群策群力的长效运行机制，不断加强黑河流域生态环境的保护管理和恢复改善力度，并且激励政策要与依法治理相结合，使流域生态环境的保护步入法制化、规范化、良性循环的轨道，维护水源、沼泽、草湖等湿地的生态特性和基本功能，使河流的健康生命线永葆青春，营造人与自然和谐相处的良好生态环境，促进经济社会的可持续发展。

石羊河治理大行动

马顺龙

生活、生产、生态都离不开水。对于严重缺水的武威市来说，节约和合理开发利用有限的水资源显得尤为重要和紧迫。2007年10月1日，温家宝总理在民勤视察时，号召民勤“恢复生态、调整结构、脱贫致富”。

武威市干部群众牢记总理嘱托，抓住机遇，坚持以科学发展观为指导，加快实施流域重点治理规划，大力开展以水权水价改革和落实水资源配置方案为核心的节水型社会建设，取得了显著成效。石羊河流域重点治理是武威全市上下正在实施的大工程，虽然历程短暂，但在武威经济社会发展史上留下了浓墨重彩的一笔，可圈可点，令人难忘。

决策——决不能让民勤成为第二个罗布泊

2008年9月19日，民勤县创建全国防沙治沙示范县2008年度防沙治沙老虎口项目举行启动仪式，万余名干部群众和学生在技术人员的指导下埋压麦草沙障、围设固沙尼龙网格，拉开了民勤县大规模防沙治沙的序幕。创建全国防沙治沙示范县是温家宝总理2007年10月1日在民勤视察时发出的号召，也是民勤县贯彻落实科学发展观，加快生态环境综合治理的一项主要内容。

近年来，民勤人民不断创新治沙模式，总结治沙经验，坚持不懈地同风沙抗争，全县累计人工造林面积达到187万亩，封沙育林草290万亩，在408公里的风沙线上建成了长达342公里的防护林带，有效治理大的风沙口191个，森林覆盖率由50年代的4.3%上升到现在的10.86%，一个外镶边、内建网、乔灌草相结合的防护体系初步建成，防沙治沙取得了初步成效。

夏天，郁郁葱葱的龙王庙沙区梭梭林向沙漠腹地延伸。2005年开始，民勤县把龙王庙沙区列为全县防沙治沙的重点区域，采取工程措施与生物措施相结合的方式，每年组织全县干部群众开展大规模的治沙造林活动，3年间，投入人力45多万人(次)，出动大小机械12万台(次)，完成工程建设总投资5082.6万元，完成工程治沙9.44万亩，营造人工防风固沙林8.8万亩，使龙王庙沙患初步得到了治理，有效改善了水库周边的生态环境，极大地推动了全县生态环境综合治理进程。

煌辉村封育区是民勤县2008年通过关井压田、移民搬迁后，对退出区域生态以自然恢复为主、人工促进演替为辅，高起点规划、高标准建设的生态型林业示范区，采取国营林业单位实施与机关单位义务植树相结合的形式，外围荒沙滩地实施封育围栏11500亩；退出耕地兴建义务植树基地2900亩；沿路耕地栽植枸杞、沙棘、胡杨、甘草、菊芋、苦豆子、白刺、霸王、毛条、花棒、梭梭、沙拐枣、黄蒿、红柳、紫穗槐、马莲、文冠果、山杏等沙生植物品种24个，建成沙生植物展示区面积300亩。为全县同类地区综合治理探索有效的治理模式，推进全县生态治理步伐制定了样本。

煌辉村是武威市生态治理的一个缩影。武威是全国最为典型的资源性缺水地区，全市现有水资源11.212亿立方米，不足实际用水量的55%，人均550立方米，不足全省人均用水量的一半。特别是地处石羊河下游的民勤县，地表水流入量由20世纪50年代的5.9亿立方米减少到现在的不足1亿立方米。2007年前，全县年开采地下水达6.14立方米，超采4.1亿立方米。致使地下水位持续下降，矿化度持续上升。在风沙和盐碱的合围下，田荒树死，94.51%的土地已经荒漠化。近10年来已经有近3万人举家外迁，沦为“生态难民”，罗布泊现象日益严重。

石羊河是武威人民的母亲河，流域生态环境的持续恶化，引起党中央、国务院的高度重视和社会各界的广泛关注。

温家宝总理多次作出批示，要求“决不能让民勤成为第二个罗布泊”。2007年10月1日，温家宝又亲赴民勤视察，提出了打好“三套组合拳”的新要求。亲切的话语，殷殷的嘱托，是动员令、是冲锋号、是响彻中华大地的绿色宣言，彰显了党中央、国务院拯救民勤、捍卫一个内陆河流域生态安全的坚定决心。

在温家宝视察两个月后的12月7日，国务院正式批准了《石羊河流域重点治理规划》。消息传来，武威各族人民倍受鼓舞，各级干部群众学习总理讲话，解读《规划》要义，迅速掀起了实施《规划》的大行动。

行动——打响石羊河流域重点治理攻坚战

《规划》批准了。具体目标是：到2010年，基本实现中下游地下水采补平衡，地下水位停止下降，有效遏制生态环境恶化趋势；到2020年，实现民勤盆地地下水位持续回升。同时提出了节水型社会建设、产业结构调整、水资源配置保障工程建设、灌区节水改造和生态建设与水资源保护等主要治理措施。广度上涉及到了经济、政治、文化等所有领域，深度上事关人民群众的具体利益。任务艰巨，情况复杂，是一个庞大的系统工程。

很显然，武威实施《规划》，既是机遇，也是挑战。

武威市委、市政府作出决策，以石羊河流域重点治理为主线，统领全市经济社会发展全局。2007年3月16日，市上隆重召开石羊河流域重点治理动员大会，武威市委书记肖庆平号召："地不分南北，人不分老幼，要共同为石羊河流域重点治理贡献力量。"并且送给全市各级干部一副对联："有志者，事竟成，破釜沉舟，百二秦关终属楚；苦心人，天不负，卧薪尝胆，三千越甲可吞吴。"

于是乎，在之前实施应急项目的基础上，石羊河流域重点治理工程在这一年的春天终于打响了。一时间，石羊河流域重点治理成了干部群众，谈论的焦点。全市人民言必石羊河，论必节约水。各级中心学习组重点学，党校、行政学院重点讲；报纸解读《规划》、电台传递快迅、电视推出典型、网络链接热点，各举其重，各尽其力；研讨会、培训班接连举办，观摩典型、学习样板形成氛围；巨幅公益广告矗立在交通要道，黑板报、专栏标语遍及村头巷尾。2007年到2008年两年间，全市开展不同层次调研活动数百次，其中市上四大班子领导参与的达80多次；召开各类现场会、观摩会1000多次；举办学习班、培训班1万多次，培训基层干部和农民166万人次；印发技术规程、典型事例、政策法规等宣传材料400多万份。

伴随着发动群众、宣传群众、教育群众、培训群众的宣传动员工作深入推进，武威市各级干部的脚步迈向田间地头、治沙前线，迈向关井压田现场、日光温室建设工地，和广大农民群众奋战在一起。全市先后3次组织千人工作组驻村帮扶；陆续出台了12个各项规范性政策文件，明细水权配置、关井压田、日光温室建设、生态移民等指标，层层签订责任书，明确职责，靠实责任，形成了一级抓一级，层层抓落实的有效机制。市上四大班子全体领导冲上第一线，县区领导全力以赴，乡镇村组干部具体行动，全体党政机关全力履行职责、全体科技人员具体试验示范……所有这一切，目的只有一个，那就是决不能让民勤成为第二个罗布泊，要将《规划》的各项指标写在武威大地上。

截至2008年12月实战有了成效：

水权配置：重新配置了上中下游水权，并层层分解，落实到户，已向32万户农户核发了水权证，占总农户的100%；安装智能化机井控水计量设施12081套，覆盖99.6%的机井；组建农民用水者协会816个，参与农户31.06万户；今年，凉州区向民勤分水7708万立方米，景电二期向民勤调水6117万立方米，蔡旗断面分别收水3575万立方米和4986万立方米；2007年，全市配水量比上年实际用水量减少1.89亿立方米，2008年又比2007年减少1.506亿立方米。

关井压田：全市共关闭机井1933眼，其中2008年关闭794眼；压减耕地33万亩，其中2008年压减18万亩，少开采地下水2.1亿立方米。

工程建设：全面完成2006年度应急项目建设任务；2007年度应急项目投资19693.8万元，工程形象进度达到88%；2008年度灌区节水改造第一批项目完成投资10999.3万元，工程形象进度55.5%，第二批项目下达投资33327万元，已完成招标工作。

日光温室：2年内新建日光温室4万多亩，累计达到7万多亩，遍及90%以上乡镇，千亩以上乡镇达到9个，形成了年产近40万吨反季节瓜果蔬菜生产规模，产品远销国内外30多个城市。仅此，农民可实现收入10多亿元。

节水型社会建设：制定出台了《实施方案》和《实施意见》，适时调整了农业、工业和生活用水价格；开展了35个农业综合节水示范点建设；落实常规节水灌溉面积190.63万亩、高效节水灌溉面积22.37万亩；积极推行工业清洁生产和废水达标排放，广泛推广应用生活用水节水器具。

生态保护：2008年植树造林15.11万亩，固沙压沙5.5万亩，扩大封育面积19万亩。民勤地下水位下降幅度减缓，和2002年相比，2008年平均下降0.502m/a，减缓约0.30m/a；2007年，红水河至蔡旗一带地下水回升0.1～0.45米。

探索——拓宽破解难题的思路

自然禀赋的特殊性、农民作为主体的复杂性，决定了《规划》实施的艰巨性。既不同于黑河治理，也不同于塔里木河治理，没有现成的模式可循。在具体实施的过程中，遇到的新情况、新问题，远远超出了《规划》的设计和预想。

可以说，实施《规划》的过程，就是不断探索、不断创新的过程。从市委、市政府到乡镇、村组，干部群众付出的艰辛前所未有。仅2008年，新任市委书记肖庆平、市长郭承录到一线调研、现场督查、现场解决问题就多达几十次；仅市上四大班子领导全体参加的重点工作汇报会就开了5次，就治理工作在各个时期遇到的困难和问题，研究办法、优化措施、作出决策；就水权配置、关井压田、结构调整、工程实施、向下游分水、日光温室建设等一个指标一个指标分析落实，使全市上下始终处在一种倒计时的紧迫感中。

党的十七届三中全会胜利召开，党中央、国务院决定实行积极的财政政策和适度宽松的货币政策，出台扩大内需的一系列政策措施，对加快武威发展、进一步推进石羊河流域重点治理提供了新的机遇。市委、市政府高度重视，在中心学习组会上多次认真学习，深入讨论，在市委常委会上专题研究，提出要将十七届三中全会精神和扩大内需的方针具体贯彻到发展的实践中，贯彻到石羊河流域重点治理中，走科学发展之路，走科学治理之路。市委决定在全市范围内深入开展十七届三中全会精神学习宣传活动，从2007年12月1日起集中一月时间，从市县区抽调5000名干部，组成工作队，深入到每一个村民小组，专门宣讲十七届三中全会精神，宣讲石羊河流域重点治理措施的各项任务和措施，市级领导带头进村宣讲，每个村宣讲都要达到3次以上，进一步宣传组织、动员群众、组织群众投身于加快发展中，投身于重点治理中。同时，还由3名市级领导牵头，组成3个专题调研组，就如何进一步完善和实施《规划》、怎样深化农村改革特别是土地流转问题、怎样充分发动群众，抓住重点治理机遇，自觉投身到治理中等展开深入调研，全面谋划2009年的发展与治理工作。

我们有理由相信，在科学发展观的指导下，在武威市委、市政府和全市人民共同努力下，石羊河流域重点治理目标一定能够实现，武威又好又快发展的步伐将会更加坚实。

春风化雨润民心

张革文

家住酒泉市肃州区仁和家园的76岁的杨玉兰老人心情舒畅，从2008年7月份开始，她不仅享受到了为困难老人发放的特殊生活补助，看病也有了着落。酒泉市把针对低收入群体的社区医院开到了她家门口，凭低保证就可享受到免挂号费、药品零差价等优惠待遇。

从2008年7月1日开始，酒泉市实施的“三项惠民政策”，让更多的老百姓在生活、就医、上学方面有了保障。

酒泉市委书记李建华告诉记者，发展的目的是让更多群众共享改革开放的成果。为此，酒泉市委、市政府经过深入调查研究，广泛征求意见，集体民主决策，在2008年7月，集中出台了三项惠民政策，让发展成果惠及全体市民。

为离任村干部发放补贴：
让村干部在职有干头，离任有想头

30年前，一张印有毛主席语录的奖状令玉门市下西号乡川北镇村的田大宗老人心潮澎湃。30年后，一张绿色的离任村干部补助存折让他激动不已。从2008年7月开始，曾担任了22年村党支部书记的田大宗每月能享受到酒泉市政府发放的120元生活补贴。比田大宗老人还要高兴的是他的孙子田永忠，他是川北镇村现任党支部书记，他笑着说：“党和政府实实在在解决村干部最关心的问题，我们现在没有了后顾之忧，干事的劲头更足了。”

“在职是干部，离任是群众，为了公家的事，误了自家的田”。这是许多已离任基层干部的真实写照。为了调动在职村干部的积极性，酒泉市决定为离任农村和社区干部发放生活补贴。对任职5年以上的离任村（社区）党组织书记、主任，根据任职时间长短和生活条件等方面的综合情况，按月发放80至120元不

等的生活补助；获得省部级及以上表彰奖励的每月再增加20元。

酒泉市委书记李建华说："村干部是农村发展的'领头雁'，他们为酒泉农村的发展和繁荣作出了积极贡献。这些同志不管是在任还是离任，我们都不能亏待他们。"

目前，酒泉市符合条件的2865名离任村干部和社区干部全部领到了政府为他们发放的生活补助。

完善城乡居民医疗保障体系：让群众小病有保障，大病有救助

为实现人人享有基本医疗保障的目标，酒泉市提高了农村居民和城镇居民及职工的大病最高报销限额，形成了一张为全市100万人民看得见、感受得到的医疗保障网。

家住阿克塞哈萨克族自治县阿勒腾乡的牧民曾祥丰老人是酒泉市实施《城乡贫困居民重大疾病医疗救助实施意见》后的第一个受益者。2008年，他在北京做完膝关节置换手术后，县医疗合作办的同志为他送去了两万元的报销费用和救助金。

老人说："我这个病动手术得花七八万块钱。去年，市上有新政策，对我们这些患大病的人实行救助，我才敢去北京做了手术，党的政策真是好。"

酒泉市卫生局负责人介绍说，尽管有新农合的保障，但对一些患大病和贫困的群众来说，高额的医疗费用仍是一个沉重的负担。为此，酒泉市委、市政府新出台了《新型农村合作医疗管理暂行办法》。新的管理办法对新农合基金的组成进行调整，设立重大疾病门诊基金、住院统筹基金、大病补助基金和风险基金四项，并对特殊病种人员予以照顾，设立了重大疾病门诊医药费补助，每个参保人员每年可享受3500元的门诊医疗费补助；设立了重大疾病住院医药费补助，最高为4万元特殊补助；设立重大疾病医疗救助，最高救助金为4万元，患大病的农民最高可得到10万元的报销。

酒泉市还将城镇居民基本医疗保险统筹基金年度最高支付限额由1.6万元提高到2万元；将大病年度补助限额由1.5万元提高到4万元。对享受基本医疗保险和大病医疗救助后，个人医疗负担仍过重的人员，由民政部门按照医疗救助的有关规定，给予救助。对城镇职工的医疗报销费用由原来的最高10万元提高到了20万元，从而建立和完善了覆盖城乡居民的医疗社会保障体系。

截至2008年底，酒泉市参合农牧民达到53.99万人，参合率达到94.67%；参加城镇居民基本医疗保险的人数达到13.94万，占到应参保人数的82.5%，共支付补偿医疗费用5000多万元。

精心编织社会保障网：让老百姓老有所依，贫有所靠

“做梦都没有想到，我这辈子也能像城里职工一样，按月能领到养老金。”阿克塞哈萨克族自治县阿克旗乡安南坝村七旬老人阿代，说起政府发放养老金，高兴得合不拢嘴。自2008年8月起，他和老伴阿勒腾每人每月能领到255元的养老金。阿克塞建立的新型农牧村养老保险体系，为老年人建起了“没有围墙的养老院”。

为了让老年人的生活有所依靠，酒泉市委、市政府对高龄老人、残疾老人和困难老人给予特殊生活补助。酒泉市民政局副局长赵俊华介绍说，目前已有1.25万多名老人享受到了生活补贴。

与此同时，为让贫困家庭的孩子上得起大学，酒泉市对低保家庭的全日制普通本科高校、高等职业学校和高等专科学校（含民办高校和独立院校）在校贫困学生按照每人每学年补助1000元的标准，帮助他们完成学业，实现梦想。2008年秋季，已有286名贫困大学生怀揣着政府为他们发放的补助，踏进了大学校门，开始了圆梦征程。

激活“沉睡”的资本

尚德琪　宋振峰

瞅着眼下养猪形势好，最近，庆阳市西峰区彭原乡鄢旗坳村村民曹文广从西峰区瑞信村镇银行贷款5万元，用来买饲料，扩大养殖规模。“在村镇银行贷款，简单方便多了。”曹文广说。

曾经是下岗工人的帅忠奎，在西峰区办了一家机械厂。6月4日，通过庆阳市众信投资担保有限责任公司贷了20万元钱，紧急购置了一批配件，做成了一笔大生意。他说：“幸亏这些钱，要不，这笔生意就黄了。”

发生在曹文广、帅忠奎身上的“好事情”，得益于庆阳市探索完善城乡金融服务体系的努力。针对农民和中小企业贷款难问题，庆阳市大胆尝试金融体制改革和创新，激活“沉睡”的民间、民营资本，开办村镇银行，成立投资担保公司……将金融服务的触角向城乡经济脆弱区域全面延伸。庆阳市委书记张智全说：“只有构建起分工合理、服务高效的城乡金融组织体系，才能为农村经济及时‘输液’，才能促使中小企业自我‘造血’。”

直面困局：破解金融瓶颈，推进金融创新

谁都知道，资金是经济发展的血液。但谁都不能否认，农民和中小企业贷款难。老区庆阳，更是如此。

为了促进农民增收，庆阳市加快农业结构调整步伐，鼓励做大做强农产品加工业，推动农业产业化。可搞养殖、挖果窖哪个不花钱？据调查，仅西峰区彭原乡杨肴村，每年养猪、养羊，农户信贷需求就在100万元左右。

但长期以来，由于农业投资效益低，风险大，四大国有商业银行差不多全部退出了农村市场，还扎在乡村的只有农村信用社了。

大银行的网点虽然收缩到了县市，但却吸引了大量的储蓄资金，而且贷款

主要盯的是大企业。在庆阳，农民和中小企业在国有银行的贷款份额中，其实分不了几杯羹。

据统计，2007年，国有商业银行在庆阳的分支机构存款额达188亿多元，贷款额还不到80多亿，以至于业内人士将这些分支机构比作资金“抽水机”。

农民贷款需求旺盛，农村信用社资金一直捉襟见肘。

而大量处于创业阶段的中小企业，因为缺少符合贷款条件的抵押物，在银行面前常常“说不起话”。同时，在面对中小企业的融资需求时，银行也多半采取回避态度。

农村资金紧缺、中小企业融资难问题，已成为制约庆阳经济发展的瓶颈，破解融资难题成了无法回避的课题。市长周强认为，没有金融产业的参与，农业产业化和民营经济发展在庆阳只能是一厢情愿。

村镇银行：盘活民间资金，激活村镇金融

2001年，西峰区董志镇南庙村村民李文堂下定决心，拿出打工挣下的钱，盖了6间猪舍，办起了养殖场。可到2005年时，他却撇下几圈猪，又打工去了。

原因很简单：他手头的钱实在转不开了。“猪一时卖不出去，买饲料的钱跟不上。到信用社去贷款，又得要这抵押那抵押，贷款太难了！”想起当时，李文堂一脸无奈。

2007年，猪肉价格大幅上涨，李文堂又动起了养猪的心思。4月份，他联系上了西峰区瑞信村镇银行。听了他的情况后，村镇银行的工作人员主动上门办手续，给他贷了10万元。有了这笔贷款，李文堂新修了两栋标准化的封闭式猪舍，接着购买种猪、饲料，加强防疫等等，养猪场又活了。

2008年3月，李文堂又从村镇银行贷了20万元。“现在，我已经养了80头母猪，产了一两百头仔猪，到年底，就有1500多头猪了。”

让李文堂养猪事业“芝麻开花节节高”的瑞信村镇银行，正是庆阳市为解决农村地区金融服务空白，吸引民间资本，专门设立的服务“三农”的银行。

2007年3月，瑞信村镇银行刚一出现，立即受到农民的欢迎，解了许多农民的燃眉之急。村镇银行除了支持农民搞种植养殖、跑运输外，还推出了“富民创业”贷款，鼓励农民进城经商创业。

2008年，庆阳市又鼓励瑞信村镇银行继续坚持眼光向下的原则，锁定西峰区董志镇董志村、肖金镇米王村等5个专业蔬菜、养殖、果业村为信贷支持重点

对象，扶持50个专业户，同时与庆阳市北地红调味食品有限公司等5户涉农小企业签订合作协议，开拓农村信贷市场新模式。

目前，瑞信村镇银行已对5户涉农小企业累计投放贷款190万元，对大棚种植、养猪、果品生产、辣椒收购等种养专业户累计投放贷款60万元。村镇银行贷给农民的钱占到贷款总额的89.8%，以农民为服务对象的信贷产品占到90%以上，实现了盘活民间资金、服务农村经济的目标。

民营担保：构筑融资平台，助跑中小企业

西峰区锦嵘商贸有限公司总经理付文义总爱把他现在如火如荼的事业，归功于庆阳市众信投资担保有限责任公司。

2006年11月，他的企业一度陷入困境，尽管接了一笔订做衬衣的大单，但流动资金却卡住了他的脖子；恰在这时，他得到了准确无误的信息，新疆的棉纱价格快要上涨了。

购买棉纱得30万元，从银行借，不说抵押了，一道道手续办下来，就得一两个月。跟亲戚朋友借，欠人情不算，啥时候能凑得够。

作为西峰区企业家协会的会员，他找到了庆阳市众信投资担保有限责任公司。“没想到，第一天写了申请，一周内担保公司就放了贷款。”他说。

棉纱买到手不足半个月，1吨棉纱便涨了2000元。稍纵即逝的商机便这样被他抓住了，漂亮的时间差不仅给他节省了6万元的成本，还产生了12万元的效益。

民营经济不发达，是庆阳经济的软肋；但民营经济要发达，首先需要提供足够的金融支持。如何破解这一难题呢？2006年8月，由西峰区企业家协会31名会员单位出资成立的民营担保公司——庆阳市众信投资担保有限责任公司，正是庆阳市为解决中小企业融资难迈出的第一步。

会员制，封闭型，再加上灵活务实的服务，众信担保公司声誉鹊起，发展迅速。继2007年与瑞信村镇银行合作后，2008年4月18日，又与西峰区信用联社签订了合作协议，联袂开展担保业务。

担保公司在探索，地方政府在思考。2008年5月26日，庆阳市决定，连续3年，每年拿出500万元资金，通过“以奖代补”的形式，扶持担保机构发展。

截至目前，众信担保公司已累计为近90户企业提供担保，融资210笔，获贷款3000多万元。根据估算，通过这些资金，受益企业获产值7000多万元，获利近千万元。

在蜕变中腾飞

赵建卿

改革开放30年，让天水这个国家老工业基地焕发了生机和活力。如今，在天水市委、市政府“工业强市”的发展战略中，工业经济综合实力明显提高，已形成了以机械制造、电工电器、电子信息、医药食品、建筑建材为主体的工业经济格局。

经历企业改制的阵痛和蜕变，天水工业经济由1978年的6.75亿元(不变价)增长到2007年规模以上工业企业所完成的总产值91.84亿元。目前，全市共有各类工业企业9200多户，其中规模以上工业企业148户，拥有资产总额80亿元，从业人员5.7万人。

打破陈规，改革帮企业走出困境

天水红山试验机有限公司是20世纪60年代迁入天水的“三线”企业，从1992年开始亏损到“十五”末几乎濒临破产，2005年企业进行了改制。公司高级工程师肖雪宏大学毕业到现在，工作已经30多年了，经历了企业20世纪六七十年代最辉煌的时期，也经历了连续10多年亏损的低谷期。肖雪宏告诉记者，2006年改制重组后，企业重现生机，效益不断提高，职工的精神面貌也发生了根本转变。过去有些技术人员从进厂一辈子也就做一个产品，现在一年要做好几个产品，而且产品向大型化、系列化、复杂化发展，企业一年要开发二三十种新产品，职工的收入也比过去有了明显提高。

如今，天水已有97%的企业进行了改制，尤其是通过破产重组，集中解决了企业自身无法解决的难题：列入国家政策性破产计划的28户企业，核销各类债务42.6亿元，其中为市属23户破产企业争取到国家和省上补助资金5.55亿元；市属23户破产企业，可一次性解决涉及职工切身利益的各类拖欠4亿多元；共清偿和剥离涉及职工的各类拖欠费用、社会保险费及解除劳动关系补偿金等8.77亿元；共移交企业办中小学校26所，涉及教职工2009人；职工家属区的供水、供电、供暖与生产经营相分离，从根本上解决了企业办社会负担过重、影响生产经营的问题。

扶优扶强，在竞争中茁壮成长

“十五”期间，天水围绕企业技术进步、形成规模、增加品种、提高质量、替代进口和提高劳动生产率，把改造与提升传统产业有机结合起来，组织实施工业项目263项，完成固定资产投资27.6亿元，一大批重点项目建成投产，为天水工业经济发展增添了后劲。

20世纪中叶，天水是我国“三线”建设的重要城市之一，如今已有60户企业成为天水工业经济的支柱，机械制造、电工电器、电子元器件及电子仪器等门类的装备制造业体系已经形成。现拥有资产总额66.4亿元，从业人员27215人，主要经济指标占全省装备制造业总量的35%左右，效益指标占到全省50%左右。在机械制造特别是机床、锻压、风动工具等方面，在全省甚至全国占有一席之地。

天水自2002年在工业企业实施“10强50户”工程以来，全市各级财政仅用于企业改革和扶持企业发展的资金超过11亿元，培育壮大了一批优强骨干企业，涌现出一批技术先进、竞争力强、效益良好的带动地方工业经济发展的“小巨人”企业，5户企业入选甘肃工业百强企业，在我国成功发射的“神舟”飞船、卫星等空间高端技术领域，均有天水电子企业提供的集成电路和电子器件。2007年，华天科技A股在深交所成功上市，开了天水独立上市企业的先河。天水星火机床有限责任公司自2001年以来，主要经济指标每年以50%的速度增长，成为甘肃省纳税百强企业。

与此同时，非公有制经济在改革大潮中迅猛发展。“十五”末，天水规模以上非公有制工业企业完成总产值24.5亿元、增加值8.2亿元，比“九五”末分别增长了4.7倍和4.1倍，非公有制经济已成为解决社会就业、增加地方收入、拉动全市工业经济增长的新亮点。

与时俱进，创新铸造辉煌

“十五”以来，天水市委、市政府紧紧围绕“工业强市”战略，积极推进工业化和城镇化进程，全市工业经济取得辉煌。2008年6月，天水市召开工业强市大会，提出以项目建设为支撑，以工业产业园建设为平台，以产业集群化发展为方向，以培植优势产业、骨干企业、特色和名牌产品为重点，发展机械制造、电工电器、电子信息、医药食品、建筑建材五大产业集群，为工业经济又好又快发展指明了方向。大会对华天、星火、海林等在工业强市及振兴装备制造业工作中作出突出贡献的企业给予重奖，奖励金额高达723万元。

天水市委书记张景辉对记者说：“实施‘工业强市’战略是努力实现天水经济社会又好又快发展的重要基石。”

到2008年10月底，天水已有省级以上创新型试点企业11家，省级以上高新技术企业25家，省级以上企业技术中心和工程技术中心21家，提前并超额完成了“十一五”确定的企业技术中心和工程技术中心达到20个的目标任务，技术中心的建设水平和数量均居全省各市州首位。风动公司入选中国工程机械协会凿岩机械气动工具分会理事长单位，全国性行业协会首次落户天水；廖世安、李维谦先后荣获“甘肃省科技功臣”奖，有4项科技成果列入国家“863计划”，创建制造业信息化示范企业53家。

经过多年培育，天水涌现出“长城”电器、“燎原”凿岩机、“星火”机床、“海林”轴承、“永红”集成电路、“石林”接触器等一批名牌产品，在国内享有较高知名度，全市累计创建省级以上名牌产品30项。星火机床公司“SPARK牌数控车床”(普及型及以上)荣获“中国名牌”，“海林”轴承荣获“中国驰名商标”，风动YT28凿岩机已成为国内第一品牌，星火机床荣获全国“最具市场竞争力”品牌，全市实现“中国名牌”和“驰名商标”零的突破。

盛世绽放格桑花

徐爱龙

格桑花，藏族人民称其为吉祥花。在藏语中，“格桑”就是幸福的意思。

经过改革开放30年的沧桑巨变，甘南藏族自治州发生了翻天覆地的变化。初冬时节，记者来到甘南，循着改革开放30年的时间轨迹，在甘南这片高原寻踪。耳闻目睹的种种变迁，使记者深切感受到，今日藏乡人民的生活，就像映日的格桑花欢快地绽放，芬芳吐蕊，幸福安康。

游牧民族的新生活

几匹马驮着帐篷和锅碗瓢盆，三两只忠实的藏獒紧紧地跟随，成群的牛羊边吃边走，生活在甘南草原的牧民，数百年来，就这样往返迁徙，过着钟摆式的游牧生活。

逐水草而居，这种田园牧歌的生活并没有想像中的浪漫。碌曲县花格村的贡保加说，以前放牧，不仅人很辛苦，而且是“夏放秋肥冬冻死”，放了一个夏天，到了秋天好不容易把羊养肥了，一场大雪，许多羊羔又给冻死了。

为了彻底改变这种状况，当地政府实施的“牧民定居”工程，使游牧民族的生活状况发生了根本性的变革。

贡保加所在的花格村就是在这一变革中成长起来的崭新的藏族村寨，300多户牧民们定居在这里，自来水、电视接收器样样俱全。66岁的旦巴老人一脸慈祥，笑着说：“原来长期跋山涉水，生活很辛苦，现在冬天不怕冻，夏天不怕雨，生活舒坦多了。我平时除了接送孩子上下学，就和周围的邻居去转经桶，下藏棋。”

步入贡保加家亮堂的客厅，沙发、茶几、电视机、VCD等家具和电器一样也不少。贡保加反复念叨着现在的好：“院子里建了暖圈棚，到了冬天，牛羊再也不会挨冻了。”

另一个小镇，夏河县阿木去乎镇，也是在建设新牧村的号角下崛起的。镇吉昂村村支部书记马乃加介绍说：“一户占地面积90平方米，牧民定居点通水、通电、通路、通广播电视、通电话，有用于生产的基础设施，有学校，有一栋集会议室、文化室、卫生室于一体的办公场所。定居点靠近公路沿线及乡镇，既方便生产，又便于生活。”

“效益当然是明显的！”甘南州发改委办公室主任格桑诺布说，“从生态方面来说，畜逐步迁出生态脆弱的天然草原，减轻了草场压力，遏制了草原的退化。社会效益更是深刻，解决了牧民群众长期居无定所的问题，生产生活基本条件得到改善；解决了长期困扰牧民群众行路难、看病难、子女上学难、看电视难、通讯难、用电用水难、购物难等实际问题；促进了富余劳动力向二三产业转移，拓宽了增收渠道；促进牧民群众生活方式由牧村向城镇转变；也进一步维护了全州各民族团结稳定的大局。”

格桑诺布还给我们展示了这样一组数据：易地搬迁牧民新村建设工程2004年开始在玛曲、碌曲、夏河、合作、卓尼5县实施，易地搬迁在迭部、舟曲、林潭3县实施，计划安置建设点52个，搬迁和定居6686户，人口4.1万人。

一条寻梦香巴拉之路

蓝天，白云，绿草。

声势浩大的千人马队和气势恢弘的千人锅庄舞表演，雍容华贵的民族服饰展示，绚丽多姿的民族舞蹈表演，烈焰冲天的篝火晚会，鼓号深沉的喇嘛乐队表演，以及浓郁厚重的藏戏、民族体育比赛、火枪射击、帐篷展示、名家演唱和民间弹唱轮番上阵，成千上万的观众尽情融入这一盛大而欢乐的节庆中，又唱又跳，已然忘记了自己身处海拔3000多米的高原。

这是一年一度的“九色甘南香巴拉旅游艺术节”所营造的流动风景。这一艺术节从2000年起提升了甘南旅游业的水准，并随着时间的推移，成为甘南的一张名片，受到国内甚至世界的关注，也吸引了更多的人来甘南触摸历史、品味文化、游览山水、感受风情。

然而时间倒推20年，甘南这片大地还曾是那样的沉默和冷清，以至乏人问津。

“1992年我们正式成立了甘南州旅游局，开始重视和关注旅游业。”甘南藏族自治州旅游局副局长王卓玛回忆道。而旅游局真正进入角色却是1997年，此时正是西部大开发战略实施和产业结构的调整阶段。在这期间，全州召开三次旅游工作会议，正式确定旅游业的产业地位，州委、州政府分管领导亲自带队赴四川、云南等地学习考察，总结经验，相继出台《关于加快发展旅游产业的决定》，颁布《甘南藏族自治州旅游管理条例》，编制《甘南州旅游业发展总体规划》。

甘南旅游业从此被唤醒，这座静谧的高原开始缓缓涌动起一股旅游业发展的春潮。

静谧的寺院，蓝天和绿草，它们不仅作为风景存在，而且可以作为一种独特的文化进入人们的内心世界，这是独一无二的资源，甘南州准确无误地把握了这个独一无二的优势，以拉卜楞寺为拳头打造宗教朝觐旅游和观光旅游。

2003年10月，腊子口全州旅游产业开发工作会议作为一个里程碑式的会议被人们所铭记，会上确立了“一年迈大步，三年大发展，五年建成支柱产业。”的奋斗目标，提出甘南旅游业要实现跨越式发展。

紧接着，甘南州七县一市紧锣密鼓地编制了各自的旅游业发展总体规划，甘南旅游产品从传统的宗教朝觐游、观光旅游向假日旅游、生态旅游、休闲旅游发展，从单一的以夏河拉卜楞寺和碌曲郎木寺为中心的宗教朝觐游延展，打造了以临潭冶力关和卓尼大峪沟为中心的生态山水游，以玛曲为中心的草原湿地游，以迭部腊子口为中心的红色文化旅游等特色旅游，旅游产品向多元化发展，与此同时，酒店宾馆等配套设施以及管理服务也迅速地完善了起来。

想得多了，做得多了，大家的思路越来越清晰。王卓玛说：“我们围绕‘生态甘南，山青、水清、人亲；人文甘南，风动、幡动、心动’，包装推出了十大王牌景点和十六个重点旅游景区，并通过‘九色甘南香巴拉旅游艺术节’、‘洮州风情旅游艺术节’、‘黄河首曲格萨尔艺术节’等节庆活动来大力整合提升我们的旅游产业。”

令人意想不到的是，所有努力的回报竟是如此之快。

在夏河县经营了6年旅游纪念品专卖店的完代草清晰地记得，在2004年，似乎是一夜之间，游客都拥向了夏河，画家来了，作家来了，虔诚的信徒来了，操着各地方言的游客来了，说着Hello和OK的外国人也来了。这条只有一个街道的小县城开始热闹起来。

“我们以前主要经营藏族本地人用的饰品，后来开始大量进购游客们喜欢的各种旅游纪念品，有时候一天可以卖上千块。”完代草说话时一脸灿烂的笑容。

“我们旅游从业人员已经达到7000多人，一家一年的纯收入可以达到5万多元，周边的农家乐也迅速发展了起来。”王卓玛介绍道，“2003年至2007年，全州累计接待海内外游客653.06万人次，其中海外游客39.3万人次，实现旅游收入11.52亿元。”

至此，甘南这个被上天造化的土地，也成为了一个被人倾力打造的“桃源”，一时间声名鹊起，领受了一顶顶桂冠：2004年，甘南被中国社会科学院西部发展研究中心评为“西部最具魅力的旅游景区”；2005年，被美国最具权威的旅游杂志《视野》、《探险》评为“让生命感受自由的世界50个户外天堂之一”；被《中国地理杂志》、《时尚旅游》评为“人一生要去的50个地方之一”；2007年，被联合国人居环境发展促进会、世界华人联合会评为“中国最具特色旅游目的地”……

以思想的解放推动经济的发展

甘南物产富饶，拥有丰富的畜牧、水利、旅游、矿产、山野珍品和藏药等优势资源，如何将资源优势转换为经济发展的优势？改革开放之初，考虑这一问题的人并不多。和全国一样，这里也饱受“谈富色变”、“割资本主义尾巴”、“姓社姓资之争”、“肥水不流外人田”以及“重农牧轻商贸”等种种思想桎梏和争论的困扰。

20世纪90年代，甘南州审时度势，打破思想的樊笼，坚定地将招商引资确定为发展的题中之义，以思想的解放推动了经济的发展。

1998年，兰州“兰洽会”现场热闹非凡。一份甘南佛阁藏药生产建设项目的合同在会上顺利签约，甘南招商引资工作由此迈出了艰难的第一步。谁也没有想到这一小步的迈出，竟像一块石头扔进一潭深水，激起涟漪，一圈又一圈地扩张开来。

“全州上下对招商引资，经历了从不认识到认识、从无到有、从小到大、从省内到省外、从被动到主动、从政府到企业、从资源开发到产权转让、从盲目到理性等一系列发展历程。”甘南州招商局副局长尤成银见证了这一转变的全过程。他还讲述了这样一个细节：“甘南本身发展比较落后，大家都不太注重穿着，后来为了更好地招商引资，所有官员都开始注重仪表，衣服穿整洁，名片随身带，见面先交换。”

甘南藏族自治州州委九届七次全委会召开，制定了“1522253”战略，这一战略被奉为全州招商引资的指导思想，对全州招商引资工作产生了巨大的助推作用。

2004年，甘南州组成以四大班子主要领导、各县（市）和州直有关部门主要领导为成员的40多人的党政招商考察团，先后赴上海、南京、温州、厦门、长沙、武汉等东南沿海发达地区招商引资、推介项目。甘南州招商引资代表团的身影也频繁地出现在“天交会”、“厦交会”、“西交会”、“兰洽会”、“青洽会”、“东盟博览会”等大型节会上。

与此同时，甘南提出“靓女先嫁”，不断充实和完善招商引资项目库，推动优势资源开发力度。短短几年，全州共征集、筛选涉及水电、旅游、矿产、畜产、中藏药材及山野珍品、基础设施建设、科技开发和产权转让等各类项目600多项。

栽好“梧桐树”，才能吸引“金凤凰”。为了营造良好的投资发展软环境，各地纷纷设立由招商局牵头，发改委、国土局、工商局、财政局等22个部门参加的“一站式”服务机构，进一步明确办事服务工作程序，规范和简化外来投资项目审批手续。适时组织召开“项目协调会”，“客商座谈会”和开展项目跟踪服务等工作，真正树立起“尊商、护商、便商、富商”的招商理念。

2008年9月，在平凉市召开的乡洽会上，兰州科元热能工程有限责任公司总经理李海书和碌曲县政府签订了集中供热工程的合同。李海书说：“供热是个微利的行业，之所以签这个项目，我们是看到碌曲县的投资环境和发展前景，我希望能通过这一合作奠定基础，延伸发展。”华贸房地产开发有限公司总工程师王天义也对甘南的投资环境大加赞赏：“我们想到的政府都想到了，很多问题政府出面协调，跟踪服务，我们项目进展十分顺利。”

湖光潋滟，梦幻成真。白龙江穿境而过的迭部县，投资商建设的水电站鳞次栉比；夏河锦凤翔公司年产3000吨牛肉深加工公司、首曲药源公司“独一味”精加工公司、甘南高原生物公司牛胶原蛋白生产线等纷纷进驻，投资商频繁来甘南考察洽谈。截至2007年底，全州共签约各类招商引资合同299个，签约总投资额144.25亿元。据不完全统计，甘南招商引资项目落地后，已经吸纳临建工71643人次，创劳务收入10241万元，项目业主向当地群众捐赠实物及现金1699万元。在招商引资工作的带动下，2007年，全州国内生产总值达35.37亿元，是1978年的20.8倍；大口径财政收入达3.47亿元，是1978年的31.7倍，一些重点领域实现了重大历史性突破。

30年的发展，塑造了甘南这个高原藏乡崭新的容颜。

30年间，格桑花灿烂绽放，它的烂漫不仅闪耀于今日，更昭示着藏乡无比美好的未来。

主编点评：

这是一组反映甘肃省14个市、州科学发展的稿件。作者从城建、工业、农业、环保、金融、文化等不同的侧面向读者呈现出各地不同的发展轨迹和成果。相信，它们的成功实践在振奋人心的同时，也会给人以启示。

这14篇文章至少给我以下的感悟：一是，各地只有认真践行科学发展观，下功夫解决突出问题，真心实意为民办实事，办群众想办而办不成的好事，才能真正体现以人为本的科学理念，以实际行动推动当地的科学发展、和谐发展；二是，在经济社会发展中，既要抓大抓重抓难，又要抓小抓细抓易，不以善小而不为，不以位高而轻小，因为群众利益无小事，从细微处入手也许事半功倍；三是，各级领导干部要真正情为民所系，利为民所谋，就应该认真接待每一位群众，认真对待每一个电话或信件，这也是深入了解基层群众，了解最基层社会状况的有效方法。

建设一个人民满意、生态良好的高水平、高质量的全面小康社会是一个不懈的追求过程。祝愿正走在科学发展道路上的各市州，让和谐幸福成为人们的现实生活。

后 记

经过两年多的艰苦努力,《和谐甘肃读本》丛书终于面世了。有一些幕后的情况,尚需交待几句。

关于甘肃省近些年来发生的深刻变化的报道浩如烟海。对这些文章加以精心挑选,利用图书的形式集中起来,分门别类编辑成册,既有宏观展示甘肃改革建设大局、传递最新信息、鼓舞人民士气之功用,也是为后世的研究者保存了一份鲜活的史料,为此我们才策划了这套丛书。本丛书的启动,得到了甘肃新闻出版局局长张余胜,原省局副局长、现任中共甘肃省委宣传部副部长管钰年,省局副局长李玉政、袁爱华四位领导同志的热情支持。他们或亲任主编、撰写总序,给予编辑思想上的指导,或肯定这套丛书在政治方面的价值,或支持这套丛书在甘肃"农家书屋"中推广,深入千家万户。没有他们的鼎力相助,这套丛书是很难成功出版发行的。

甘肃文化出版社社长谢国西是本丛书的策划者。他提出了选题,构想了各分册的布局,并全面主持了丛书的组稿计划、版式设计、出版、发行诸项工作。他的事业心和责任感,精细缜密的谋划能力,经验丰富的组织协调能力,使这套丛书的运作得以有条有理的平稳推进,终于如期出版。作为助手和丛书计划的执行者,副社长管卫中具体做了各分册主编遴选、各册内容布局设计,学术和文字、结构把关乃至大量的选稿、改稿工作。编辑部主任原彦平担负了繁重的编辑工作。文化社副总编车满宝参与了本丛书的策划。副社长王奕承担了繁复细碎的出版程序安排和发行协调工作。副总编温雅莉承担了丛书版式设计联络工作。编辑陶伟等人以篦子梳头般的精细完成了书稿的编校工作。

这套丛书的完成,与诸位主编的努力是分不开的。总主编之一玄承东和各分册主编多为资深记者。他们目击和见证了甘肃这些年在方方面面发生的深刻变化,以及党和人民的奋斗过程。因此,在编书时就胸有成竹,把握得当。

丛书出版之日,向上述同志谨表谢忱!

和谐甘肃读本丛书编委会

二〇〇九年九月二十日

图书在版编目（C I P）数据

和谐甘肃读本．科学发展篇 / 张余胜，玄承东主编；牛彦君分册主编．—兰州：甘肃文化出版社，2009.9

ISBN 978-7-80714-840-1

Ⅰ．①和… Ⅱ．①张… ②玄… ③牛… Ⅲ．①甘肃省—概况②地区经济—经济远景—甘肃省 Ⅳ．①K924.2 ②F127.42

中国版本图书馆CIP数据核字(2009)第179306号

和谐甘肃读本·科学发展篇

牛彦君 主编

责任编辑 / 谢国西
责任校对 / 原彦平
装帧设计 / 锐园设计 史春燕

出版发行 / 甘肃文化出版社
地　　址 / 兰州市曹家巷1号
邮政编码 / 730030
电　　话 / 0931-8454870
网　　址 / www.gswenhua.cn
经　　销 / 新华书店
印　　刷 / 兰州新华印刷厂
厂　　址 / 兰州市七里河区硷沟沿115号

开　　本 / 787mm×1092mm　1/16
字　　数 / 290千
印　　张 / 18
版　　次 / 2009年9月第1版
印　　次 / 2009年9月第1次
印　　数 / 1-7 200
书　　号 / ISBN 978-7-80714-840-1
定　　价 / 31.00元